Hugo Kastner
Backgammon

Hugo Kastner

Backgammon

Geschichte
Regeln
Strategien

5. Auflage

humboldt

Bibliografische Information der Deutschen Nationalbibliothek
Die Deutsche Nationalbibliothek verzeichnet diese Publikation in der Deutschen Nationalbibliografie; detaillierte bibliografische Daten sind im Internet über http://dnb.ddb.de abrufbar.

ISBN 978-3-86910-186-6 (Print)
ISBN 978-3-86910-291-7 (PDF)

Der Autor: Hugo Kastner, Jahrgang 1952, studierte Geografie und Anglistik an der Universität Wien und unterrichtet seit mehr als dreißig Jahren Geografie, Wirtschaftskunde, Englisch, Management und Schach an einem Wiener Gymnasium. Er ist zudem als Trainer im Schulschach tätig. Enzyklopädische Publikationen zu Karten- und Würfelspielen, sowie weitere umfangreiche Spezialwerke zu Backgammon und Snooker bilden neben geografischen Fachbüchern den Schwerpunkt der Arbeit dieses Autors. Daneben ist Hugo Kastner seit vielen Jahren journalistisch als Spielerezensent, Kolumnen- und Fachartikelautor für das Österreichische Spielemuseum tätig. Bei humboldt sind bereits neun seiner Bücher erschienen, darunter in Co-Autorenschaft mit Michael Ehn das umfangreiche, thematisch gegliederte Werk „Alles über Schach". (www.hugo-kastner.at)

Hinweis an den Leser: Die Informationen dieses Buches sind von Autor, Verlag und Redaktion nach bestem Wissen und Gewissen sorgfältig erwogen und geprüft. Dennoch kann keine Gewähr auf Vollständigkeit und Richtigkeit übernommen werden.

Das Aktuelle Buch „Backgammon" ist das Ergebnis der langjährigen Erfahrung des Autors mit Spielen wie auch seiner Passion als vielseitig interessierter Schriftsteller.

5. Auflage

Die Ratgebermarke der Schlütersche Fachmedien GmbH
Hans-Böckler-Allee 7, 30173 Hannover
www.schluetersche.de
www.humboldt.de

Lektorat: Eckhard Schwettmann, Gernsbach
Covergestaltung: DSP Zeitgeist GmbH, Ettlingen
Innengestaltung: akuSatz Andrea Kunkel, Stuttgart
Titelfoto: Shutterstock
Diagramme: Mit GNU-Backgammon erstellt (www.gnu.de)
Satz: PER MEDIEN & MARKETING GmbH, Braunschweig
Druck und Bindung: gutenberg beuys feindruckerei GmbH, Langenhagen

Für
Bernd Hoffmann
meinem langjährigen Freund
und Spielpartner

Inhalt

* *Anfänger*
** *Fortgeschrittene*
*** *Experten*

Vorwort zur 2. Auflage

Backgammon ist eines der ältesten, schwierigsten und populärsten Spiele der Welt: drei Superlative, die nicht übertreiben. Diese Tatsache dürfte auch viele Leserinnen und Leser dieses Buches dazu bewogen haben, Backgammon in ihrem Freundeskreis zu verbreiten. Daher ist nun nach bereits kurzer Zeit eine zweite, aktualisierte Auflage dieses Grundlagenwerkes notwendig. Die frühesten Spuren dieser Kombination aus Brett- und Würfelspiel verlieren sich vor mehr als 4 500 Jahren im Dunkel der Geschichte. Ein solch ehrwürdiges Alter hat selbst ein Klassiker wie Schach bei weitem nicht. Schwierig sind nicht die Regeln an sich. Doch wie bei fast allen Sternen am Spielehimmel ist auch bei Backgammon enorm viel an Erfahrung, Intuition, Konzentration und Mut nötig, um auf lange Sicht zu gewinnen. Und Backgammon ist vor allem ein grandioses Spiel mit Wahrscheinlichkeiten. Was die Popularität anbelangt, darf Backgammon mit den ganz großen Vertretern des Spieleuniversums in einem Atemzug genannt werden: etwa Schach, Go, Poker oder Bridge. Diese echten Klassiker unter den Spielen üben eine ungebrochene Faszination auf jede neue Generation aus, wenn auch heute in beträchtlichem Maß durch den Computer unterstützt. Mehr als 100 000 regelmäßige Online-Backgammonspieler sind Zeugen dieser Leidenschaft.

Backgammon kann aber auch grausam und unverzeihlich sein, wie kaum ein anderes Spiel mit dieser strategischen Tiefe. Kein Spieler, der nicht Geschichten über die unglaublichsten Wurffolgen seines Gegners erzählen kann, über Partien, die im letzten Moment gekippt sind, trotz aller Raffinesse im Spielaufbau. Grausam schön also ist Backgammon, fast wie das wirkliche Leben. Und keine Partie gleicht der anderen. Zu vielfältig sind die Möglichkeiten, die Wurfergebnisse zu platzieren. Backgammon bleibt wahrlich eine „unendliche Geschichte", um es mit einem Wort Michael Endes zu sagen.

Dieses Buch hat vier Teile. In Teil 1 erfahren Sie alles über die reichhaltige Geschichte des Backgammons, über die großen Champions

und deren Sicht des Spiels. Teil 2 führt in die Grundregeln des klassischen Backgammons ein und zeigt den strategischen Hintergrund aller wichtigen Eröffnungszüge. In Teil 3 lernen Sie die Feinheiten des Abtragens kennen, bekommen zahlreiche Mittelspielstrategien präsentiert, dazu den tückischen Einsatz des Verdopplungswürfels, sowie Wahrscheinlichkeitstabellen für unterschiedlichste Positionen und Matchstände. In Teil 4 finden Sie genau kommentierte Partiebeispiele für sämtliche gängigen Stellungstypen, mit Einsteiger-, Fortgeschrittenen- und Meisterproblemen, aufgeteilt in Zug- und Doppleraufgaben, Letztere mit Lösungsvorschlägen auf Basis von exakten Computer-Rollouts. Der Anhang bietet Varianten, ein offizielles Regelwerk, häufig gestellte Fragen (FAQ), Tipps zur Computeranalyse, Literaturangaben, Hinweise auf Internetseiten, einen Beitrag über das Falschspiel mit Würfeln und ein umfangreiches, alphabetisches Glossar.
Sie müssen Backgammon nicht verbissen studieren. Vielmehr sollten Sie versuchen, sich die Feinheiten und taktisch-strategischen Überlegungen der typischen Partiemuster im wahrsten Sinn des Wortes zu erspielen. Doch wie bei kaum einem anderen Spiele-Klassiker kann Ihnen bei Backgammon bisweilen Fortuna zur Seite stehen. Dies mag den einen oder anderen oberflächlichen Betrachter zum falschen Schluss verleiten, dass es sich hier um ein Glücksspiel handle. Weit gefehlt, auf Dauer gewinnt immer der bessere Spieler.
Mein Dank gilt wie immer Ferdinand und Dagmar de Cassan vom Österreichischen Spielemuseum für ihre Unterstützung bei allen Recherchearbeiten wie auch Hardy Hübener für die freundliche Erlaubnis, Informationen seiner exzellenten Internetseite zu verwenden, und für seine vielen Tipps. Dank auch an Jens Göring für seine Backgammon-Meisterprobleme und an René Schwab für das inhaltliche Korrekturlesen während der Entstehungsphase dieses Buches. Dank auch an meinen Verlag, allen voran Herrn Eckhard Schwettmann, für das langjährige Vertrauen und die Idee zu diesem neuen humboldt-Spielebuch.

Hugo Kastner

Geschichte & Regeln

Geschichte des Spiels

Die Familie der *Backgammon-Spiele* gehört zu den ältesten der Welt. Mehr als viereinhalbtausend Jahre alt ist ein Brett – wohlgemerkt ein Vorläufer des modernen Backgammons – das in der heutigen pakistanischen Provinz Belutschistan gefunden wurde. Wenn hier auch die letzte Sicherheit fehlt, dass es sich um eine Urform unseres Klassikers handelt, so steht doch fest, dass erste Spielformen des Backgammons mindestens 1600 vor Chr. entstanden. Gesichert jedenfalls ist ein vom Archäologen Sir Leonard Woolley gefundenes Brett aus der Stadt Ur (heutiger Irak), *The Royal Game of Ur (Das königliche Spiel von Ur)*, außerdem das auf drei mal zehn Feldern gespielte *Senet*, eine Grabbeigabe des Pharaos Tutenchamun, oder die von den Römern daraus weiterentwickelten Spielformen *Ludus Duodecim Scriptorum* (kurz: *Duodecim Scripta*), *Tabulae* und *Alea*, die jeweils drei Würfel verwendeten. *Alea* setzte sich als Spielart überall in Europa durch, zunächst beim Adel, später auch beim gemeinen Volk, wenn auch fast immer wegen des hohen Glückspielcharakters von der Kirche bekämpft. Die sehr unterschiedlichen Spielformen des Spätmittelalters, *Nard* (Persien), *Tric Trac* (Frankreich), *Puff* oder *Wurfzabel* (Deutsche Länder) näherten sich immer mehr dem heute üblichen Backgammon. Details zur historischen Entwicklung findet der interessierte Leser auf den nächsten Seiten im Abschnitt „Chronologie“.

Bemerkenswert sind als verwandte Spiele auch das koreanische *Nyout*, ein Vorläufer unseres wohlbekannten *Mensch ärgere Dich nicht!*, sowie das mythologisch angehauchte *Pachisi*, alles Kombinationen aus Würfel- und Brettspiel, die den Menschen zu allen Zeiten herausfordern konnten. Interessierte Leser darf ich auf meine ausführlichen Regeldarstellungen (mit Abbildungen) im umfangreichen Buch *Die große Humboldt Enzyklopädie der Würfelspiele* hinweisen.

Zurück zu Backgammon: Die wahre neue Heimat fand dieser Klassiker letztlich in England. Schon Richard Löwenherz hatte mit der Würfelleidenschaft seiner Soldaten seine liebe Mühe und verbot, um allzu große Wettverluste einzudämmen, jedermann unter dem Stand eines Ritters das Zocken – vergeblich, wie wir aus schriftlichen Zeugnissen und mündlichen Überlieferungen wissen.

Der Grund für die frühe Liebe zu diesem Spiel liegt zweifellos darin, dass hier Würfel und Brett in geradezu einzigartiger Weise temporeich zusammenwirken. Allerdings ist wie bei den vergleichbar alten Spielen *Mancala* oder *Schach* die Entwicklung auch hier nicht in der Frühzeit der Spielegeschichte stehengeblieben. Auch Backgammon hat sich erst langsam zu dem entwickelt, was wir heute mit Leidenschaft genießen. 1645 wird erstmals der Name „Backgammon" erwähnt, wobei das alte englische Wort *gammon* so viel wie „doppelt schlagen" oder „doppelter Sieg" bedeutet, der erste Wortteil *back* dagegen auf die zurückgebliebenen Steine anspielt. 1743 schuf dann Edmund Hoyle das erste kodifizierte Regelwerk. Allerdings wurde auch diese Spielefamilie mehr und mehr dem Tempo der neueren Zeit angepasst. Eine entscheidende Verbesserung ließ noch fast zweihundert Jahre auf sich warten. In einem New Yorker Club wurde um 1920 erstmals der Verdopplungswürfel eingesetzt, mit zwei klaren Zielen: Erhöhung der Spannung und Einschränkung des Glücksfaktors. Damit war der Weg zu einem wettbewerbsorientierten Spiel geebnet. Die Regeln erhielten schließlich 1931 vom *Card and Backgammon Committee* des New Yorker *Racquet and Tennis Club* die endgültige Form. Mit der für mehrere Spielfreunde geeigneten Variante *Chouette* oder vielen anderen Spielarten zeigt auch Backgammon, dass die Entwicklung noch nicht abgeschlossen ist. Jedenfalls ist dieser Klassiker nach mehr als viereinhalbtausend Jahren endgültig zur vollen Reife gelangt. Heute dominiert das Online-Spiel gegen Spielpartner in aller Welt wie auch gegen enorm starke Computer das moderne Backgammongeschehen. Mehr dazu in unten stehender Chronologie.

Was nun macht die anhaltende Faszination dieses Würfelbrettspiels aus? Zum einen zweifellos der seit jeher geschätzte, weil keine Gesellschaftsschicht bevorzugende Glücksfaktor. Jeder Wurf ist eine neue Chance, eine neue Hoffnung auf einen Erfolg. Ohne allzu viel Regelstudium kann jeder sehr unmittelbar sein Glück versuchen. Zum anderen jedoch erlaubt gerade Backgammon taktische Überlegungen, ja sogar langfristige Strategien, die von Meisterspielern in Perfektion beherrscht werden. Und zudem gibt es nicht nur den einfachen Spielgewinn, sondern – wie weiter unten beschrieben – auch Doppel- und Dreifachsiege. Dazu kommt seit den zwanziger Jahren der ominöse Verdopplungswürfel, der die spielerischen Möglichkeiten enorm erhöht und damit den Druck auf die Spieler entscheidend verstärkt. *Einfacher Sieg*, *Gammon* bzw. *Backgammon* werden damit unter Umständen verdoppelt, vervierfacht, verachtfacht, usw. Hier liegen die Nerven bei jedem Wurf blank, hier kommt Wettcharakter ins Geschehen. Damit wird Backgammon zu einer echten Herausforderung, wobei Strategie und Taktik jedoch keinesfalls zu kurz kommen.

So viel zur Geschichte des ältesten bekannten Würfelbrettspiels. Nicht nur aus Interesse an der Geschichte jedoch sollte sich der Leser unbedingt an einer Partie Backgammon versuchen, vielleicht sogar das eine oder andere Turnier bestreiten. Backgammon ist ein Kampf mit Wahrscheinlichkeiten, ein Drahtseilakt, ein ständiger Wechsel zwischen Offensive und Defensive, ein Rausch der Sinne.

Chronologie

Nach: Hardy Hübener – http://www.hardyhuebener.de/biblio.html sowie Oswald Jacoby und John Crawford – The Backgammon Book (1970) und Ulrich Schädler – Spiele der Menschheit (2007)

ca. 3000 v. Chr.: Aus Shahr-i Sokhta („Verbrannte Stadt"), einer städtischen Siedlung aus der Bronzezeit im Südosten des heutigen Iran, stammt ein dem modernen Backgammon verwandtes Spiel. Im Jahr 2004 wurden ein rechteckiges, aus Ebenholz gefertigtes Brett sowie 60 (!) Spielsteine und Würfel gefunden. Falls archäologische Forschungen die Verwandtschaft mit Backgammon bestätigen, wäre dies die älteste Spur unseres Klassikers.

ca. 2600 v. Chr.: In den zwanziger Jahren des vorigen Jahrhunderts findet der britische Archäologe Sir Leonard Woolley zwei frühe Vorfahren des Backgammons in den königlichen Gräbern von Ur. Entsprechend wird dieses Spiel fortan als *The Royal Game of Ur* (dt. *Königliches Spiel von Ur*) bezeichnet. Wie die Menschen damals es nannten, bleibt wohl für immer unbekannt. In den folgenden Jahrzehnten werden bei Ausgrabungen weitere Spielbretter gefunden, die auf der einen Seite *Senet* und auf der gegenüberliegenden Seite das *Königliche Spiel von Ur* zeigen. Damit ist der sichere Nachweis erbracht, dass beide Spiele (oder Spielformen) zur gleichen Zeit ihre Anhänger hatten.

ca. 2000 v. Chr.: Ausgrabungen in Gräberfeldern der iranischen Provinz Kerman bringen frühe Spielbretter für das „20-Felder-Spiel“ ans Licht, die ganz charakteristische, kreisrunde Felder mit „Schlangenwindungen“ aufweisen. Bereits hier dürfte das universelle Symbol der Schlange – wie bei vielen Artefakten – auf den Lauf der Zeit, auf Ewigkeit und Wiedergeburt hindeuten.

ca. 1500 v. Chr.: *Senet*, ein entfernt mit dem Backgammon verwandtes Laufspiel, wird vermutlich im Ägypten der Pharaonen gespielt. Eine direkte Verbindung zu Backgammon konnte allerdings nie nachgewiesen werden. Jedenfalls finden sich im Grab des Pharaos Tutenchamun (am 4. November 1922 vom britischen Ägyptologen Howard Carter entdeckt) dem Backgammon ähnliche Brettspiele als Grabbeigaben. Die Datierung weist auf ein Alter von 3500 Jahren hin. Ähnliche Bretter werden auf Zypern, damals von Ägypten abhängig, gefunden. Zudem zeigen Wandmalereien in vielen ägyptischen Gräbern Menschen, die dieses Brettspiel spielen. Archäologen nehmen daher an, dass Laufspiele nicht nur beim Adel, sondern auch beim gemeinen Volk beliebt waren.

ca. 180 v. Chr.: Ein dem Backgammon ähnliches Wettlaufspiel, mit vierseitigen Langwürfeln gespielt, könnte der früheste indische Beitrag zu dieser Familie gewesen sein. Im *Vairāgyasataka* aus dem 5. Jh. findet sich eine erste literarische Erwähnung. Bildhauer und Maler zeigen zudem die Götter Shiva und Parvati beim Würfelspiel, wenn auch in den zugrunde liegenden Legenden absolut keine Hinweise zu finden sind.

ca. 150 v. Chr.: Die Römer kennen bereits eine Frühform des *Ludus Duodecim Scriptorum* („12-Linien-Spiel“, „Spiel der 12 Zeichen“). Der Name wird meist auf die zwölf Felder des Spielbretts zurückgeführt, wenn auch durchaus ein von Nonius in seiner lateinischen Grammatik *De compendiosa doctrina* angeführter Bezug zu den Würfelaugen („scripta“) eine Interpretationsmöglichkeit darstellt. Also handelt es sich vielleicht auch um ein „12-Augen-Spiel“, mit Hinweis auf den höchsten Wurf.

ca. 40 v. Chr.: Möglicherweise haben Kleopatra und Markus Antonius ihre Mußestunden bei einer Urform des *Ludus Duodecim Scriptorum* verbracht. Ganz genau ist das jedoch nicht belegt. Zur Popularität der Backgammon-Vorfahren hat diese Geschichte jedoch allemal beigetragen.

ca. 8 n. Chr.: Ovid beschreibt in seiner „Ars Amatoria“ das römische Spiel *Ludus Duodecim Scriptorum* als „einen anderen Typ von Spiel, das in ebenso viele Felder geteilt ist wie das schnell dahineilende Jahr Monate hat.“ Hier dürfte Ovid auch einen Bezug zu den Sternzeichen sehen. Es finden sich bereits viele Ähnlichkeiten mit dem späteren Backgammon, etwa ein Mittelsteg, je sechs Spielfelder auf beiden Seiten dieses Stegs und je 15 Spielsteine für die beiden Spieler. Im

Unterschied jedoch zu Backgammon weist das römische Spielbrett drei Reihen auf, und es werden zudem drei Würfel verwendet.

ca. 54 n. Chr.: *Tabulae*, eine weitere Spielform, taucht in Rom auf. In dieser Weiterentwicklung des *Ludus Duodecim Scriptorum* wird jedoch die mittlere der drei Reihen weggelassen. Damit kommt *Tabulae* (auch als *XII Scripta, Duodecim Scripta* bezeichnet) dem heutigen Backgammon schon sehr nahe. Kaiser Claudius hat angeblich diesem Spiel sogar ein eigenes Buch gewidmet (wofür allerdings kein Beleg erhalten blieb).

ca. 125 n. Chr.: Ein Spielbrett des *Ludus Duodecim Scriptorum* (heute datiert auf 125 n. Chr.) wird in Holt, Denbighshire (Wales), im Grab eines römischen Soldaten gefunden – ein erstes Anzeichen für die Verbreitung dieses Spiels in Europa.

300–500: Ein Spiel mit dem Namen *Nardschir* oder *Nard* wird im babylonischen Talmud erwähnt. Das Brett ähnelt mit seinen zwei Reihen zu je 12 Feldern sehr dem heutigen Backgammon und dürfte zu dieser Zeit auch bereits in Rom hohe Verbreitung gehabt haben. Zudem besitzen beide Spieler je zwei Würfel und 15 Spielsteine. Die Startaufstellung sowie der Schlagmechanismus entsprechen ebenfalls der modernen Spielweise. Die Felderaufteilung auf dem Brett in exakt vier Abteilungen führt folgerichtig zum beschreibenden Namen *Todas tablas* (dt. alle Felder).

476–481: In einem Sinngedicht wird *Tabulae*, das Lieblingsspiel des oströmischen Kaisers Zeno (478–481 n. Chr.) lobend erwähnt.

6. Jh.: Der persische Dichter Abū l-Qāsem-e Ferdousī rühmt in seinem um 1000 n. Chr. geschriebenen Versepos *Schāhnāme* („Heldengedicht der Könige") einen gewissen Burzoe, einen weisen iranischen Arzt und Politiker, dafür, *Nard* im 6. Jahrhundert erfunden zu haben. [siehe auch: Hugo Kastner, *Das große humboldt Schach Sammelsurium*]

7. Jh.: Der Bischof Isidor von Sevilla bezeichnet das bekannte *Tabulae* in seiner Enzyklopädie *Etymologiae* (auch als *Origenes* bekannt) mit dem sprechenden Namen *Alea* („Würfel"). Die drei Würfel sowie die drei Felderreihen sollen, so die zeitgeistige Interpretation, Vergangenheit, Gegenwart und Zukunft symbolisieren.

8. Jh.: Die damals modernste Spielform mit sechsseitigen kubischen Würfeln erreicht unter dem Namen *sugoroku* („Zweimal sechs") Japan. Kaufleute dürften dieses Spiel nach Ostasien gebracht haben. Die chinesische Version des „Zweimal sechs", häufig mit Blumenmotiven geschmückt, nennt sich *shuang-liu*.

680 – 722: Auf der berühmten sogdischen Wandmalerei aus Pjandschikent (heutiges Tadschikistan) wird ein Alea-Spieltisch dargestellt (ausgestellt in der Eremitage in Sankt Petersburg).

9. Jh.: Der berühmte arabische Schachspieler Al-Adli verfasst trotz des vom Propheten Mohammed ausgesprochenen Glücksspielverbots ein leider nicht erhaltenes Buch über *Nard*.

11. bis 15. Jh.: Die Kreuzzüge beschleunigen die Verbreitung von *Tabulae* über ganz Europa. Nun ist der Siegeszug des Würfelbrettspiels nicht mehr aufzuhalten.

ca. 1100: Im *Rolandslied* (*La Chanson de Roland*) werden Ritter beim *Tables*-Spiel beschrieben.

12. Jh.: Der älteste indische Text über Backgammon, das *Manassollasa* (dt. Erquickung des Geistes) stellt eine Reihe von Spielvariationen diese Spiels vor, die allerdings nicht immer schlüssig funktionieren. Vermutlich war Indien also nicht Ursprungsland des Backgammons, sondern es wurden fremde, wenig verständliche Spielformen in die heimische Kultur infiltriert.

ca. 1180: In Deutschland wird *Tables* unter dem Namen *Wurfzabel* erstmals erwähnt. Angeblich vermacht ein gewisser Graf Sibotos von Neuenberg in seinem Testament unter anderem vier Schachspiele sowie vier *Wurfzabel*-Bretter.

ca. 1190: Richard Löwenherz, König von England, hat beträchtliche Probleme mit der Spielleidenschaft seiner Truppen. Er sieht sich gezwungen, jedermann unter dem Rang des Ritters das Spiel um Geld zu verbieten.

1254: König Ludwig IX. von Frankreich, der Heilige, verbietet seinen Hofbeamten das Spielen des *Jeux de Tables*, das wie alle anderen Glücksspiele unter den Bann der Kirche fällt.

1275: In der Abhandlung *Bonus Socius* des Nicolas de Nicolaï werden neben Schach- auch Backgammon- und Mühle-Probleme präsentiert.

1283: Alfons X., König von Kastilien und León, genannt El Sabio (der Weise), vollendet sein Buch „Libro de los juegos" (Buch der Spiele), in welchem er auf 98 kolorierten und illustrierten Seiten Schach, Würfelspiele und zahlreiche Varianten der Spielfamilie *Tables* beschreibt; (insgesamt 15, mit altspanischen Namen: *doze canes, cab e equinal, emperador, fallas, laquete, buffa cortesa, reencontrat* etc.). Dieses mittelalterliche Meisterwerk ist nicht nur eines der wichtigsten Bücher der Spielgeschichte, sondern bietet auch die erste uns bekannte Kodifizierung der Spielregeln. [siehe auch Kastner: *Schach-Sammelsurium*; Ehn/Kastner: *Alles über Schach*] *Tables* dient in diesem Buch zusammen mit dem *Würfelspiel* und *Schach* auch als Basis für die damals brennende philosophisch-theologische Frage nach dem Gleichgewicht zwischen Schicksal und Willensfreiheit, zwischen Fortuna und Sapientia. Ist es dem Menschen möglich, sein Leben nach freiem Willen zu gestalten? Oder steht das Schicksal unerbittlich vom Beginn des Daseins an fest. In einer wunderbaren Erzählung unterhalten sich drei Philosophen:

Der erste stützt seine These mit der puren Logik des Schachspiels. Der zweite hält dem die Unberechenbarkeit des Würfelspiels entgegen. Und der dritte nutzt die Einmaligkeit der Kombination von Zufall und Ratio, wie es das Backgammon bietet, um zu demonstrieren, dass das Leben unvorhersehbar und dennoch zugleich beeinflussbar sei.

14. Jh.: Frühe Schmuckbretter mit der modernen Brettzeichnung sowie bebilderte Handschriften sind aus dieser Zeit erhalten.

ca. 1390: Geoffrey Chaucer erwähnt *Tables* in seinen *Canterbury Tales*: „They daucen, and they pleyen at ches and tables."

ca. 1500: Die spezielle Backgammon-Variante *Tric Trac* kommt in Frankreich auf. Der Name ist eine lautmalerische Wiedergabe des Geräusches der Würfel auf Holzbrettern.

1526: Der englische Kardinal Wolsey ordnet an, alle Backgammon-Bretter zu verbrennen. Gleichzeitig werden alle Karten- und Würfelspiele sowie Bowls mit einem Bann belegt. Die trotzige Reaktion der Wettspieler: Es werden als Bücher getarnte Bretter hergestellt, die in der Mitte klappbar sind und damit bequem in einem Bücherregal versteckt werden können.

1571: In England versuchen die „Elizabethan Canons" von 1571 zum letzten Mal, das *Tables*-Spiel zu verbieten.

16. Jh.: Während die Beliebtheit des *Tabulae* nachlässt, verbreitet sich, ausgehend von Frankreich, in ganz Europa eine neue Spielform namens *Tric Trac*. Die ungeheure Popularität des *Tric Trac* an den Höfen der französischen Könige Ludwig XIV., Ludwig XV. und Ludwig XVI. wird mit gleichzeitiger Ablehnung durch das gemeine Volk, dem der Adel verhasst ist, bezahlt. Während der Französischen Revolution werden schließlich die meisten Tric-Trac-Bretter als „Zeichen der Kulturschande“ vernichtet. Auch diese Radikalmaßnahme kann jedoch nicht verhindern, dass Frankreich in den folgenden Jahrhunderten ein fruchtbarer Boden für das Würfelspiel bleibt.

ca. 1600: König Jakob I. von England, Auftraggeber der berühmten King-James-Bibel, schreibt in seinem Ratgeber (für den ältesten Sohn Heinrich) *A Kinge's Christian Dutie Towards God*: „I will not therefore agree with the curiositie of some learned men of our age in forbidding cardes, dice, and such like games of hazard; when it is foule and stormie weather, then I say, may ye lawlully play at cardes or tables“. [Ich werde daher dem Wunsch einiger unserer Gelehrter, Kartenspiele, Würfel und Spiele mit Glückselementen zu verbieten, nicht nachkommen. Wenn das Wetter schlecht und stürmisch ist, dann, so meine ich, darf man ganz legitim Karten oder *Tables* spielen.] *Tables* wird also von höchster Stelle ausdrücklich als moralisches Spiel bezeichnet.

1628: Das schwedische Linienschiff *Vasa*, bestückt mit 64 Kanonen, sinkt kurz nach seinem Stapellauf. Das Schiff wird 1961 geborgen und restauriert. Unter den Funden im Wrack findet sich auch ein Backgammon-Brett, das einem der Schiffsoffiziere gehört haben muss. Backgammon hatte im 17. Jh. offensichtlich bereits Schweden erreicht.

1645: Laut *Oxford Universal Dictionary* wird in den „Familiar Letters“ von James Howell erstmals das Wort „Backgammon“ verwendet. „*Though you have learnt to play at Baggammon, you must not forget Irish, which is a more serious and solid game.*" H. J. R. Murray, der Herausgeber des Monumentalwerks *A History of Board Games other than Chess* (1951), vermutet, dass Backgammon im frühen 17. Jahrhundert in England erfunden wurde, hervorgegangen aus dem Spiel *Tables*. Die Neuerung: Pasch-Würfe (Dubletten) werden nun doppelt gespielt, und die dreifache Wertung „Backgammon“ wird eingeführt. Ein weiterer Meilenstein auf dem Weg zum modernen Spiel!

ca. 1660: In Francis Willughbys *Book of Games*, das in einem Manuskript erhalten blieb, wird für das Laufspiel *Ticktack* (eine Variante des *Tric Trac*) eine besondere Steigerungsaktion beschrieben: „Vie". Diese ähnelt sehr dem Verdoppeln beim Backgammon, wenn auch der Einsatz nur jeweils um das Einfache des Grundbetrags erhöht wird. Spannende Spielmuster existieren also bereits 300 Jahre vor der Erfindung des Verdopplungswürfels!

1665: Samuel Pepys verwendet in seinen Tagebüchern noch immer den alten Ausdruck *Tables*: „... Thence, after losing a crowne betting at Tables, we walked home."

1678: Vermutlich verwendet Samuel Butler in seinem satirisch-epischen Gedicht *Hudibras* erstmals das Wort „Backgammon" in der englischen Literatur.
Till finding your old foe, the hangman,
Was like to lurch you at back-gammon
And win your necks upon the set,
As well as ours, who did but bet,
(For he had drawn your ears before,
And nick'd them on the self-same score,)
We threw the box and dice away,
Before y' had lost us, at foul play;

18. Jh.: Backgammon erreicht Nordamerika, sprich: die englischen Kolonien in Nordamerika.

1743: Edmond Hoyle kodifiziert in seinem Werk *A Short Treatise on the Game of Back-Gammon erstmals* die Backgammon-Spielregeln.

ca. 1770: Während der Herrschaft Ludwigs XVI. werden in Frankreich Tric *Trac*-Tische populär, die mit einer speziellen Abdeckung auch als normale Tischchen verwendet werden können. Das gehobene Glücksspiel, und zu diesem zählte man alle Backgammon-Variationen, demonstriert in lockerer Weise den aristokratischen Lebensstil.

1776: Thomas Jefferson spielt in den langen Wochen, in denen er die Unabhängigkeitserklärung der Vereinigten Staaten erarbeitet, zur Entspannung regelmäßig Backgammon. In seinen Aufzeichnungen ist eine persönliche Gewinn-Verlust-Rechnung zu finden.

18. Jh.: Ein französische Regelbeschreibung zum Thema „Wahl der Spielsteine“ verlangt nach einer wunderbar einfühlsamen Etikette: *„Wenn man mit einer Dame spielt, möge man ihr die schwarzen Steine überlassen, da die dunkle Farbe des Ebenholzes vorteilhaft die weiße Haut ihrer Hände unterstreicht“*. Noblesse oblige!

ca. 1850–1882: Charles Darwin ist wahrscheinlich der berühmteste Backgammon-Spieler der Geschichte. Sein Sohn schreibt: *„After dinner he played backgammon with my mother, two games being played every night; for many years a score of the games which each won was kept, and in this score he took the greatest interest. He became extremely animated over these games, bitterly lamenting his bad luck and exploding with exaggerated mock-anger at my mother's good fortune."*

ca. 1920: In einem der zahlreichen Spiel-Clubs New Yorks wird der *Verdopplungs-Würfel* erfunden. Leider bleibt unbekannt, welches Genie diese Idee hatte. Zeitweilig gab es Versuche, den Stand des Verdoppelns auch anders darzustellen, wie beispielsweise mit einem Doppel-Anzeiger. Dieser setzte sich jedoch nirgends durch.

1931: Am 21. Februar 1931 einigen sich mehrere Clubs auf Einladung des „New York Racquet and Tennis Club“ auf die neuen „Laws of Backgammon“. Dieses geschützte Regelwerk wird mit Wirkung vom 17. April 1931 in Kraft gesetzt und im Büchlein *Laws of Backgammon* veröffentlicht. Bis heute ist dies die Basis für das moderne Spiel.

1964: Prinz Alexis Obolensky organisiert das erste internationale Backgammon-Turnier auf den Bahamas. 32 Spieler nehmen daran teil. Gewinner wird Charles Wacker aus den USA.

1967: In Las Vegas werden die ersten Backgammon-Weltmeisterschaften ausgetragen. Tim Holland siegt und gewinnt zudem nochmals 1968 und 1971. Ab 1975 werden die Wettkämpfe auf den Bahamas veranstaltet, seit 1979 im mondänen Monte Carlo. (Siehe die Einleitung zu „Meisterspieler".)

1970: John Crawford und Oswald Jacoby, zwei Pioniere des modernen Backgammons, veröffentlichen ihren Klassiker *The Backgammon Book*. Crawford und Jacoby versuchen erstmals, sich dem Backgammon analytisch zu nähern. Das Buch enthält zudem auch eine ausgezeichnete Geschichte des Backgammons, Anweisungen zur Spieletikette, zur Turnierorganisation und vieles mehr. Einige der hier präsentierten historischen Hinweise finden sich erstmals in diesem Meisterwerk beschrieben.

1973: Carol Crawford, Ehefrau des bekannten Backgammon-Pioniers John Crawford, wird die erste Backgammon-Weltmeisterin.

1973: Eine Backgammon-Welle erfasst die Vereinigten Staaten: Cardinal Industries, einer der führenden Spiele-Hersteller der USA, verkauft in diesem Jahr mehr Backgammon-Bretter als in den vorhergehenden 20 Jahren zusammen.

1976: Paul Magriel gibt sein umfangreiches Lehrwerk *Backgammon* heraus, ein Meisterwerk der Backgammon-Literatur, das selbst heute noch zu Recht als „Bibel des Backgammons" bezeichnet wird.

ca. 1977: Nack Ballard erfindet die moderne, taktische Backgammon-Variante *Nackgammon*, die sich ausschließlich durch die Startaufstellung von Backgammon unterscheidet.

1979: Einen Tag nach dem Gewinn der Weltmeisterschaft wird der Italiener Luigi Villa vom Backgammon-Programm BKG 9.8 (entwickelt von Hans Berliner) vernichtend geschlagen. Der Kampf Mensch gegen Maschine geht damit bereits früh verloren.

1984: Bill Robertie veröffentlicht sein Buch *Advanced Backgammon*. Ein Meilenstein der Backgammon-Literatur!

1989: Der deutsche Top Backgammon-Spieler Harald Johanni gibt *Das Backgammon Magazin* heraus. Dies ist ein großer Schritt zur Popularisierung des Backgammons im deutschsprachigen Raum.

1991: Dr. Gerald Tesauro entwickelt die erste Backgammon-Software, die auf der Technologie der neuronalen Netze basiert: TD-GAMMON. Noch im selben Jahr tritt der zweifache Backgammon-Weltmeister Bill Robertie gegen dieses Programm in einer Serie von 31 Partien an. Robertie gewinnt zwar, ist jedoch von der Spielstärke der Maschine stark beeindruckt.

1991: Bill Robertie und Kent Goulding geben das hervorragende Backgammon Magazin *Inside Backgammon* heraus, das allerdings nach acht Jahren und 44 Ausgaben 1998 eingestellt werden muss. Heute sind diese Magazine wertvolle Sammlerstücke.

1992 (19. Juli): FIBS, der **F**irst **I**nternet **B**ackgammon **S**erver, erblickt das Licht der Welt. Die Server-Software wurde von Andreas Schneider entwickelt. FIBS basiert auf dem Interface Protokoll TELNET und hat keine eigene grafische Benutzeroberfläche.

1994: Mit JELLYFISH™ ist das erste starke Backgammon-Programm auf Basis neuronaler Netze erhältlich. Mit diesem Programm wird auch die Analyse der Stellungen und damit die Backgammon-Theorie revolutioniert.

1994: Durch die ersten grafischen Benutzeroberflächen für FIBS (FIBS/W und MacFIBS) wird das Spielen deutlich komfortabler.

1998: Das vom Schweizer Olivier Egger entwickelte Programm SNOWIE™ gilt als die stärkste Backgammon Software auf dem Markt.

Juli 1999: Kit Woolsey startet sein Internet Backgammon Magazine *GammOnLine*.

1999: Gary Wong entwickelt (aufbauend auf Arbeiten von Hans Berliner, Gerald Tesauro und Eric Groileau) ein neuronales Netzwerk, das Backgammon einer weltweiten Öffentlichkeit zugänglich macht: GNU BACKGAMMON. Schon die erste kostenlose Beta-Version ist eine Sensation. Auch die Grafiken in diesem Buch wurden mit diesem hervorragenden Programm erstellt.

Meisterspieler

Backgammon ist für viele Liebhaber der Würfelbrettspiele mehr als nur ein geselliger Zeitvertreib. Mit der exzellenten Mischung aus Taktik und Glück hat es dieser Klassiker sogar zu Weltmeisterschaftsehren gebracht. Seit dem ersten Backgammon-Turnier des Prinzen Alexis Obolensky 1964 auf den Bahamas entstand ein weltweit ungeahnter Boom. Und bereits seit 1967 werden die Champions zunächst in Las Vegas, dann auf den Bahamas und seit fast dreißig Jahren in Monte Carlo gekürt, allesamt stilvolle Orte für diese Mischung aus Zocken und Taktieren.
Mit den *Giants of Backgammon* sowie den All-Time-Champions der *American Backgammon Tour* werden von Statistikern weitere interessante Bestenlisten zu diesem Würfelklassiker geführt.
Abrunden möchte ich dieses historische Kapitel mit Zitaten zahlreicher berühmter Backgammon-Champions über die vielen Facetten dieses Würfelklassikers.

Weltmeister

Offizielle Weltmeister und von der WBA (World Backgammon Association) gekürte Gegenweltmeister 1976–78.

Las Vegas

1967 **Tim Holland** (USA)
1968 **Tim Holland** (USA)
1969 **Alice Topping** (USA)
1970 keine Austragung
1971 **Tim Holland** (USA)
1972 **Oswald Jacoby** (USA)
1973 **Carol Crawford** (USA)
1974 **Claude Beer** (USA)

Bahamas

1975 **Billy Eisenberg** (USA)
1976 **Vernon Ball** (USA)
Joe Dwek (Großbritannien), WBA
1977 **Ken Goodman** (USA)
Jean Noel Grinda (Frankreich), WBA
1978 **Paul Magriel** (USA)
Richard de Surmont (Frankreich), WBA

Monte Carlo

1979 **Luigi Villa** (Italien)
1980 **Walter Coratella** (Mexiko)
1981 **Lee Genud** (USA)
1982 **Jacques Michel** (Schweiz)
1983 **Bill Robertie** (USA)
1984 **Mike Svobodny** (USA)
1985 **Charles-Henri Sabet** (Italien)
1986 **Clement Palacci** (Italien)
1987 **Bill Robertie** (USA)
1988 **Philipp Marmorstein** (BR Deutschland)
1989 **Joe Russell** (USA)
1990 **Hal Heinrich** (Kanada)
1991 **Michael Meyburg** (BR Deutschland)
1992 **Ion Ressu** (Rumänien)
1993 **Peter Jens Thomsen** (Dänemark)
1994 **Frank Frigo** (USA)
1995 **David Ben-Zion** (Israel)
1996 **David Nahmad** (Monaco)
1997 **Jerry Grandell** (Schweden)
1998 **Michael Meyburg** (Deutschland)
1999 **Jörgen Granstedt** (Schweden)
2000 **Katie Scalamandre** (USA)
2001 **Jörgen Granstedt** (Schweden)
2002 **Mads Andersen** (Dänemark)
2003 **Jon Kristian Røyset** (Norwegen)
2004 **Peter Hallberg** (Dänemark)
2005 **Dennis Carlston** (USA)
2006 **Philip Vischjager** (Niederlande)
2007 **Jorge Pan** (Argentinien)
2008 **Lars Trabold** (Dänemark)
2009 **Masayuki Mochzuki** (Japan)
2010 **Lars Bentzon** (Dänemark)

Giants of Backgammon

Diese Liste der gegenwärtig besten Spieler – eine Idee des Backgammon-Experten Yamin Yamin – wird seit 1993 jedes zweite Jahr erstellt. Dabei fließen Einschätzungen von Turnierveranstaltern ebenso ein wie die Beurteilung von Turnierspielern. Von all den Nennungen werden die jeweils 32 besten Spieler in Las Vegas geehrt. Yamins Listen werden international als objektivste Ranking-Vergleiche anerkannt.

Hier die bislang letzten **32er-Listen** von **2005**, **2007** und **2009** (in Klammer die Platzierungen vom Vorvorjahr), darunter die **Top-10 Listen** von **1993 bis 2003**:

2009

1. Masayuki **Mochizuki** (6) Japan
2. Matvey „Falafel“ **Natanzon** (1) Israel
3. Neil **Kazaross** (5) USA
4. Sander **Lylloff** (4) Dänemark
5. François **Tardieu** (3) Frankreich
6. Nack **Ballard** (2) USA
7. Stick **Rice** (63) USA
8. Lars **Trabolt** (16) Dänemark
9. Michihito **Kageyama** (35) Japan
10. Bob **Wachtel** (9) USA
11. John **O’Hagan** (19) USA
12. Mort Holm **Larsen** (10) Dänemark
13. Kit **Woolsey** (8) USA
14. Steve **Sax** (7) USA
15. Matt **Cohn-Geier** (–) USA
16. Ray **Fogerlund** (24) USA
17. Mike **Corbett** (27) USA
18. Ed **O’Laughlin** (22) USA
19. Jake **Jacobs** (14) USA/Singapur
20. Malcolm **Davis** (20) USA
21. Richard **Munitz** (30) USA
22. Steen **Grønbech** (68) Dänemark
23. Gus Jacobsen **Hansen** (21) Dänemark
24. Peter Jens **Thomsen** (11) Dänemark
25. Paul **Weaver** (15) USA
26. Bill **Robertie** (17) USA
27. Jürgen **Orlowski** (51) Deutschland
28. Petko **Kostadinov** (29) Bulgarien
29. Bob **Koca** (–) USA
30. Joe **Russell** (79) USA
31. Walter **Trice** (26) USA
32. Mike **Senkiewicz** (18) USA

2007

1. Matvey „Falafel“ **Natanzon** (4) Israel
2. Nack **Ballard** (1) USA
3. François **Tardieu** (14) Frankreich
4. Sander **Lylloff** (44) Dänemark
5. Neil **Kazaross** (2) USA
6. Masayuki **Mochizuki** (28) Japan
7. Steve **Sax** (6) USA
8. Kit **Woolsey** (5) USA
9. Bob **Wachtel** (15) USA
10. Morten **Holm Larsen** (27) Dänemark
11. Peter Jens **Thomsen** (12) Dänemark
12. Paul „X-22“ **Magriel** (10) USA
13. Lars **Bønding** (7) Dänemark
14. Jake **Jacobs** (14) USA
15. Paul **Weaver** (16) USA
16. Lars **Trabolt** (31) Dänemark
17. Bill **Robertie** (20) USA
18. Mike **Senkiewicz** (19) USA
19. John **O’Hagan** (18) USA
20. Malcolm **Davis** (17) USA
21. Gus **Jacobsen Hansen** (26) Dänemark
22. Ed **O’Laughlin** (29) USA
23. Jörgen **Granstedt** (13) Schweden
24. Ray **Fogerlund** (36) USA
25. Ralf **Jonas** (37) Deutschland
26. Walter **Trice** (23) USA
27. Mike **Corbett** (30) USA
28. Dirk **Schiemann** (8) Deutschland
29. Petko **Kostadinov** (152) Bulgarien
30. Richard **Munitz** (–) USA
31. Dana **Nazarian** (221) USA
32. Leo **Fernandez** (41) Argentinien

2005

1. Nack **Ballard** (1) USA
2. Neil **Kazaross** (7) USA
3. François **Tardieu** (14) Frankreich
4. Matvey „Falafel“ **Natanzon** (8) Israel
5. Kit **Woolsey** (11) USA
6. Steve **Sax** (13) USA
7. Lars **Bønding** (24) Dänemark
8. Dirk **Schiemann** (3) Deutschland
9. Jerry **Grandell** (2) Schweden
10. Paul „X-22“ **Magriel** (5) USA
11. Johannes **Levermann** (4) Deutschland
12. Peter Jens **Thomsen** (17) Dänemark
13. Jörgen **Granstedt** (10) Schweden
14. Jake **Jacobs** (12) USA
15. Bob **Wachtel** (55) USA
16. Paul **Weaver** (20) USA
17. Malcolm **Davis** (21) USA
18. John **O’Hagan** (72) USA
19. Mike **Senkiewicz** (16) USA
20. Bill **Robertie** (15) USA
21. Frank **Talbot** (31) USA
22. Mads **Andersen** (9) Dänemark

23. Walter **Trice** (54) USA
24. Mike **Svobodny** (19) USA
25. David **Wells** (6) USA
26. Gus **Jacobsen Hansen** (23) Dänemark
27. Morten **Holm Larsen** (28) Dänemark
28. Masayuki **Mochizuki** (71) Japan
29. Ed **O'Laughlin** (56) USA
30. Mike **Corbett** (29) USA
31. Lars **Trabolt** (34) Dänemark
32. Michael **Meyburg** (18) Deutschland
18. John **O'Hagan** (72) USA
19. Mike **Senkiewicz** (16) USA

2003

1. Nack **Ballard** USA
2. Jerry **Grandell** Schweden
3. Dirk **Schiemann** Deutschland
4. Johannes **Levermann** Deutschland
5. Paul **Magriel** USA
6. David **Wells** USA
7. Neil **Kazaross** USA
8. Matvey „Falafel“ **Natanzon** Israel
9. Mads **Andersen** Dänemark
10. Jörgen **Granstedt** Schweden

2001

1. Nack **Ballard** USA
2. Jerry **Grandell** Schweden
3. Johannes **Levermann** Deutschland
4. Dirk **Schiemann** Deutschland
5. Jørgen **Granstedt** Schweden
6. Paul **Magriel** USA
7. Neil **Kazaross** USA
8. Mike **Senkiewicz** USA
9. Jake **Jacobs** USA
10. Kit **Woolsey** USA

1999

1. Jerry **Grandell** Schweden
2. Nack **Ballard** USA
3. Johannes **Levermann** Deutschland
4. Neil **Kazaross** USA
5. Paul **Magriel** USA
6. Mike **Senkiewicz** USA
7. Michael **Meyburg** Deutschland
8. Dirk **Schiemann** Deutschland
9. Mike **Svobodny** USA
10. Kit **Woolsey** USA

1997

1. Wilcox **Snellings** USA
2. Mike **Senkiewicz** USA
3. Nack **Ballard** USA
4. Mike **Svobodny** USA
5. Paul **Magriel** USA
6. Neil **Kazaross** USA
7. Billy **Horan** USA
8. Kit **Woolsey** USA
9. Jerry **Grandell** Schweden
10. Bill **Robertie** USA

1995

1. Mike **Senkiewicz** USA
2. Wilcox **Snellings** USA
3. Billy **Horan** USA
4. Nack **Ballard** USA
5. Paul **Magriel** USA
6. Joe **Sylvester** USA
7. Mike **Svobodny** USA
8. Kent **Goulding** USA
9. Bill **Robertie** USA
10. Neil **Kazaross** USA

1993

1. Wilcox **Snellings** USA
2. Mike **Senkiewicz** USA
3. Joe **Sylvester** USA
4. Paul **Magriel** USA
5. Mike **Svobodny** USA
6. Bill **Robertie** USA
7. Nack **Ballard** USA
8. Kent **Goulding** USA
9. Kit **Woolsey** USA
10. Jason **Lester** USA

Top-10-Plätze (seit 1993)

Acht Spieler haben zumindest vier Top-10-Plätze auf den insgesamt neun „Giants-Listen“ erreicht. Ein Champion, Nack Ballard, war immer dabei, zwei weitere, Paul Magriel und Neil Kazaross, immerhin sieben Mal.

9 Nack **Ballard** (USA)
8 Neil **Kazaross** (USA)
7 Paul **Magriel** (USA)
Kit **Woolsey** (USA)
5 Jerry **Grandell** (Schweden)
Mike **Senkiewicz** (USA)
4 Dirk **Schiemann** (Deutschland)
Mike **Svobodny** (USA)
Matvey „Falafel“ **Natanzon** (Israel)

American Backgammon Tour

Die *American Backgammon Tour* ist eines der hervorragenden Ereignisse rund um dieses Würfelbrettspiel. Bestenlisten mögen zwar einen subjektiven Charakter haben, dennoch spiegelt diese Zusammenschau aller auf der Tour erreichten Ergebnisse deutlich die Stärke der Spitzenleute auf nordamerikanischem Turnierboden wider.

1993–2007 All-time Best

1. **Neil Kazaross**
2. **Ray Fogerlund**
3. **Doug Roberts**
4. **Art Benjamin**
5. **Steve Sax**
6. **Malcolm Davis**
7. **Walter Trice**
8. **Bob Glass**
9. **Gregg Cattanach**
10. **Jake Jacobs**

Zitate

Hören Sie die Stimmen der Champions (frei übersetzt) zu Backgammon ganz allgemein, zu Spielerfahrungen, zum Verdoppelungswürfel, zum Turniergeschehen und zu Randthemen des Spiels.

Über Backgammon

Backgammon is [...] a gambling game which requires both luck and skill. [...] Luck keeps the game interesting, but skillful play will always be rewarded.

(Paul Magriel)

Backgammon ist ein Wettspiel, das sowohl Glück als auch Können verlangt. Der Glücksfaktor macht das Spiel interessant, aber geschicktes Spiel wird dennoch immer belohnt.

The way to become a good player is to learn to make good moves. (Robertie)
Um ein guter Spieler zu werden, muss man lernen, gute Züge zu machen.

Winners are people who expect to win. (Walter Trice)
Gewinner sind diejenigen, die erwarten zu gewinnen.

Life, like backgammon, is constant decision-making under uncertainty.

(Neil Kazaross)

Das Leben ist, ganz wie das Backgammon, ein permanentes Fällen von ungewissen Entscheidungen.

Backgammon is truly the cruellest game. [...] Save the emotions for Valentine's Day, they have no place over a backgammon board. (Chris Bray)
Backgammon ist wahrlich das grausamste Spiel. Sparen Sie sich Ihre Emotionen für den Valentinstag auf, sie haben keinen Platz am Backgammon-Tisch.

Über Spielerfahrungen

The best way to improve at backgammon is to get your hands dirty and really work to learn to understand this game. (*Neil Kazaross*)
Der beste Weg der Verbesserung im Backgammon ist es, sich die Hände schmutzig zu machen und zu lernen, das Spiel zu verstehen.

There are three steps that should be taken every time it is your turn to play: 1. Have a plan. – 2. Consider the cube. – 3. Choose the best move. Thinking about these three things, in thc above order, should become second nature.
(*Kent Goulding*)
Wann immer Sie spielen, sollten Sie drei Schritte tun: 1. Machen Sie einen Plan. – 2. Berücksichtigen Sie den Verdopplungswürfel. – 3. Wählen Sie den besten Zug. Über diese drei Dinge in obiger Reihenfolge nachzudenken, sollte zu Ihrer zweiten Natur werden.

At every stage of the game you should constantly be evaluating and updating your game plan. To have no plan at all will leave you lost on the back roads of mediocrity forever. (*Kent Goulding*)
Sie sollten bei jedem Spielstand permanent Ihr Spiel bewerten und den allgemeinen Plan entsprechend anpassen. Keinen Plan zu haben bedeutet, dass Sie sich für immer in den Hinterhöfen der Mittelmäßigkeit verlieren werden.

You cannot be a top tournament backgammon player if you do not know what the match equity is. Believe me. (Neil *Kazaross*)
Sie können kein Spitzenspieler werden, wenn Sie nicht wissen, was Match Equity (↑ Glossar) bedeutet. Glauben Sie mir.

I win so many games because I'm ahead in the race, it's shocking.
(Neil *Kazaross*)
Ich gewinne so viele Spiele, weil ich im Rennen vorne bin.
Es ist schockierend!

In a backgammon match, anybody has a reasonable chance to beat anybody else. The player who doesn't respect his opponent is likely to get greedy [. . .], to take risks when he shouldn't and to fail to take risks when he should. (*Walter* Trice)
In einem Backgammon-Match hat jeder eine vernünftige Chance, jeden zu schlagen. Doch der Spieler, der seinem Gegner nicht respektiert, wird oft gierig ... und geht Risiken ein, wo er diese vermeiden sollte, bzw. vermeidet Risiken, wo sie notwendig sind.

Never, ever, grab the first good looking play you see.
There is often a better move around the corner. Go look for it. (Kit *Woolsey*)
Folgen Sie niemals dem erstbesten Plan, den Sie haben. Es gibt oftmals einen verborgenen, besseren Zug. Suchen Sie ihn!

Über den Verdopplungswürfel

Every turn is a new cube decision. Always. Never forget. The biggest error you can make is to fail to double at the appropriate time. (Kent *Goulding*)
Jede Drehung des Verdopplungswürfels ist eine neue Entscheidung. Immer! Vergessen Sie das niemals. Der größte Fehler, den Sie machen können, ist es, zur richtigen Zeit das Verdoppeln zu vergessen.

I can hardly over-emphasize the importance of the cube, its influence on play. [...] it determinates the end of eighty percent of all games. (Joe Dwek)

Ich kann die Bedeutung des Verdopplungswürfels für das Spiel kaum überbetonen. [...] er entscheidet den Ausgang von achtzig Prozent aller Partien.

In general, when the decision is otherwise very close you should lean towards a race when you own the cube, but lean towards contact positions when your opponent owns the cube. (Kit Woolsey)
Allgemein gesagt, sollten Sie eher ein Rennen im Auge haben, wenn Sie den Verdopplungswürfel besitzen, und eher ein Positionsspiel, wenn der Gegner den Cube hält.

The doubling cube holds the key to being a winner or a loser. Good checker play will never compensate for serious errors of judgement on doubling. A good part of the skill in accepting or refusing doubles lies in being able to recognize which positions are gammon prone and which are not. [...] In any case, the best way to win at backgammon is to play it. (Paul Magriel)
Der Verdopplungswürfel ist der Schlüssel zum Sieg oder zur Niederlage. Auch ein gutes Platzieren der Steine wird niemals eine schlechte Einschätzung beim Verdoppeln kompensieren. Ein großer Teil des Geschicks beim Ablehnen oder Annehmen der Verdopplung liegt im Erkennen, ob eine Stellung gammon-verdächtig ist oder nicht. [...] Um beim Backgammon zu gewinnen, ist es am besten, viel zu spielen.

One of the reasons I've done so well in matches is my understanding of how to use the cube at different scores. (Neil Kazaross)
Einer der Gründe, warum ich in Matches so erfolgreich war, ist mein Verständnis für die Handhabung des Verdopplungswürfels bei jedem Spielstand.

Über Lehrbehelfe

In my opinion there's no book so bad I'd advise everybody not to read it. (Gary Wong)

Meiner Meinung nach gibt es kein Buch, das so schlecht ist, dass ich jedermann davon abraten würde.

I have no doubt that GNU Backgammon 2-ply (↑ Glossar) would show a positive result if given enough time vs. any human player in match play. (Neil Kazaross)

Ich habe keine Zweifel, dass GNU Backgammon gegen jeden Spieler in einem Match ein positives Ergebnis erreichen würde, vorausgesetzt, das Match dauert lange genug!

Anyone can do computer rollouts; the trick is the analysis. (Herb Gurland)

Jeder kann Computer-Rollouts machen. Der Kniff dabei ist die Analyse.

Über Turniere

Tournament directors seem to look more stressed under the Swiss system. (Douglas Zare)

Turnierveranstalter scheinen unter dem Schweizer System (↑ Glossar) mehr gestresst zu sein.

In a Swiss tournament the better player will almost always place. (Neil Kazaross)

Im Schweizer System wird sich der bessere Spieler fast immer gut platzieren.

Über Historisches

Chess, Draughts, Backgammon, Whist, and most of the card games, are better played for amusement than for money. (G.F. Pardon, 1889)

Schach, Dame, Backgammon, Whist und die meisten Kartenspiele sollten besser zur Unterhaltung als um Geld gespielt werden.

Backgammon is certainly a diversion by no means fitted for company.
(Joseph Strutt, 1801)
Backgammon ist zweifellos eine nette Beschäftigung, doch keinesfalls als geselliger Zeitvertreib geeignet.

Backgammon is probably both the oldest and the most youthful game in the world. (Lelia Hattersley, 1930)
Backgammon ist vermutlich gleichzeitig das älteste und das jugendlichste Spiel der Welt.

The Egyptians [...] believe that luck and skill is the just, the inevitable, the reward of the skillful. (Georges Mabardi)
Die Ägypter glauben, dass Glück und Können die gerechte, unausbleibliche Belohnung des geschickten Spielers ist.

Über-Sinnliches

Maybe I am a little schizophrenic, but the checkers actually talk to me. They say "put me here, put me here, put me in these nice places". And I listen to them talk to me. [...] Put the checkers in nice natural strong play – that should be your first instinct. (Paul Magriel)
Vielleicht bin ich ein wenig schizophren, aber die Steine sprechen wirklich zu mir. Sie sagen: Setze mich hierhin, setze mich dorthin, setz mich einfach auf einen guten Platz." Und ich höre auf sie ... Setzen Sie Ihre Steine auf natürliche, starke Punkte – das sollte Ihr erster Instinkt sein.

If every double made were perfect, none would be accepted, if every acceptance were perfect. We must conclude, then, that accepted doubles can only be the result of imperfect play on the part of one adversary or the other. (Georges Mabardi)
Wenn jede Verdopplung perfekt wäre, würde keine angenommen, vor allem, wenn auch jede [potenzielle] Annahme perfekt wäre. Daraus müssen wir daher schließen, dass angenommene Verdopplungen nur

das Ergebnis unvollkommenen Spiels von Seiten des einen oder anderen Kontrahenten sein können.

You can influence the law of probability with your mind. *(Baron Vernon Ball)*
Sie können die Gesetze der Wahrscheinlichkeit ganz mit Ihrem Geist beeinflussen.

Einführung*

GRUNDIDEE: Backgammon ist vom Charakter her ein Rennspiel über 24 Punkte, mit dem Ziel, dem Gegner beim Abtragen (Hinauswürfeln) aller 15 eigenen Steine zuvorzukommen. Die gegensätzliche Laufrichtung bewirkt eine ständige Verzahnung der schwarzen und weißen Steine und bietet dadurch großen Spielraum für taktisch-strategische Überlegungen.

SPIELER: Im Gegensatz zu Strategie-Klassikern wie Schach oder Go spielt es bei Backgammon absolut keine Rolle, welche Farbe die Spieler wählen. Jeder der beiden Kontrahenten hat, statistisch gesehen, die absolut gleiche Chance, den Eröffnungszug zu machen. Ebenso wenig spielt es eine Rolle, wie das Brett ausgerichtet ist, das heißt, ob von links nach rechts oder anders herum gezogen wird. Die Beschriftung der Felder scheint nur auf den Diagrammen auf, nicht auf den Originalbrettern.

MATERIAL: Um Backgammon gemäß den offiziellen Regeln zu spielen, benötigen Sie folgende Materialien:
1 Brett (am besten nicht zu klein; mit eingelegten Spitzen; guter Kontrast zu den Steinen; keinesfalls magnetisch; aus Kunststoff oder Leder)
2 mal 15 Steine (schwarz/rot, weiß; alle Steine sollten ohne zu Verrutschen auf den Spitzen Platz haben)
2 Paar Würfel (mit abgerundeten Ecken)
2 Würfelbecher (wenn möglich mit einer rauen Innenfläche)
1 Verdopplungswürfel (mit den Seiten 2, 4, 8, 16, 32, 64)

SPIELAUFBAU:

→
Zugrichtung Schwarz
←
Heimbringen Weiß

→
Zugrichtung Weiß
←
Heimbringen Schwarz

Heimfeld-Weiß Bar Außenfeld-Weiß

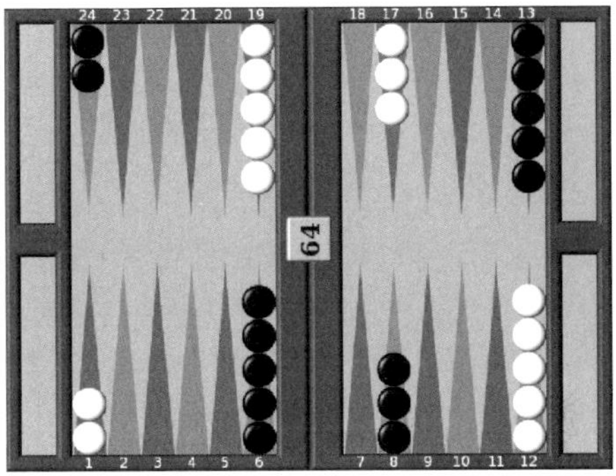

Heimfeld-Schwarz Bar Außenfeld-Schwarz

Das Spielbrett (Board) besteht aus **24 Spitzen** (Zacken, Points, Punkte), von denen sich 12 auf jeder Seite befinden. Die **Bar** (der Mittelsteg) teilt die beiden Seiten in das sogenannte **Heimfeld** (Inneres Feld, Inner Board) und das **Außenfeld** (Outer Board). Es ist dabei egal, ob das Brett nach links oder rechts ausgerichtet ist oder ob die Steine spiegelverkehrt platziert werden (das heißt: Weiß auf 24, Schwarz auf 1). In der Literatur finden sich daher auch beide Darstellungen. Früher war es üblich, „vom Licht weg“ zu spielen, das heißt die Heimfelder der Lichtquelle zuzuwenden. Backgammon-Bretter werden zudem ohne Beschriftung angeboten. Die in diesem Buch verwendete – moderne – Durchnummerierung von 1 bis 24 ist ebenso denkbar wie eine Notationshilfe von 1 bis 12 für beide Seiten.
Beide Spieler bekommen je **15 Steine**, die – wie die Abbildung zeigt – eine fixe Aufstellung haben: Weiß – zwei Steine auf dem 1-Punkt (gegnerisches Heimfeld), fünf auf dem 12-Punkt, drei auf dem 17-Punkt und fünf auf dem 19-Punkt (eigenes Heimfeld). Die Aufstellung für Schwarz ist spiegelbildlich. Der Verdopplungswürfel wird auf die Bar gelegt, mit der Seite „64“ nach oben. **Zugrichtung**: Weiß zieht (in diesem Buch) von 1 nach 24, Schwarz von 24 nach 1, wobei man sich

zwischen den Punkten 13 und 12 eine direkte Verbindung vorstellen muss. (Wenn Sie mit modernen Computerprogrammen spielen, können Sie die Einstellungen so vornehmen, dass das Heimfeld des Spielers am Zug jeweils die Beschriftung 1 bis 6 zeigt).

SPIELZIEL: Ziel des Spiels ist es, alle eigenen Steine (schwarz/rot oder weiß) in das Heimfeld zu bringen und sie dann abzutragen (hinauszuwürfeln). Gewinner ist, wem dies zuerst gelingt.

WÜRFELN/ETIKETTE: Der Spieler am Zug schüttelt zunächst seinen Becher und rollt dann die beiden Würfel auf seine rechte Bretthälfte. Beide Würfel müssen unbedingt glatt aufliegen. Ist nur einer angekippt oder kommt einer auf einem Stein zu liegen, wird mit beiden Würfeln ein neuerlicher Versuch gemacht. Erst mit dem Aufnehmen der beiden Würfel beendet ein Spieler seinen Zug. Dann ist der andere an der Reihe. Er kann nun seinerseits würfeln oder verdoppeln. **Illegale Züge:** Wurde ein illegaler Zug gemacht, darf der Gegner verlangen, dass dieser zurückgenommen wird, allerdings nur bis zu dem Augenblick, in dem der Spieler am Zug seine Würfel wieder aufnimmt. Bei vorteilhafter Stellung darf auf dieses Recht, eine Rücknahme zu verlangen, jedoch auch verzichtet werden.

ERÖFFNUNGSWURF: Zunächst wirft jeder Spieler einen Würfel. Wer die höhere Augenzahl hat, beginnt mit dem Vorrücken seiner Steine um die eigene wie die gegnerische Augenzahl, in beliebiger Reihenfolge. Bei gleicher Wurfzahl wird der Eröffnungswurf wiederholt. Nach dem Eröffnungswurf verwenden beide Spieler bei jedem Wurf (der abwechselnd erfolgt) ihre zwei eigenen Würfel. Optional: Manche Spieler vereinbaren bei Money Games (siehe unten) eine **automatische Verdopplung** des Spiels, wenn der Eröffnungswurf eine Dublette (Pasch) zeigt. Dazu wird der Verdopplungswürfel in der Bar-Mitte auf 2 gesetzt. Diese optionale Regel sollte jedoch pro Partie maximal zu einer Verdopplung führen.

ZIEHEN DER STEINE: Die Augenzahlen der beiden Würfel werden immer einzeln gesetzt, wobei die **Reihenfolge** egal ist und außerdem beide Zahlen für das Ziehen eines Steins verwendet werden dürfen. Bei einem Wurf 5-2 (auch 52 geschrieben) kann daher entweder ein Stein 5 Felder, ein weiterer Stein 2 Felder weit gezogen werden, oder aber ein Stein wird um 7 Felder versetzt. Dabei muss jedoch das Zwischenfeld legal zu betreten sein. Die **Laufrichtung** ist immer nur vorwärts. Es muss immer so gesetzt werden, dass beide Zahlen benutzt werden können. Ist dies unmöglich, muss man die höhere Wurfzahl verwenden.

In der Abbildung wirft Schwarz 65: Zieht er die 6, kann er die 5 nicht spielen (die Steine auf den Punkten 1 bis 4 dürfen noch nicht abgetragen werden, siehe unten); umgekehrt wird nach einer 5 die 6 unmöglich. Daher ist der einzige legale Zug 18/12. Sind beide Zahlen blockiert, setzt der Spieler aus.

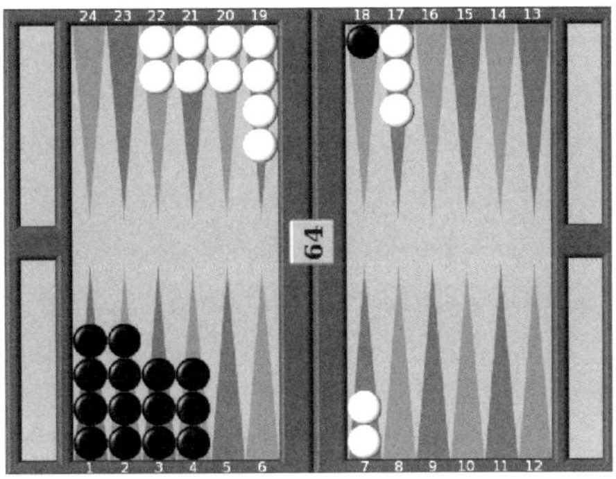

DUBLETTEN (Double, Pasch): Wer zwei gleiche Zahlen würfelt, also eine Dublette hat, muss die Augenzahl jedes Würfels doppelt nutzen, zieht also ausnahmsweise vier Steine. In einem Rennspiel kann dies von großem Vorteil sein. Wie Sie beim Studium dieses Buches sehen werden, gibt es aber auch Situationen – vor allem im Back Game (siehe dort) – wo ein langsames Vorrücken vorzuziehen ist.

OFFENE PUNKTE: Die Zugrichtung ist immer vom Heimfeld des Gegners über das Außenfeld zum eigenen Heimfeld hin. Offene Punkte, auf denen nicht mehr als ein gegnerischer Stein (Blot genannt) steht, sowie leere Felder dürfen besetzt werden. Punkte mit zwei oder mehr gegnerischen Steinen dagegen sind blockiert.

Tabelle 1: Kombinationen mit 2 Würfeln

Gesamt	Wurf	Wahrscheinlichkeit
2 (1x)	11	1:35
3 (2x)	12 21	1:17
4 (3x)	13 31 22	1:11
5 (4x)	14 41 23 32	1:8
6 (5x)	15 51 24 42 33	1:6,2
7 (6x)	16 61 25 52 34 43	1:5
8 (5x)	26 62 35 53 44	1:6,2
9 (4x)	36 63 45 54	1:8
10 (3x)	46 64 55	1:11
11 (2x)	56 65	1:17
12 (1x)	66	1:35

Zur schnellen Übersicht die Tabelle 1 mit allen **36 Wurfkombinationen**. Die Wahrscheinlichkeit für die eine oder andere Augenzahl ist immer absolut gleich. Wer sich über dieses Thema genauer informieren möchte, dem sei meine Würfelenzyklopädie ans Herz gelegt. [*Hugo Kastner: Die große humboldt Enzyklopädie der Würfelspiele*]

BLOCKADE/PRIME: Sobald zwei oder mehr Steine einer Farbe auf einer Spitze liegen, gilt der Punkt als „gemacht". Der Gegner darf darauf nicht mehr landen, wohl aber diesen Punkt überspringen. Mehrere Punkte in einer Reihe nennt man eine **Prime**. Sechs Punkte in Folge bilden sinngemäß eine **Full Prime**, blockieren damit den Gegner vollständig. Liegen diese sechs Punkte im Heimfeld, spricht man von einem **geschlossenen Feld** (eng. Closed Board).

SCHLAGEN/BLOTS: Steine, die einzeln auf einem Punkt liegen, nennt man **Blots**. Diese sind sehr verwundbar, da sie jederzeit vom Gegner geschlagen werden können. Ein geschlagener Stein wird auf die Bar (den Mittelsteg) gelegt, von wo aus er das Rennen neuerlich vom Heimfeld des Gegners aus beginnen muss.

EINSETZEN VON DER BAR: Die Bar ist ein Lagerplatz für geschlagene Steine. Solange dort ein geschlagener Stein liegt, darf kein weiterer Stein auf dem Brett gezogen werden. Weiß kommt über das Heimfeld 1 bis 6, Schwarz über das Heimfeld 24 bis 19 wieder ins Spiel. Dabei ist es egal, welche der beiden Würfelzahlen für das Einsetzen verwendet werden. Sind beide Einsatzpunkte vom Gegner blockiert, muss der betreffende Spieler allerdings aussetzen. Liegen mehrere Steine auf der Bar, müssen zunächst alle ins Spiel zurückgebracht werden, bevor irgendein weiterer Stein gezogen werden darf. Im durchaus häufigen Fall, dass ein **Geschlossenes Feld** (eng. Closed Board) alle Einsetzpunkte blockiert, darf der ausgesperrte Spieler nicht einmal würfeln.

ABTRAGEN: Sobald alle 15 Steine im eigenen Heimfeld liegen, darf mit dem Abtragen begonnen werden. Dies bedeutet, dass die Steine über den letzten Punkt des Heimfelds hinausgezogen werden, sozusagen auf den Punkt „Null". Ist ein direktes Hinausspielen nicht möglich oder nicht erwünscht, muss dafür ein Stein im Heimfeld weitergezogen werden.

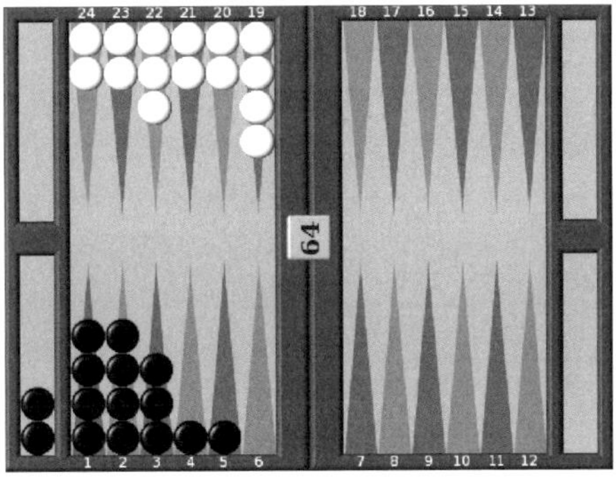

Es ist erlaubt, einen Stein, dessen **direkte Zahl** geworfen wird, sofort abzutragen. Ebenso darf ein Stein vom **höchsten** besetzten **Punkt** hinausgezogen werden.
Im Abbildungsbeispiel bedeutet ein schwarzer Wurf 6-4 (oder 64 geschrieben), dass mit der „6" der Stein vom 5-Punkt abgetragen werden darf, mit der „4" ein Stein vom 4-Punkt. Wird während des Abtragens ein Stein geschlagen, muss er zuerst das ganze Brett bis zum eigenen Heimfeld durchlaufen, bevor das Abtragen fortgesetzt werden darf. Sie sehen bereits, es ist sehr günstig, wenn die Steine möglichst nahe beim inneren Rand des Heimfelds liegen.

VERDOPPELUNGSWÜRFEL/DOPPLERWÜRFEL: Mit diesem Würfel soll der Faktor „Glück" etwas reduziert werden, da gute Spieler die Wahrscheinlichkeit zu gewinnen sehr gut abschätzen können. Timing beim Einsatz des Verdopplungswürfels ist auf jeden Fall gefragt. Dieser Würfel trägt die Zahlenwerte 2, 4, 8, 16, 32 und 64. Zu Spielbeginn ist er für beide Spieler zugänglich, er liegt in der Mitte der Bar, mit der Seite „64" nach oben. Wer glaubt, das Spiel zu gewinnen, darf dem Gegner eine Verdopplung des Spielwerts (d. h. des einfachen, doppelten oder dreifachen Gewinns; ↑ Gammon/Backgammon) anbieten. Lehnt der Gegner ab (eng. „drop"), verliert er das Spiel unmittelbar, allerdings ohne Verdopplung. Akzeptiert er dagegen den Verdopplungswürfel (das heißt, legt er ihn vor sich ab, eng. „take"), geht das Spiel von nun an um den doppelten Einsatz, ähnlich wie beim Poker. Außerdem hat nun der Besitzer des Verdopplungswürfels das alleinige Recht, seinerseits zu einem beliebigen Zeitpunkt eine weitere Verdopplung anzubieten. Das ist auf Grund der Wahrscheinlichkeitstabellen beim Match Play von großem Vorteil (siehe Kapitel Erwartungswert/Equity). Durch Drehen des Würfels wird der momentane Stand angezeigt. Der Einsatz dieses Verdopplungswürfels muss immer vor einem eigenen Wurf geschehen. Theoretisch können sogar Verdopplungen über 64 hinaus gemacht werden, was unter guten Spielern jedoch praktisch nicht vorkommt.

GAMMON/BACKGAMMON: Wurde der letzte Stein abgetragen, verliert der Gegner mit 1 Punkt, wenn er zu diesem Zeitpunkt auch bereits zumindest einen Stein abgetragen hat. Sind dagegen noch alle gegnerischen Steine auf dem Brett, gibt es einen 2-Punkte-Sieg (eng. **Gammon**). Im seltenen Fall, dass noch ein Stein des Gegners im Heimfeld des Gewinners steht oder gar auf der Bar liegt, zählt das Spiel 3 Punkte (eng. **Backgammon**). Durch den Verdopplungswürfel können diese Spielwerte deutlich erhöht werden. *Beispiel*: Der Verdopplungswürfel zeigt 4, und der Spielwert Gammon wurde erreicht. Der siegreiche Spieler schreibt 8 Punkte (4 mal 2).

Crawford-Regel/Match Play: (nach John Crawford, dem mehrmaligen Vizeweltmeister) – In einem Match (Turnierspiel) auf mehrere Siegpunkte kommt die so genannte Crawford-Regel zur Anwendung. Erreicht einer der Spieler den vorletzten Punkt (z. B. 14 aus 15), so darf im darauf folgenden Spiel nicht verdoppelt werden, von keinem der beiden Kontrahenten. In etwaigen weiteren Spielen ist diese Vorschrift dagegen wieder aufgehoben. Beispiel: Es steht 14 zu 8, Crawford-Spiel, keine Verdoppelung erlaubt; der hinten liegende Spieler gewinnt; nun darf bei 14 zu 9 wieder ganz normal verdoppelt werden. Der Grund für diese Regel: Ein Spieler, der weit zurückliegt, würde ja automatisch verdoppeln, da er nichts zu verlieren hätte.

Jacoby-Regel/Money Game: (nach Oswald Jacoby, einem früheren Weltklassespieler) – Beim Spiel um Geld (eng. Money Game) werden Gammon und Backgammon nur dann gezählt, wenn zuvor bereits mindestens einmal verdoppelt wurde. Durch diese Regel, die im Turnierspiel nicht angewendet wird, beschleunigt sich das Spiel, da eine Partie nicht endlos ausgewürfelt werden muss.

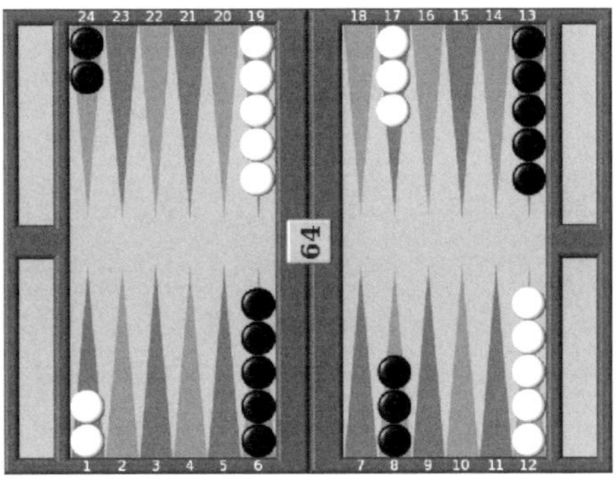

Notation: Um Partien aufzeichnen und analysieren bzw. Meisterpartien nachspielen zu können, verwendet Backgammon eine einfache und leicht lesbare Notation. Alle Punkte sind von 1 bis 24 durchnummeriert. Schwarz bewegt sich im Uhrzeigersinn, zieht daher seine Steine von Punkt 24 (linkes oberes Feld) über Punkt 13, Punkt 12 auf sein Heimfeld (linkes unteres Feld). Weiß zieht genau entgegengesetzt, also gegen den Uhrzeigersinn auf das Heimfeld 19-24 zu. (Wie schon gesagt, darf die Aufstellung auch umgekehrt sein.)

Nehmen wir an, der Eröffnungswurf ist 3 für Schwarz, 1 für Weiß. Schwarz beginnt daher das Spiel. In der Mitschrift sieht dies für den ersten Zug folgendermaßen aus:

1. S 31: 8/5 6/5
Ein Stein wird von Punkt 8 auf Punkt 5 gezogen, ein weiterer von Punkt 6 auf Punkt 5. Nun ist Weiß am Zug.

Im Weiteren werden alle Notationshilfen beschrieben.

2. W 64: 1/7/11
Weiß würfelt 6 und 4. Der Renner (so nennt man die Steine auf den Punkten 1 und 24) wird zweimal gezogen und landet auf Punkt 11.

3. S 44: 24/20 (2) 8/4 (2)
Schwarz würfelt eine 4er-Dublette und zieht je zwei Steine der Punkte 24 und 8. Das wird durch (2) angezeigt.

7. S: verdoppelt auf 2
Der Verdopplungswürfel wird gedreht, der Spielwert damit erhöht. Der Gegenspieler muss sich nun sofort entscheiden, entweder anzunehmen oder abzulehnen. In letzterem Fall ist das Spiel unmittelbar zu Ende.

8. W: nimmt an
Weiß entscheidet sich für ein Spiel um den doppelten Wert. Er nimmt den Verdopplungswürfel und legt ihn mit der „2“ nach oben auf seine Tischseite. Sollte mit Beaver gespielt werden (↑ Beaver), kann Weiß sofort ein Redouble ansagen, ohne den Verdopplungswürfel abgeben zu müssen.

8. W: lehnt ab

Weiß lehnt die Verdopplung ab und verliert das Spiel einfach. Die Grundstellung wird sofort neu aufgebaut.

13. S: setzt aus

Schwarz kann keinen Stein von der Bar ins Spiel bringen und darf daher nicht einmal würfeln.

15. S 53: bar/22 bar/20 *[In älteren Büchern und Foren können Sie noch die Zahlen-Notation 25/22, 25/20 oder auf der anderen Brettseite 0/3, 0/5 finden.]*

Schwarz bringt zwei Steine von der Bar auf die entsprechenden Punkte.

18. W 63: 12/21*

Das Symbol* bedeutet, dass ein Stein (Blot) geschlagen wird, in diesem Fall auf dem 21-Punkt.

18. W 63: 12/18*/21*

Der gleiche Wurf, allerdings wird bereits mit dem ersten Zugteil auf dem 18-Punkt ein Blot geschlagen, dann ein weiterer auf dem 21-Punkt.

25. S 65: 6/off 5/off

Zwei Steine werden von den Punkten 6 und 5 abgetragen.

Mit diesen wenigen Zeichen können Sie bequem jede Partie aufzeichnen. Jetzt geht es erst so richtig los!

Sie spielen in diesem Buch immer die schwarzen Steine; die Beschriftung ist einheitlich gehalten (siehe Grundstellung) und das Brett in allen Diagrammen nach links ausgelegt.

Taktik & Strategie

Eröffnungswürfe**

Backgammon beginnt, wie viele taktisch-strategisch ausgerichteten Spiele, mit einer absolut gleichen Basisaufstellung beider Spieler. Da es sich in der Grundkonzeption um ein Rennspiel handelt, hat der Spieler, dem der glücklichere erste Wurf gelingt, einen kleinen, doch durchaus nachhaltigen Vorteil. Er muss jedoch vom ersten Wurf weg die gewürfelte Augenzahl optimal einsetzen, um diesen Startvorteil festzuhalten. Nicht die zufälligen Wurfergebnisse allein entscheiden in diesem strategischen Spiel über Sieg oder Niederlage, sondern vor allem die dynamischen Platzierungen, die der Spieler auf dem Brett findet. Schon der erste Zug jedes Spielers führt in diesem Sinne eine kleine Richtungsentscheidung herbei.

Vier Schlüsselziele der Eröffnung

- **Schlagen**
  Normalerweise ist Schlagen immer ein lohnendes Ziel, denn der getroffene Stein muss ja seinen Weg ganz von vorne von der Bar weg beginnen. Dazu kommt, dass kein anderer Zug auf dem Brett erlaubt ist, bevor alle geschlagenen Steine ins Feld zurückgekehrt sind. Wie leicht verliert ein Spieler dabei den einen oder anderen Zug!
- **Blockieren**
  Versuchen Sie, die gegnerischen Steine am Entkommen zu hindern. Je länger diese hinter der Blockade eingesperrt bleiben, desto größer ist im Normalfall der Vorteil.
- **Ankern**
  Gemeint sind damit die Besetzung des Goldenen Punkts (5-Punkt) und des 4-Punkts im gegnerischen Heimfeld. Auch der Bar-Punkt (7-Punkt) jenseits des Mittelstegs erfüllt teilweise ähnliche Funktionen. Die Stärke dieses strategischen Ziels liegt darin, dass diese

Anker-Steine später schwer zu blockieren sind und dass geschlagene Steine auf dem Goldenen Punkt und dem 4-Punkt wirkungsvoll ins Spiel gebracht werden können. Zudem bedrohen diese Schlüsselpunkte gegnerische Steine auf deren Weg ins Heimfeld.

- **Mobilisieren**
  Wann immer die Ziele (1) bis (3) nicht direkt zu erreichen sind, sollten Sie eine flexible Platzierung der Wurfzahlen wählen. Darunter versteht man Vorbereitungszüge, die Bausteine auf die Schlüsselpunkte oder ins eigene Außenfeld bringen. Dabei ist es entscheidend, das Risiko eines ungeschützten Blots richtig abzuschätzen.

Ein Blick auf die **Grundaufstellung** zeigt, dass fünf Steine bereits im Heimfeld platziert sind und drei weitere nahe dem Ziel stehen (auf dem 8-Punkt). Weitere fünf Steine ruhen im Nahbereich der Laufbahnmitte, und nur zwei Steine, die sogenannten Renner, haben eine lange Reise durch ein gefährliches Minenfeld vor sich. Und exakt um diese zwei Steine dreht sich im Wesentlichen die gesamte Eröffnungsstrategie. Immerhin können 13 der insgesamt 15 Steine bereits ab Wurf 1 im eigenen Außen- oder Heimfeld die gegnerischen Renner blockieren und ihnen das Leben schwer machen.

Dieses Kapitel soll Ihnen helfen, die grundsätzlichen strategischen Überlegungen aller **21 Wurfkombinationen** (inklusive der Dubletten) der Eröffnung (beider Spieler) kennenzulernen. Sie werden dadurch Ihre Spielstärke im praktischen Wettkampf um ein Vielfaches erhöhen. Wie gesagt, nicht die Zufälligkeit der Steinplatzierung allein entscheidet, sondern die in der Folge wirksame praktische Umsetzung Ihres strategischen Plans.

Backgammon ist ein Drahtseilakt zwischen Offensive und Defensive!

Grundlegende Eröffnungsprinzipien

- Vermeiden Sie es, 6 Steine auf einem Punkt zu haben.
- Splitten Sie die Renner eher früher als später, solange noch keine Blockaden bestehen.
- Laufen Sie mit einem Renner auf den geschützten Mittelpunkt (12-Punkt/13-Punkt), wenn sich die Gelegenheit dazu bietet.
- Ziehen Sie einen Renner nur dann auf den 14-Punkt, 15-Punkt oder 16-Punkt, wenn es keine gute Alternative gibt.
- Schlagen Sie in der Regel einen gegnerischen Blot auf Ihrem 5-Punkt oder 4-Punkt ohne große Bedenken.
- Vermeiden Sie in der Regel ein Schlagen auf den tiefen Punkten Ihres Heimfelds (3-Punkt, 2-Punkt und 1-Punkt). Sie verlieren zu viel an Flexibilität. Eine Ausnahme davon bietet das Blitz-Spiel (siehe Partien).
- Platzieren Sie früh Bausteine in Ihr Außenfeld, falls diese nicht einem direkten Schuss (d. h. den Augenzahlen nur eines der beiden Würfel) ausgesetzt sind. Mit diesen Bausteinen lassen sich in der Folge wertvolle Punkte machen.

Eröffnungszüge

Ich möchte die Eröffnungswürfe für die exakte Analyse in mehrere Gruppen zusammenfassen, um Ihnen den Überblick zu erleichtern. Wie bei allen anderen Kapiteln dieses Buches darf ich aber auch hier die Empfehlung aussprechen, alle Züge auf dem eigenen Brett nachzuspielen. Trotz der deutlichen, klar strukturierten Diagramme prägt sich das eigene Ziehen der Steine letztlich besser ins Gedächtnis ein. *(Sie spielen immer die schwarzen Steine.)*

A. Blockadezüge – 31/42/53/61

Wie der Name sagt, spielen sich manche Eröffnungswürfe wie von selbst. Ein fühlbarer Positionsvorteil wird damit unmittelbar erreicht, der ganz dem folgenden allgemeinen Merksatz entspricht:

Übernehmen Sie das Gesetz des Handelns – blockieren Sie!

31: 8/5 6/5

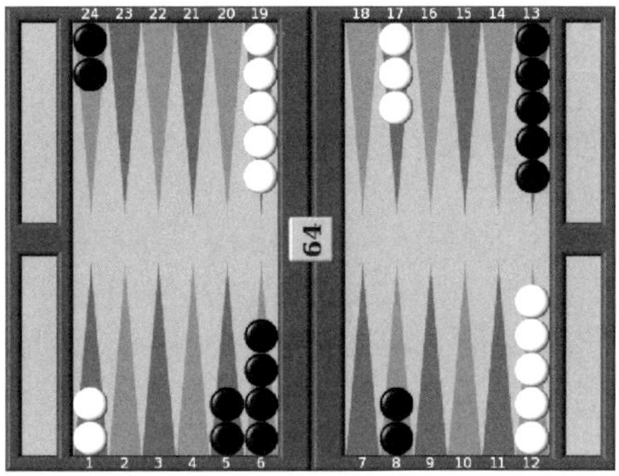

Dieser Wurf erobert sofort ein Schlüsselfeld, nämlich den Goldenen Punkt (5-Punkt). Damit ist eine Behinderung der gegnerischen Renner auf Anhieb gelungen. Genau genommen hat dieser Schlüsselpunkt jedoch einen dreifachen strategischen Wert: (1) Er behindert die auf dem 1-Punkt wartenden Renner. (2) Er ist der wertvollste Punkt im gesamten Heimfeld, wie aus dem späteren Spielverlauf ersichtlich wird. Und (3) er bildet einen absolut sicheren Platz für weitere Bausteine, die das Heimfeld verstärken werden. Vermutlich ist die Kombination 31 überhaupt der beste Eröffnungswurf.

▼ **Wie sehen Ihre weiteren strategischen Ziele aus?** Der Bar-Punkt (7-Punkt) ist das erstrangige Ziel, denn dadurch werden die weißen Renner sehr wahrscheinlich festgehalten. Um diesen Plan auszuführen, müssen in den folgenden Würfen Bausteine im Außenfeld platziert werden, selbst wenn diese das Risiko tragen, geschlagen zu werden. Ein weiterer Baustein auf dem Goldenen Punkt wird Ihnen helfen, vielleicht sogar den 4-Punkt zu erobern.

▼ **Wie wird dieser Wurf als Antwort auf den Eröffnungszug gespielt?** Grundsätzlich genauso, es sei denn, es ergibt sich die Möglichkeit, einen Stein auf dem 9-Punkt, 10-Punkt oder 11-Punkt zu schlagen.

Der 5-Punkt ist der wichtigste Punkt auf Ihrer Seite des Brettes. (Magriel)

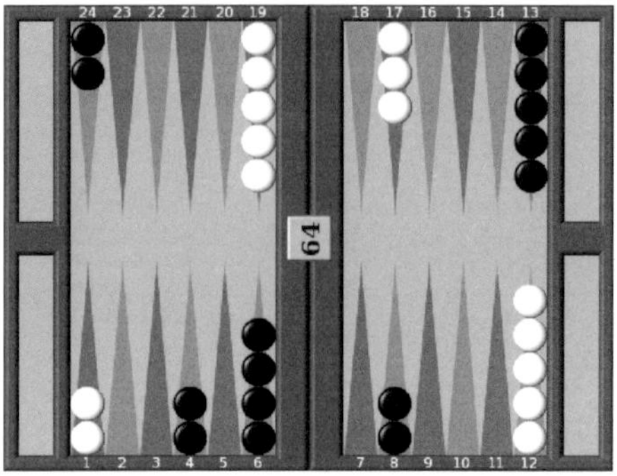

42: 8/4 6/4

Auch dieser Wurf spielt sich automatisch. Wenn auch im Vergleich zu 61 und 31 leicht schwächer, gehört die Besetzung des 4-Punkts zu den wichtigsten Eröffnungszielen. 42 ist jedenfalls als hervorragend einzustufen. Eine Einschränkung sei jedoch erwähnt. Für sich allein bedeutet die Eroberung des 4-Punkts noch nicht allzu viel, die restriktive Wirkung wird jedoch in Verbindung mit dem Goldenen Punkt und dem Bar-Punkt deutlich fühlbar.

▼ **Wie sehen Ihre weiteren strategischen Ziele aus?** Aus dem zuletzt Gesagten folgt, dass Sie unumgänglich die Besetzung der beiden anderen Schlüsselpunkte ins Auge fassen müssen. Gelingt Ihnen im folgenden Wurf ein 61 oder ein 31, so nehmen Sie einen Schlüsselpunkt in Besitz, anderenfalls platzieren Sie Ihre Bausteine im Außenfeld.

▼ **Wie wird dieser Wurf als Antwort auf den Eröffnungszug gespielt?** Grundsätzlich genauso, wieder mit der Ausnahme einer Schlagmöglichkeit auf dem 9-Punkt, 10-Punkt oder 11-Punkt.

Das ist ein guter Wurf. Der Spieler hat einen Punkt im Heimfeld gemacht und damit einen zusätzlichen Block gegen seinen Gegner geschaffen. (Obolensy/James)

53: 8/3 6/3

Diese Eröffnung wurde zwischenzeitlich von der unten erwähnten Alternative verdrängt. Denn die Besetzung des 3-Punkts hat den Nachteil, dass zwei Steine sehr früh aus dem taktischen Spielgeschehen genommen werden. Außerdem kann dieser tiefe Punkt leicht von den gegnerischen Steinen übersprungen werden. Modernes Backgammon kennt daher ein gleichwertiges, flexibles Aufbauspiel.

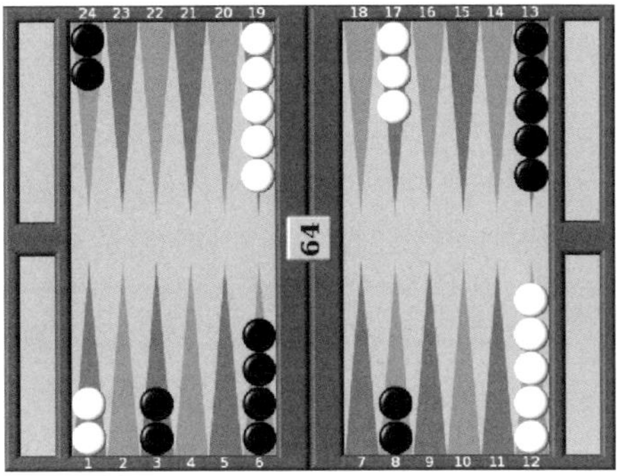

▼ **Welche strategischen Ziele verfolgt das Aufbauspiel 13/10 und 13/8?** Dieser Aufbauwurf bringt eine gute Streuung im Außenfeld. Obwohl Weiß diesen auf dem 10-Punkt nur mit fünf Wurfkombinationen erreichen kann (63/36, 54/45, 33), gibt der 10-Punkt auch Ihnen nur sechs günstige Folgewürfe (53/35, 51/15 für den Goldenen Punkt; 63/36 für den Bar-Punkt). 31 erlaubt zwar ebenfalls die Besetzung des Bar-Punkts, allerdings wird dieses Wurfergebnis besser für den Goldenen Punkt verwendet, dupliziert daher nur den Wurf 53. (↑ Duplikation)

▼ **Wie wird dieser Wurf als Antwort auf den Eröffnungszug gespielt?** Grundsätzlich genauso. Ausnahme: Sie können einen Stein auf dem 9-Punkt, 10-Punkt oder 11-Punkt schlagen.

Zu diesem Zeitpunkt ist der 3-Punkt beinahe irrelevant. Er wird erst wertvoll, wenn der 4-Punkt und der 5-Punkt gemacht sind. (Cook/Bradshaw)

61: 13/7 8/7

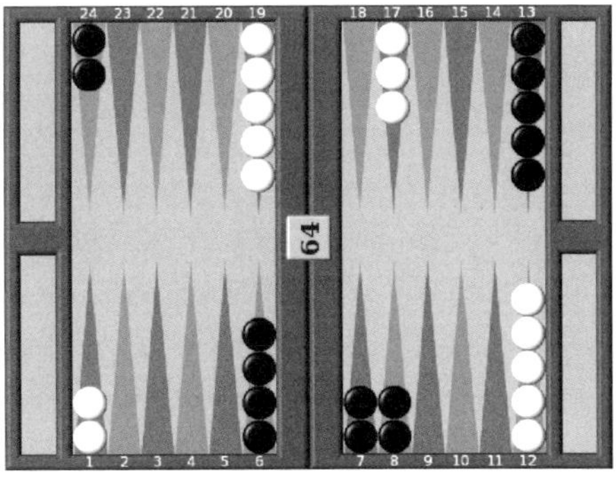

Zweifellos ist das einer der besten Eröffnungswürfe. Und ohne zu zögern sollten Sie den Bar-Punkt (7-Punkt), einen der absoluten Schlüsselpunkte, besetzen. Mit der Kontrolle dreier aufeinander folgender Punkte haben Sie eine gute Chance, die weißen Renner dauerhaft zu blockieren.

▼ **Wie sehen Ihre weiteren strategischen Ziele aus?** Der Goldene Punkt (5-Punkt) sowie der 4-Punkt würden Weiß weiter in seiner Bewegungsfreiheit einschränken. Daher gilt es ab sofort, sogenannte Bausteine (Builders) in Ihr Außenfeld zu bringen, egal ob auf die geschützten Punkte 7 und 8 oder als Blots (ungeschützte Steine) auf einen der anderen Punkte.

▼ **Wie wird dieser Wurf als Antwort auf den Eröffnungszug gespielt?** Grundsätzlich genauso, außer Sie können einen Stein auf dem 9-Punkt, 10-Punkt oder 11-Punkt schlagen.

Der ideale Eröffnungszug … Er gibt Ihnen eine „halbe Prime“. (Gibson)

B. Rennzüge – 65/64

Zwei Wurfergebnisse werden im Allgemeinen für ein sofortiges Ziehen eines Renners verwendet, wobei der Wurf 64 – nach Rollout-Resultaten zu urteilen – überraschenderweise besser anders gespielt werden sollte. Rollouts sind vom Computer durchgerechnete Spielsituationen, die einen statistischen Erwartungswert zeigen.

65: 24/13

In zwei Etappen wird einer Ihrer Renner auf den Mittelpunkt gesetzt. Unter Backgammon-Kennern wird dieser Wurf romantisch verklärt als *Lover's Leap* (Liebhaber-Sprung) bezeichnet. Damit haben Sie im Wettrennen – Backgammon ist ja grundsätzlich ein Rennspiel – einen Ihrer kritischen Steine aus dem Gefahrenbereich gezogen. Dennoch ist dieser „automatische“ Wurf nicht grundsätzlich als hervorragend zu bezeichnen, da er keine Bedrohung für den Aufbau von gegnerischen Punkten darstellt.

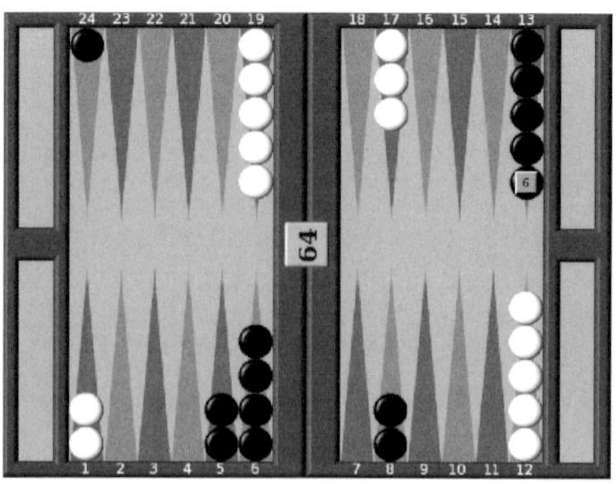

▼ **Wie sehen Ihre weiteren strategischen Ziele aus?** Zwei Ziele gilt es zu verfolgen: (1) Der zweite Renner muss in Sicherheit gebracht werden. (2) Nützliche Blockadepunkte müssen aufgebaut werden, wieder mit einer gewissen Risikofreude. Wegen des vereinzelten Blots auf Ihrem Startfeld müssen Sie sich keine allzu großen Sorgen machen. Schlägt der Gegner diesen Stein, wird er später Schwierigkeiten haben, genug eigene Steine für die höheren Punkte des Heimfelds heranzuführen. Der 1-Punkt steht jedenfalls, was das Kampfgeschehen anbelangt, klar im Abseits.

▼ **Wie wird dieser Wurf als Antwort auf den Eröffnungszug gespielt?** Grundsätzlich genauso, denn dies entspricht exakt dem Grundcharakter dieses Rennspiels.

Sie haben einen Renner auf halbem Weg in Sicherheit gebracht und stehen für ein starkes Rennspiel bereit. (*Jacoby/Crawford*)

64: 24/14

Der Versuch, einen Renner in Sicherheit zu bringen, entspricht zweifellos dem Grundkonzept des Backgammons. Allerdings bleibt dieser Stein verwundbar. Dennoch hat dieser Startwurf gegenüber dem automatisch ausgeführten 65 keine gravierenden Nachteile. Weiß hat exakt elf Chancen, diesen Blot zu schlagen, nämlich mit jeder 2. Allerdings könnte Weiß mit einem etwaigen 42 oder 24 nicht gleichzeitig seinen wichtigen 4-Punkt machen. Verfehlt Weiß aber Ihren Blot, dann haben Sie die große Chance, Blockadepunkte im Außenfeld aufzubauen. Ihr Wurf 64

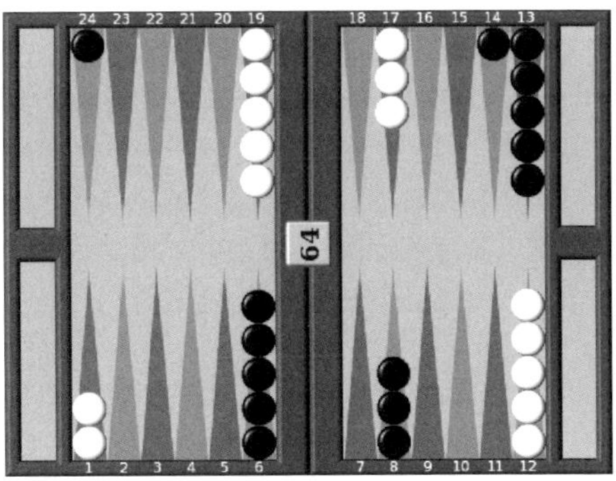

mag ein kleines Sicherheitsrisiko darstellen, dafür jedoch haben Sie stark an Flexibilität gewonnen.

Der Zug ist wie der Lover's Leap, jedoch einen Schritt zu kurz. (Gibson)

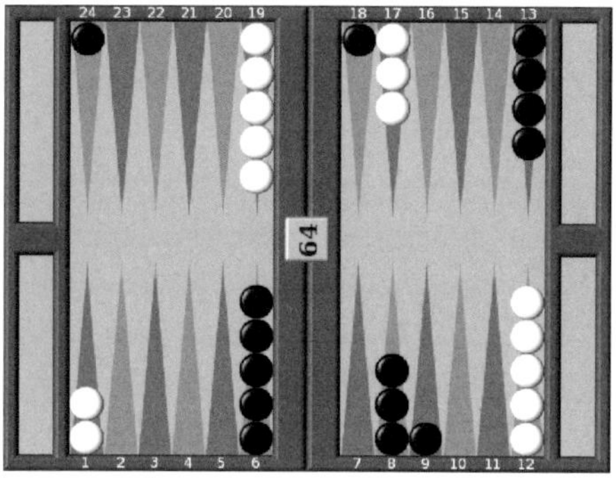

▼ **Ist 24/18 13/9 eine gute Alternative zu diesem Spiel?** Durchaus, wie viele Experten meinen. Mit 24/18 und 13/9 werden Blots auf wichtigen Punkten platziert, wenn auch mit einem gewissen Risiko. Weiß schlägt mit Einsern und Sechsern, verfehlt jedoch sein Ziel mit allen anderen Zahlen. Und selbst, wenn er trifft, besteht eine gute Chance auf einen erfolgreichen Gegenschlag. Schafft Weiß allerdings einen 61-Wurf, ist Schwarz in seiner Entwicklung schwer behindert. Kein Erfolg ohne Risiko!

Warum eine Attacke herausfordern, wenn dafür keine Notwendigkeit besteht? Der strategische Gewinn ist dubios. (Cook/Orlean)

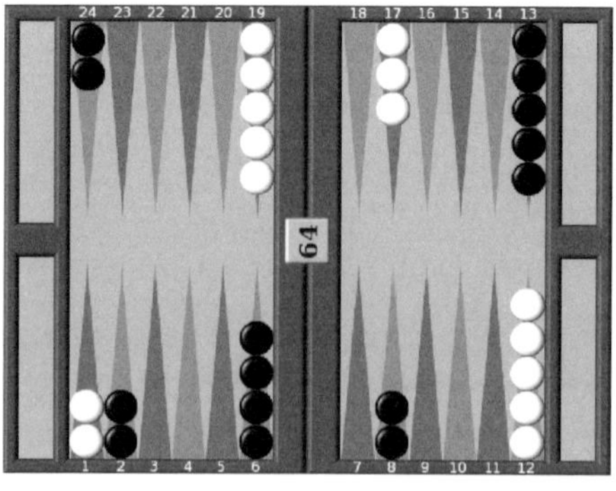

▼ **Ist auch die Besetzung des 2-Punkts im Heimfeld (8/2 und 6/2) ernsthaft in Erwägung zu ziehen?** Zunächst sieht diese Besetzung ja sicher und gut aus. Doch im weiteren Spiel ist der Blockadewert gering, da gegnerische Steine von der Bar aus diesen Punkt leicht überspringen können. Außerdem stehen diese beiden Steine für taktische Überlegungen nicht mehr zur Verfügung. Sie liegen einfach zu tief im eigenen Heimfeld. So lautet zumindest die Meinung nahezu aller Backgammon-Experten. Computer-Rollouts jedoch zeigen, dass dieser Wurf einen guten Erwartungswert hat und den beiden anderen Möglichkeiten um nicht viel nachsteht. Zeigen Sie also bitte Flexibilität im Urteil.

▼ Wie wird dieser Wurf als Antwort auf den Eröffnungszug gespielt?
Grundsätzlich genauso, es sei denn, der Gegner hat seine Renner gesplittet. Auf jeden Fall ist 8/2* 6/2 zu empfehlen, trotz der tief ins eigene Heimfeld gelegten Blockade.

C. Risikozüge – 63/62/54/43

Ganz anders als die automatischen Würfe bringen die folgenden Kombinationen keinen unmittelbar greifbaren Vorteil. Beide Seiten kämpfen um die gleichen wichtigen Punkte. Hier gilt das Motto „Risikoabwägung". Der stärkere Spieler wird bei dieser Spielanlage im Allgemeinen bevorzugt sein. Die Gefährdung eines Blots hängt von der Anzahl der Würfe ab, mit denen er geschlagen werden kann (Verlustpotenzial), bzw. von der Zahl der Würfe, mit denen Sie im nächsten Wurf den Punkt machen können (Gewinnpotenzial). Dieses Verhältnis ist entscheidend für Ihre Strategie. Vielleicht helfen Ihnen einige allgemeine Merksätze, dieses Risiko schnell und verlässlich einzuschätzen, vor allem, wenn Sie erst mit dem Backgammon beginnen.

Jede Würfelzahl bringt automatisch 11 Schlagchancen.
Zwei Blots im Abstand von 1 und 2 Punkten bringen 20 Schlagchancen (11 + 9).

Drei Blots im Abstand von 1, 2 und 3 Punkten bringen 27 Schlagchancen (11 + 9 + 7).

Ein Risikospiel ist möglich, wenn das Gewinnpotenzial höher ist als das Verlustpotenzial.

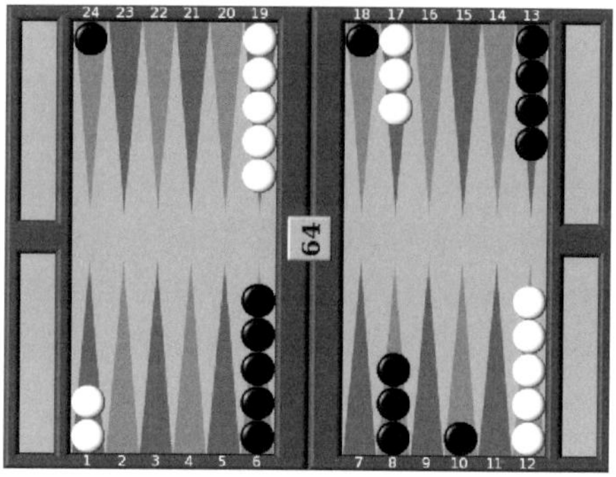

63: 24/18 13/10

Mit dem Blot auf dem Bar-Punkt stürzen Sie den Gegner in ein strategisches Dilemma. Erlaubt er Ihnen, den Bar-Punkt zu machen, ist ein Keil in seine Stellung getrieben. Schlägt er dagegen, droht im Falle eines Gegenschlags (immerhin 16 Kombinationen: alle 6er mit Ausnahme der Dublette; 52, 25, 43, 34, 33, 22) ein deutlicher Rückstand im Rennen, da 18 gegen 7 Punkte zurückgelegt werden wollen. Jedenfalls führt gerade diese Eröffnung häufig zu schwierigen Stellungen in der Anfangsphase der Partie.

Wenn Ihr Stein nicht getroffen wird, ist Ihre Stellung hoch vorteilhaft.

(Crawford)

▼ **Welche Chancen hat das alternative Rennspiel mit 24/15?** Lange Zeit war dies der Standardzug beim Wurfresultat 63. Moderne Experten entscheiden sich jedoch meist für das eingangs erwähnte taktischere Spiel. Die Begründung dafür: Die Chancen und Risiken von 24/15 (etwa im Vergleich mit 24/16) sind nicht ganz so günstig. Immerhin kann dieser vorgerückte Renner nun von 13 Kombinationen geschlagen werden (im Vergleich zu 11 bei 24/16). Beide Steine ermöglichen demgegenüber sechs Folgezahlen für Punkte im Außenfeld, allerdings mit einer wichtigen Einschränkung: Ihr nächster Wurf 42 sollte besser für

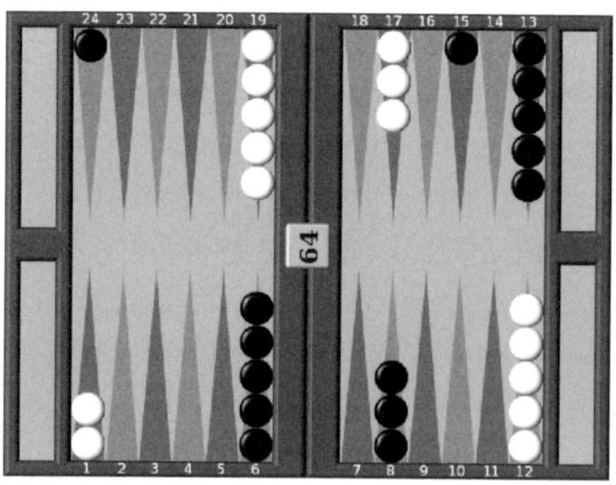

die Besetzung des 4-Punkts verwendet werden. Wenn es jedoch darum geht, in erster Linie ein Gammon des Gegners zu verhindern, ist 24/15 immer noch die beste Chance.

▼ **Wie wird dieser Wurf als Antwort auf den Eröffnungszug gespielt?** Ein Stein auf dem eigenen Bar-Punkt oder auf der Seite des Gegners sollte geschlagen werden. Steht ein gegnerischer Blot auf dem 4-Punkt, wird auch dieser geschlagen. Bei anderen gegnerischen Eröffnungsvorgaben spielt man einen seiner Renner.

62: 24/18 13/11

Ähnlich wie beim vorigen Wurfergebnis 63 steht Weiß auch hier vor einer schwerwiegenden Entscheidung: Schlagen oder einen gegnerischen Anker zulassen? Was auch immer geschieht, das Spiel wird sofort in strategische Bahnen gelenkt.

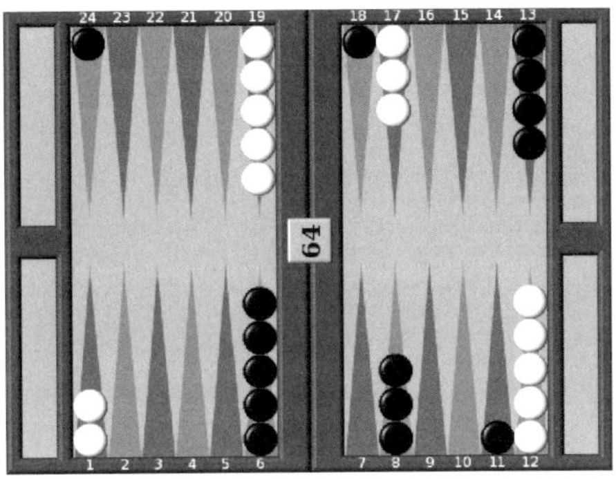

Dieser Zug ist konstruktiver als das Laufen … und er ist auch provokanter.

(Magriel)

▼ **Was bringt die Alternative 24/16?** Grundsätzlich ist es zweifellos einen Versuch wert, einen der beiden Renner auf den Weg zu schicken. Die Wahrscheinlichkeit, dass dieser Blot geschlagen wird, ist jedoch eher hoch, und zudem verspricht dieser Zug wenig Dynamik. Daher wird heute die Hauptvariante bevorzugt.

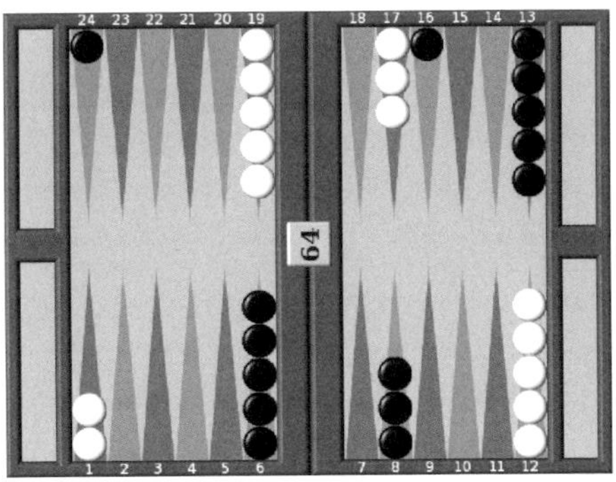

▼ Welche Chancen hat das doppelte Ziehen eines Steins von 13 nach 5? Wie bei allen anderen Besetzungen des 5-Punkts sind auch hier die Gewinnchancen größer als die Verlustgefahr (24 Wurfkombinationen gegen 14). Andererseits riskiert dieser Zug bereits früh alles, denn ein Neubeginn von der Bar weg bringt einen klaren Rückstand im Rennen. Wenn Sie jedoch unbedingt auf ein Gammon spielen wollen (das heißt auf den doppelten Spielwert), sollten Sie ihr Spiel mit diesem Risikozug einleiten.

▼ Wie wird dieser Wurf als Antwort auf den Eröffnungszug gespielt? Blots auf dem Bar-Punkt, 5-Punkt oder 4-Punkt werden geschlagen.

54: 24/20 13/8

Mit diesem Zug droht ein Anker auf dem stärksten Punkt des gegnerischen Heimfelds. Zwar wird der Stein mit hoher Wahrscheinlichkeit geschlagen, aber der Gegenschlag bietet auch gute Chancen, dem Gegner einen Rückstand im Rennen aufzuzwingen. Allerdings stellt der zweite Stein auf dem 8-Punkt keinen weiteren Baustein dar, birgt also wenig Dynamik.

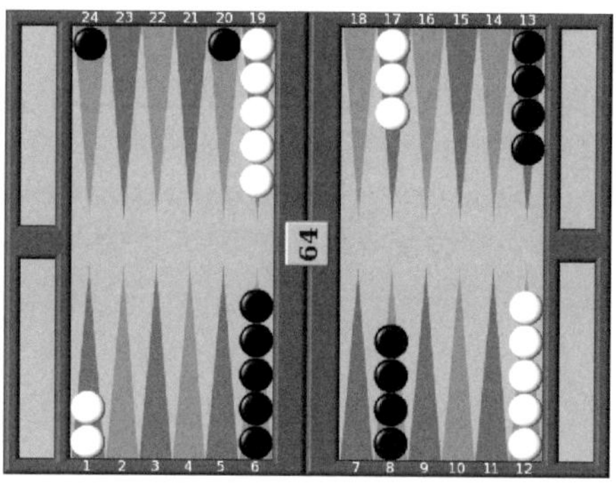

Es ist weise, so früh zu splitten, bevor die Stellung gefährlich wird. *(Magriel)*

▼ Welche Alternative bietet der Zug 13/9 13/8? Die Stärke dieses Zuges liegt in der Drohung, die von den Aufbausteinen ausgeht. Nur sechs Zahlen (62/26, 53/35, 44 und 22) bleiben dem Gegner, Ihren Blot zu schlagen. Verfehlt er ihn, haben Sie acht Kombinationen, einen der Schlüsselpunkte zu besetzen (62/26, 61/16 für den Bar-Punkt, 43/34, 41/14 für den Goldenen Punkt). Der Vorteil 8 zu 6 rechtfertigt

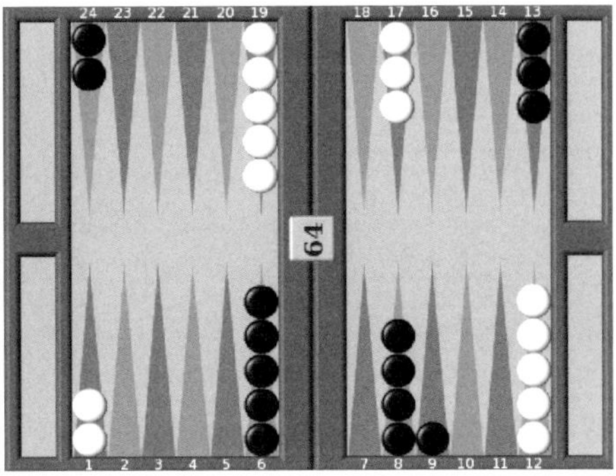

allemal, diesen Blot zu setzen. Hinzu kommt, dass Weiß die 2er-Dublette vermutlich aus strategischen Gründen anders verwenden würde. Es bleibt noch die Möglichkeit, den 9-Punkt von der Mittelspitze aus zu festigen. Ein kleiner Nachteil darf nicht unerwähnt bleiben: Der zusätzliche Stein auf dem 8-Punkt hat momentan keine brauchbare Funktion. Wollen Sie auf ein Gammon spielen, ist 13/9 13/8 allerdings die richtige Wahl.

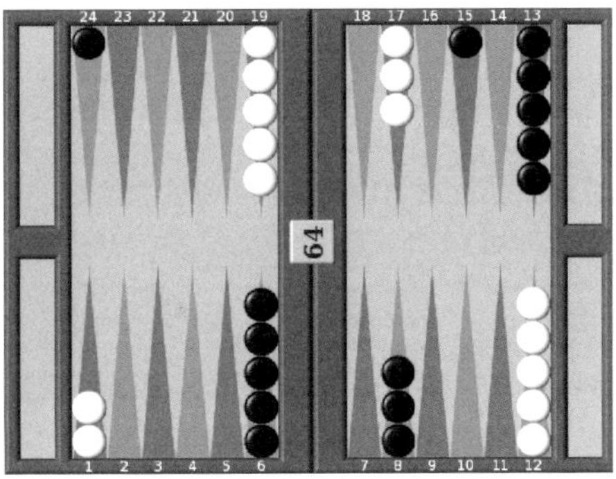

▼ **Ist auch 24/15 eine ernsthafte Möglichkeit?** Durchaus, vor allem dann, wenn Sie die Gammonchance des Gegners in einem Match möglichst klein halten wollen. Der Nachteil ist die geringe Drohung, die von diesem Zug ausgeht, vor allem im Vergleich zu den beiden anderen Möglichkeiten.

▼ **Wie wird dieser Wurf als Antwort auf den Eröffnungszug gespielt?** Ein Stein auf der gegnerischen Brettseite sollte geschlagen werden. Hat der Gegner zwei Bausteine im Außenfeld, wird nicht der 5-Punkt besetzt, sondern es werden stattdessen ebenfalls zwei Außenfelder anvisiert.

43: 24/20 13/10

Ein Baustein im Außenfeld und die Drohung, den Goldenen Punkt zu machen, zeigen die Stärke dieses Zuges. Schlägt der Gegner den Blot

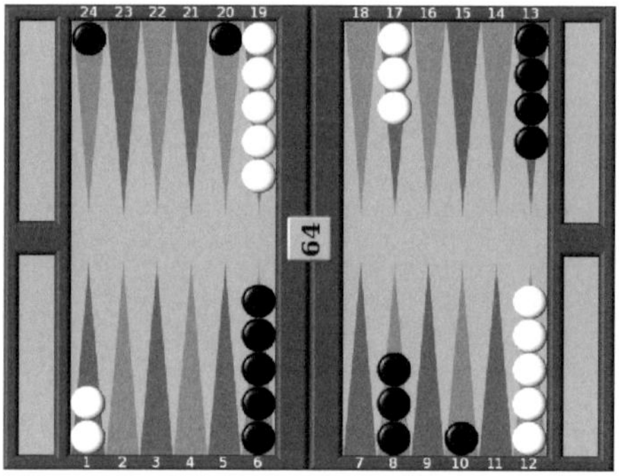

auf dem 5-Punkt, verlieren Sie nur 5 Punkte im Rennen um den Sieg. Gelingt Ihnen jedoch der Gegenschlag, kostet dies dem Gegner 20 Punkte. Sie sehen vielleicht schon die Dynamik dieses unscheinbar wirkenden Zuges!

Es hat Sinn, auf den wertvollsten Punkt zu splitten. *(Robertie)*

▼ **Gibt es mit 13/10 13/9 eine gute Alternative zu 43?** Ja, diese Streuung im Außenfeld bietet sich an. Beide Steine eröffnen mehr Gewinn- als Verlustchancen (11 Würfe schlagen diese Blots, mit 14 Würfen besetzen Sie einen Schlüsselpunkt).

▼ **Welche weitere Möglichkeiten birgt dieser Wurf?** Auch ein Split auf den gegnerischen 4-Punkt (24/21) sowie die gleichzeitige Besetzung des 9-Punkts (13/9) ist denkbar und durchaus modern. Die Analyse ähnelt sehr der hier beschriebenen Hauptvariante, mit einem wesentlichen Unterschied: Der Gegner kann seinen wichtigsten Punkt, den 5-Punkt, nicht gleichzeitig mit einem Schlagen des Blots, der ja nun auf dem 4-Punkt steht, verbinden.

▼ **Wie wird dieser Wurf als Antwort auf den Eröffnungszug gespielt?** Kann auf dem eigenen 5-Punkt oder 4-Punkt ein Stein geschlagen werden, ist dies die beste Spielweise. Mit dem zweiten Wurf sollten die Renner gesplittet werden.

D. Aufbauzüge – 52/32

Wieder anders sieht die Sache bei den sogenannten Aufbauzügen aus. Hier wird versucht, durch Streuung von Bausteinen eine hohe Flexibilität im Außenfeld zu erreichen. Auch dies ist nicht ganz ohne Risiko

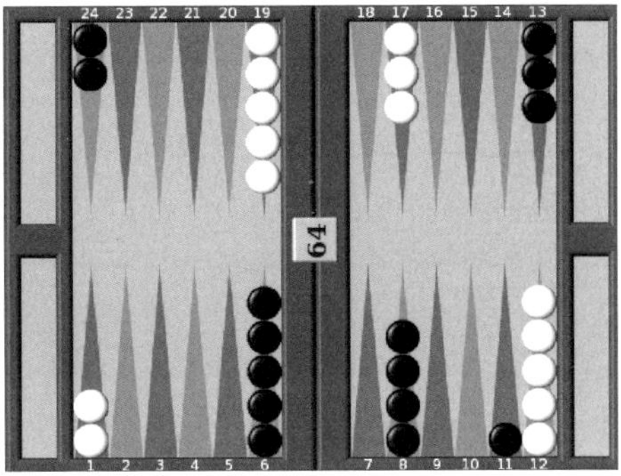

zu bewerkstelligen. Der stärkere Spieler ist im Allgemeinen bei dieser Spielanlage im Vorteil.

52: 13/11 13/8

Auch diese Eröffnung bringt eine gewisse Streuung im Außenfeld. Nur zwei Würfe (64/46) gefährden den Blot, da 55 ja vom 6-Punkt blockiert wird. Mit den Folgewürfen 64 und 41 können Sie vom neuen Baustein aus den Bar-Punkt machen, mit 63 den Goldenen Punkt. Nicht zählen dürfen Sie wegen Duplizierung den Wurf 61, da dieser ja gleichzeitig aus der Grundstellung heraus den Bar-Punkt macht. Der strategische Nachteil des Wurfs 52 ist der wertlose zusätzliche Stein auf dem 8-Punkt. Mit Blick auf ein Gammon (als etwaiges Spielziel) ist dieser Zug jedenfalls das Gebot der Stunde.

... bei weitem das beste Spiel, weil Sie ein starkes Blockadespiel bei relativer Sicherheit vorbereiten. (Jacoby/Crawford)

▼ **Wie spielt sich die Alternative 24/22 13/8?** Die Renner zu splitten ist durchaus sinnvoll für die zukünftige Besetzung eines Ankerpunkts. Den zweiten Steins auf den 8-Punkt zu setzen, bietet allerdings keine Streuung im Außenfeld. Ihre Angriffsambitionen werden dabei auf Ihren nächsten Wurf verschoben.

▼ **Warum ist der Sicherheitszug 13/6 nicht zu empfehlen?** Diese Sicherheit ist eine Illusion, da Sie früher oder später aus Mangel an guten Zügen Blots stehen lassen müssen. Sollte dann aber der Gegner bereits sein Heimfeld aufgebaut haben, wird es schwierig, die geschlagenen Steine wieder ins Spiel zu bringen. Der entstehende Positionsnachteil kann sehr ungünstige Folgen haben.

▼ **Wie wird dieser Wurf als Antwort auf den Eröffnungszug gespielt?** Wenn Sie auf Ihrem 4-Punkt oder 11-Punkt schlagen können, sollten Sie das tun. Sonst spielen Sie wie beim Eröffnungszug beschrieben.

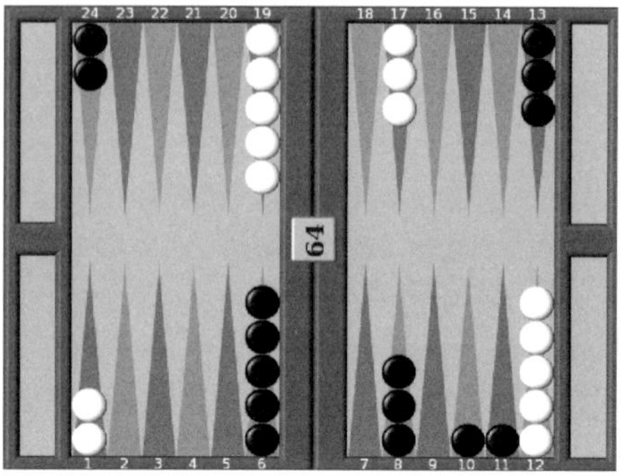

32: 13/11 13/10

Diese Steinplatzierungen streuen äußerst dynamisch vom ersten Zug weg. Das Risiko liegt in den gegnerischen Würfen 64, 63, 54 oder 33, also bei sieben Treffern. Dafür erhöht sich Ihr Potenzial deutlich, den Bar-Punkt zu machen (41, 31, 64, 63 im nächsten Wurf).

Ihre Blots sind nur Würfen auf 9 und 10 ausgesetzt. Und Sie sind in der exzellenten Position, Punkte zu machen, wenn Sie nicht getroffen werden.

(Jacoby/Crawford)

▼ **Ist die Alternative 24/21 13/11 denkbar?** Zweifellos, wenn auch weniger Flexibilität im Außenfeld entsteht. Dafür wird einer der Renner frühzeitig aktiviert, was durchaus Drohungen für mögliche gegnerische Bausteine im Außenfeld nach sich zieht. Allerdings droht auch hier nach Schlag und Gegenschlag dem getroffene Stein ein langer Weg. Es darf nicht vergessen werden, dass auch der 5-Punkt von nun an mit größerer Wahrscheinlichkeit gemacht werden kann. Wenn Sie ein gegneri-

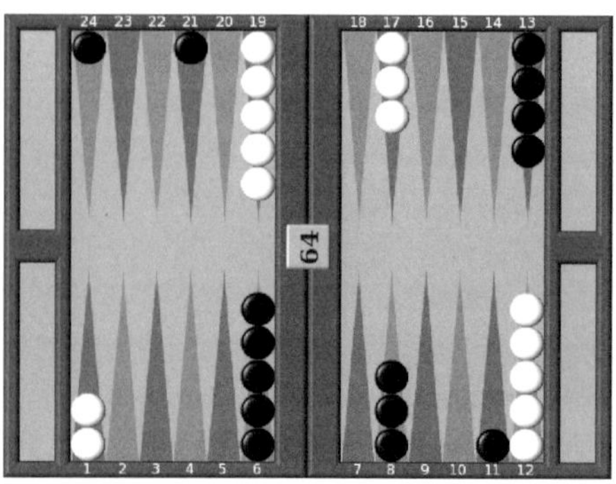

sches Gammon um jeden Preis vermeiden möchten, dann ist diese Spielweise erste Wahl.

▼ **Wie wird dieser Wurf als Antwort auf den Eröffnungszug gespielt?** Ein gegnerischer Blot auf dem eigenen 5-Punkt oder 4-Punkt sollte unbedingt geschlagen werden. Sonst spielen Sie am besten gemäß dem hier beschriebenen Eröffnungswurf. Steht allerdings ein Blot auf dem Bar-Punkt, sollten beide Renner gezogen werden.

E. Split-Züge – 51/41/21

Sehr still im Aufbau wirkt das frühzeitige Splitten der Renner auf den ersten Feldern der beiden Spieler.

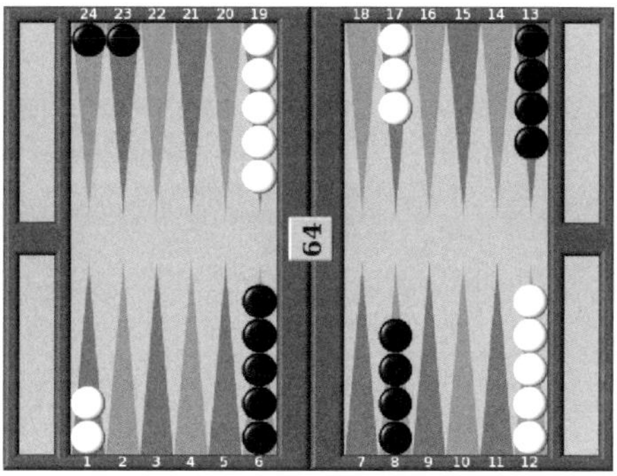

51: 24/23 13/8

Der 1er-Wurf kann für ein Splitten (Teilen) der Renner verwendet werden: also 13/8 24/23. Leider ist mit dieser Spielweise keine Initiative verbunden. Daher greifen viele aggressive Spieler zur unten beschriebenen Alternative für den Eröffnungswurf 51.

Der Split auf den 23-Punkt ist ziemlich gut. (Jacoby/Crawford)

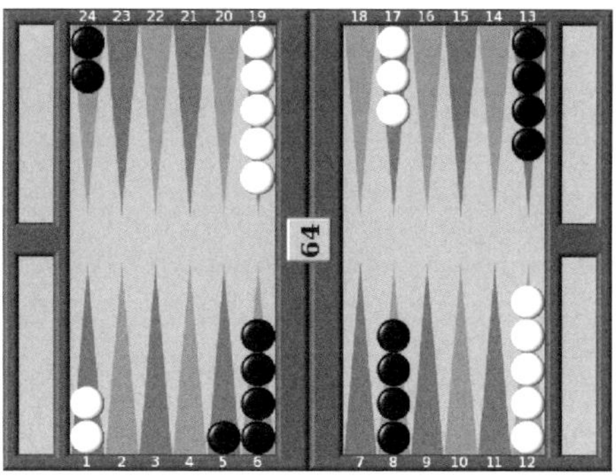

▼ **Ist 13/8 6/5 eine Alternative?** Ja, durchaus: 13/8 6/5, also ein Slotten (siehe Glossar) auf dem Goldenen Punkt. Grundsätzlich ist dieser 51-Wurf eine schlechte Eröffnungskombination. Einen direkten Schuss im Heimfeld zuzulassen ist wahrscheinlich noch die beste Möglichkeit, wenngleich zweifellos unter die Kategorie Risikospiel einzuordnen. Wieder lautet die Grundfrage für die Risikoabschätzung: Gewinnt der Blot mehr, als er verliert? 15 Würfe des Gegners sind Treffer (alle 4er-Kombinationen, dazu 31, 22 und 11, wenn auch die letzte Dublette wahrscheinlich anders eingesetzt würde und die 31 vielleicht zur Besetzung des Goldenen Punkts dienen könnte). Sie selbst können, falls Sie den Blot verfehlen, mit 24 Würfen (alle 3er und 1er, dazu 62, 22 und 44) den Punkt machen.

Diese Variante führt zu gefährlichem, aufregendem, aber auch schwierigerem Spiel. *(Magriel)*

▼ **Ist das Slotten auf dem Bar-Punkt (13/7) eine Alternative?** Hier muss eher abgeraten werden. Und zwar aus einem einfachen Grund, den gegenüber dem Goldenen Punkt schlechteren Gewinnchancen. War dort das Gewinn/Verlust-Verhältnis 24 zu 15, so ist es diesmal 24 zu 17, das heißt, der Gegner hat 17 Trefferchancen für den Blot auf dem Bar-Punkt (alle 6er, 51, 42, 33 und 22).

▼ **Wie wird dieser Wurf als Antwort auf den Eröffnungszug gespielt?** Grundsätzlich wie der Eröffnungswurf. Ausnahme: Steht ein Blot auf dem Bar-Punkt, werden beide Steine mit 17/18* und 19/24* geschlagen. Auch ein Blot auf dem 5-Punkt sollte geschlagen werden.

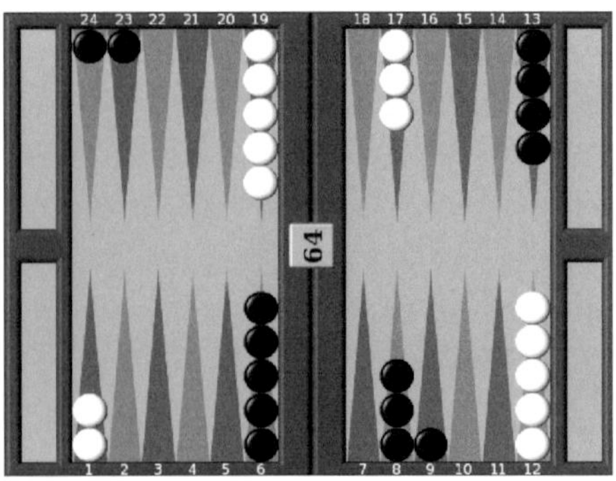

41: 24/23 13/9

Auch dieser Zug bringt unmittelbar einen Baustein ins Außenfeld. Mit dem Splitten der Renner erhöhen Sie zudem Ihre Chancen, im nächsten Wurf einen Schlüsselpunkt zu machen (43 bringt den Goldenen Punkt) oder aber einen gegnerischen Blot im Außenfeld anzugreifen. Beispiel: Ein Blot auf dem 14-Punkt kann statt mit zwei Zahlen (64, 46) nunmehr mit deren sechs (64, 46, 63, 36, 54, 45) geschlagen werden.

Der Baustein auf dem 9-Punkt schafft viele Chancen für einen Block, noch dazu um viel geringeres Risiko als 13/9 6/5. (Trice)

▼ **Ist 13/8 eine ernsthafte Option?** Jedenfalls bietet dieser Zug dem Gegner keine Angriffsmöglichkeiten. Der Preis ist allerdings eine geringe Flexibilität im eigenen Aufbau.

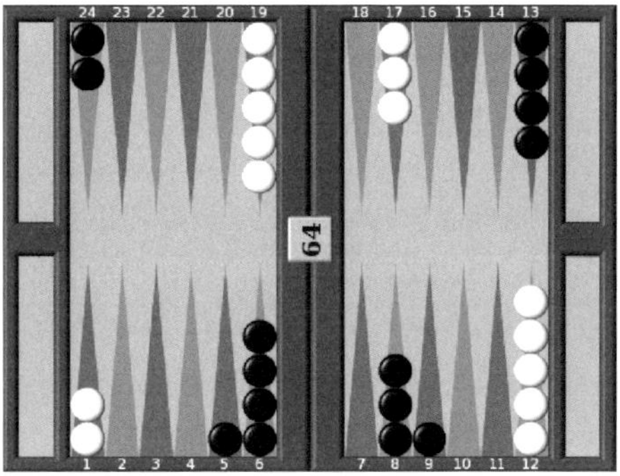

▼ **Welche Möglichkeiten bietet die Alternative 13/9 und 6/5?** Diese Platzierung (Fachausdruck Slotten) gibt dem Gegner die Möglichkeit, Ihren Stein auf dem Goldenen Punkt mit einer sogenannten einfachen Wurfzahl zu schlagen. Bei einem Blick auf die Tabelle der Chancenverteilung [siehe Tabelle 3] werden Sie sofort erkennen, dass es sich hier um ein gefährliches Spiel handelt. Dennoch bevorzugen viele Freunde des dynamischen Backgammons diese Risikoeröffnung, vor allem in Double Match Point-Situationen, wo Verdopplungen nicht mehr ins Kalkül gezogen werden müssen, oder aber wenn ein Gammon angestrebt wird.

Das ist wunderbar, wenn es funktioniert. (Jacoby/Crawford)

▼ **Wie wird dieser Wurf als Antwort auf den Eröffnungszug gespielt?** Sollte Ihr Gegner durch Splitten den 5-Punkt besetzt haben, schlagen Sie mit 19/20* 20/24*. Hält er dagegen den 4-Punkt, nehmen Sie seinen Stein mit 17/21* und splitten anschließend selbst mit 1/2.

Der Zug 24/23 schaut nicht dynamisch aus, doch er enthält einiges an verborgener Kraft. *(Reese/Brining)*

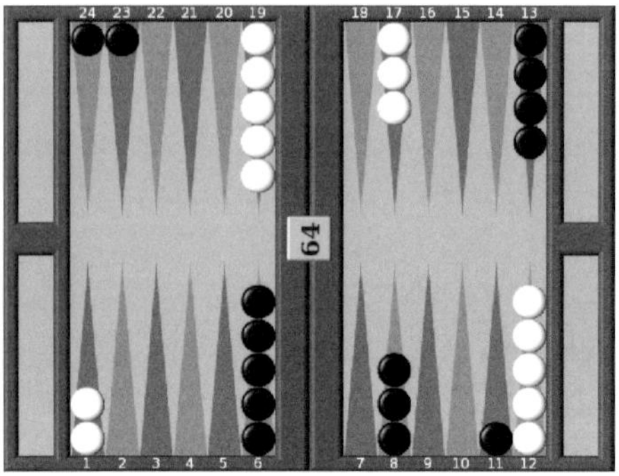

21: 24/23 13/11

Dieser Wurf mag unscheinbar aussehen. Er birgt jedoch großes Potenzial. Sowohl die Streuung im Außenfeld als auch die Aktivierung eines Renners sind dynamische Züge, mit zahlreichen Möglichkeiten im weiteren Spiel. Außerdem werden gegnerische Gammons sehr erschwert. Kurzcharakteristik: Klein, aber fein!

Sie streben unmittelbar das Ziel des Spiels an: Laufen und Blocken. *(Obolensky/James)*

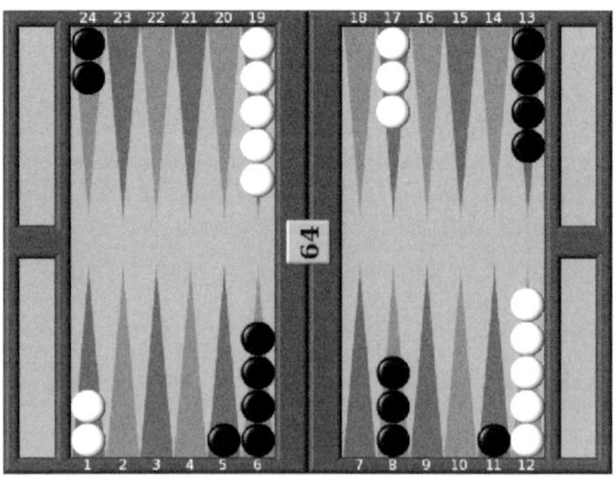

▼ **Welche Ziele verfolgt die Alternative 13/11 6/5?** Wie schon beim Wurf 4/1 ist auch hier das Risiko groß, da ein direkter Schuss auf den 5-Punkt möglich wird. Sollten Sie allerdings mit diesem Slotten (einen Blot einem direkten Schuss aussetzen) durchkommen, haben Sie einen beträchtlichen strategischen Vorteil. Computer-Rollouts zeigen, dass mit dieser Steinverteilung des 21-Wurfs die größten Erwartungswerte für diese Eröffnungskombinationen verbunden sind.

Aggressiv und stark. (Robertie)

▼ **Wie wird dieser Wurf als Antwort auf den Eröffnungszug gespielt?** Mit Ausnahme des 3-Punkts sollten gegnerische Blots im Heimfeld geschlagen werden.

Tabelle 2: Eröffnungswürfe mit Alternativen

In dieser Tabelle sind alle Eröffnungswürfe sowie die besten Alternativen zusammengefasst. In einigen Fällen ist die Sache so eindeutig, dass sich praktisch alle starken Backgammon-Spieler für eine automatische Abwicklung entscheiden, also keine Alternativen in Betracht ziehen. In der letzten Spalte sehen Sie die Häufigkeit der wichtigsten Eröffnungswürfe (von Turnierspielern geschätzt).

Wurf	Vorschlag	Alternative 1	Alternative 2	%-Häufigkeit
31	8/5 6/5			100
42	8/4 6/4			100
53	8/3 6/3	13/10 13/8		98/1
61	13/7 8/7			100
65	24/13			100
64	24/18 13/9	8/2 6/2	24/14	37/27/35
63	24/18 13/10	24/15		76/21
62	24/18 13/11	13/5	24/16	81/6/10
54	24/20 13/8	13/9 13/8	24/15	63/30/6
43	13/10 13/9	24/21 13/9	24/20 13/10	32/25/39
52	24/22 13/8	13/11 13/8		43/55
32	13/11 13/10	24/21 13/11		40/52
51	24/23 13/8	13/8 6/5		73/24
41	24/23 13/9	13/9 6/5	13/8	75/20/2
21	24/23 13/11	13/11 6/5		36/60

Dublettenwürfe**

Da der erste Zug keine Dublette sein kann, da ja in diesem Fall nochmals gewürfelt wird, kommen diese Kombinationen frühestens als Antwort auf den Eröffnungszug zum Tragen. Die optimale Spielweise der sechs möglichen Dubletten hängt sehr vom Eröffnungswurf des Gegners ab. Jedenfalls sind diese Dubletten im Wettlauf von ganz besonderer Bedeutung, da vier Steine gezogen werden.

Die Qualität dieser Dubletten hängt zwar von der jeweiligen Brettsituation ab, doch ganz allgemein gesprochen ist die Präferenz folgende: 11, dann 66, gefolgt von den annähernd gleichwertigen Würfen 44 und 33; mit Abstand folgen 22 und 55. Drei dieser Dubletten (11, 66. 55) führen meist zu automatischen Zügen, die anderen drei werden positionsabhängig gespielt (hier wird jeweils eine gängige Zugvariante im Diagramm vorgestellt).

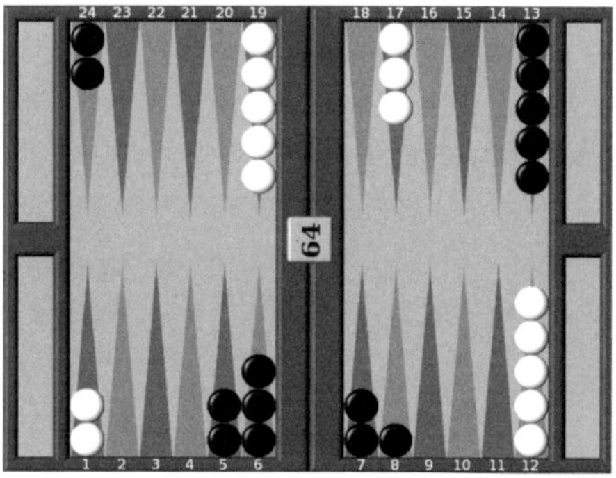

11

Sollte kein gegnerischer Blot auf einem der Schlüsselpunkte stehen, empfiehlt es sich, mit 8/7 (2) und 6/5 (2) den 5-Punkt und den Bar-Punkt zu machen. Ein möglicher Blot auf dem 8-Punkt braucht Sie nicht zu beunruhigen, da dieser Stein ohnehin als Baustein für den 4-Punkt zu sehen ist. Steht ein gegnerischer Blot auf Ihrem 4-Punkt, wird dagegen mit 6/4* (2) geschlagen. Auch ein Split auf 24/22 ist denkbar.

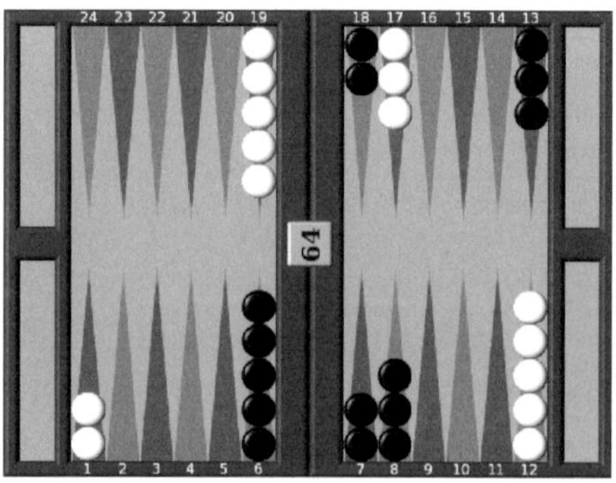

66

Wenn möglich sollten beide Bar-Punkte gemacht werden. Gleichzeitig hilft dieser Zug ganz entschieden im Rennen zum Heimfeld. Die weitere Strategie muss es sein, den gegnerischen Bar-Punkt womöglich durch eine neuerliche Dublette gleichzeitig zu räumen. Falls durch 61 im Eröffnungswurf ein Bar-Punkt besetzt ist, bietet sich der

2-Punkt an: 8/2 (2). Wegen der geringeren Flexibilität in manchen Stellungen ist diese Dublette der Kombination 11 leicht unterlegen.

44

Ein gegnerischer Blot, vielleicht sogar auf dem Goldenen 5-Punkt, sollte nach Möglichkeit geschlagen werden. Mit den beiden anderen Augenzahlen wäre das Besetzen eines weiteren Punktes (9-Punkt, 20-Punkt) günstig. Ist kein Schlagen möglich, bietet sich 24/20 (2) 13/9 (2) an. Vom 9-Punkt beginnend droht damit eine Blockade der Renner. Gleichzeitig wird der potenzielle Wert des Bar-Punkts erhöht.

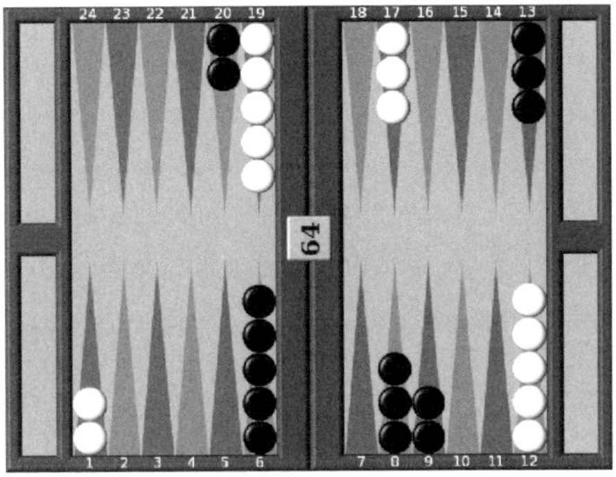

33

Wieder sollte, wenn möglich, geschlagen werden, etwa ein Blot auf dem eigenen Bar-Punkt. Im Heimfeld könnten der 5-Punkt oder der 3-Punkt gemacht werden, alternativ der 21-Punkt und der 10-Punkt. Falls Sie sich noch in der Eröffnungsphase befinden, brauchen Sie aber wegen der geringen Blockadegefahr noch nicht die Renner zu aktivieren.

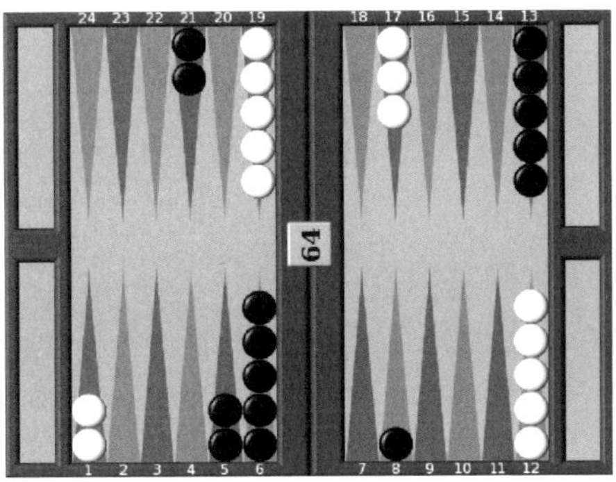

22

Falls der Gegner noch keine Blockadedrohung gegen Ihre Renner aufgestellt hat, wird mit 6/4 (2) der 4-Punkt und mit 13/11 (2) der

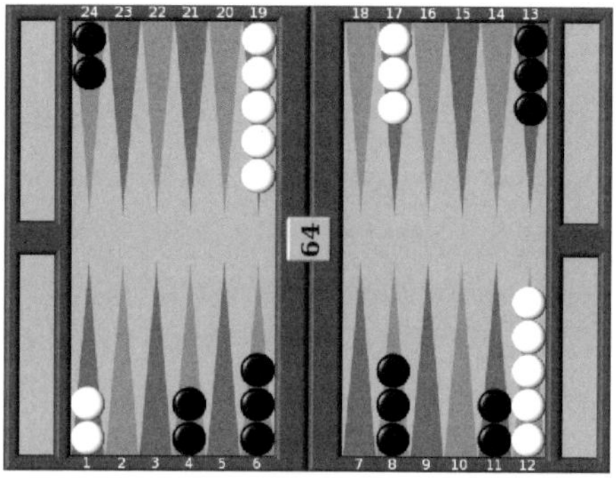

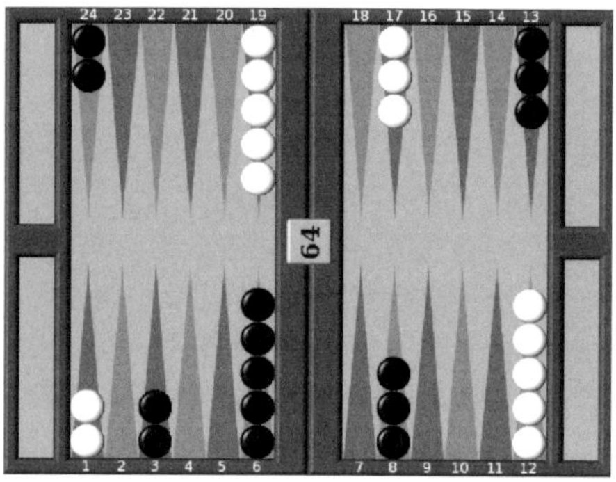

11-Punkt gemacht. Andernfalls bietet sich an, mit 24/20 (2) diesen Schlüsselpunkt zu besetzen. Sollte der Gegner einen Blot auf dem 5-Punkt stehen haben, müssen Sie auf jeden Fall mit 24/20* schlagen und den 4-Punkt im gegnerischen Heimfeld mit 6/4 (2) machen. Keinesfalls sollte auf dem 16-Punkt oder auf dem Bar-Punkt geschlagen werden.

55

Dieses Wurfresultat bietet manchmal die Chance auf einen Blitz, nämlich dann, wenn der Gegner seine Renner gesplittet hat: 8/3 (2) 6/1* (2). In diesem Fall besetzen Sie unmittelbar drei Punkte in Ihrem Heimfeld. Hat der Gegner dagegen seine Renner noch auf dem 1-Punkt, sollte mit 13/3 (2) einfach der 3-Punkt besetzt werden.

Equity nach dem Eröffnungswurf ***

Wenn Sie mehr am spielerischen Element des Backgammons interessiert sind, weniger aber an den exakten statistischen Erwartungswerten in bestimmten Eröffnungspositionen, dann dürfen Sie diesen kurzen Ausflug in die Welt der Wahrscheinlichkeiten ohne Bedenken überspringen. Dennoch ist es faszinierend, die durch modernste Computer in Tausenden von Rollouts erreichten Ergebnisse mit den intuitiven Einschätzungen der Meisterspieler der letzten Jahrzehnte zu vergleichen.

Equity – Sie werden im Kapitel über das Mittelspiel mehr davon hören – ist ein Begriff, der den **Erwartungswert** für den Spielgewinn in jeder möglichen Situation ausdrückt. In der Kurzform schwankt dieser Wert zwischen **+1** (absolut sicherer Spielgewinn) und **–1** (absolut sicherer Verlust). Vor dem Eröffnungswurf steht die Equity beider Spieler auf +0,50. Wie sehen nun die statistischen Erwartungen für die 15 Eröffnungswürfe aus? Alle hier aufgelisteten Berechnungen erfolgten mithilfe des Programms *Gnu Backgammon*; bei den 1296 Rolls wurden jeweils zwei Züge voraus einberechnet (in der Fachsprache: 2-ply). Der Verdopplungswürfel wurde nicht einbezogen (eng. cubeless).

Tabelle 3: Equity nach dem 1. Wurf (gegenüber der Grundstellung)

Wurf	Zug-Top		Equity	Zug-Alternative		Equity
31	**8/5**	**6/5**	+0,1670			
42	**8/4**	**6/4**	+0,1234			
53	**8/3**	**6/3**	+0,0638	**13/10**	**13/8**	+0,0042
61	**13/7**	**8/7**	+0,1035			
65	**24/13**		+0,0545			
64	**8/2**	**6/2**	+0,0102	**24/14**		+0,0003 DMP gG
63	**24/18**	**13/10**	+0,0072	**24/15**		−0,0071 gG
62	**24/18**	**13/11**	+0,0066	**13/5**		−0,0109 G
54	**24/20**	**13/8**	+0,0155	**13/9**	**13/8**	+0,0145 G
43	**13/10**	**13/9**	+0,0125	**24/21**	**13/9**	+0,0060 DMP
52	**24/22**	**13/8**	+0,0032	**13/11**	**13/8**	−0,0023 G
32	**13/11**	**13/10**	+0,0053	**24/21**	**13/11**	+0,0052 DMP gG
51	**24/23**	**13/8**	+0,0056	**13/8**	**6/5**	−0,0031
41	**24/23**	**13/9**	+0,0024	**13/9**	**6/5**	−0,0064 DMP gG
21	**13/11**	**6/5**	+0,0088	**24/23**	**13/11**	+0,0045 gG

Bei manchen Eröffnungen ist bisweilen der zweitbeste Zug statistisch vorzuziehen, etwa wenn es um einen Double Match Point (DMP) geht oder ein Gammon angestrebt (G) bzw. vermieden (gG) werden soll. Doch an dieser Stelle soll nochmals gewarnt werden: Erwartungswerte sind Sache der Statistik. Die Abweichungen im Einzelspiel sind enorm. Und niemand kann Ihnen, ganz im Gegensatz zu rein abstrakt-logischen Spielen (wie Schach oder Go) aufgrund von bestimmten Stellungsmustern exakt voraussagen, welche Position zwingend als nächste aufs Brett kommen muss. Das Wunderbare bei Backgammon ist eben das Element des Zufalls. In obiger Tabelle wird nur der rein statistische Equity-Gewinn/Verlust nach dem jeweiligen Eröffnungszug ausgewiesen. Halten Sie sich im praktischen Spiel jedenfalls nicht sklavisch an minimal vorteilhafte Erwartungswerte.

Mittelspiel-Strategien**

Backgammon ohne Risiko ist undenkbar, schon allein deshalb, weil sich die Wege der beiden Spieler vom ersten Moment weg kreuzen. Dennoch nutzen erfahrene Strategen jede Möglichkeit, Angriffs- und Verteidigungszüge in eine vernünftige Balance zu bringen und damit die taktischen Manöver des Gegners so gut es geht einzuschränken. Einige der zur Verfügung stehenden strategischen Mittel möchte ich Ihnen hier vorstellen.

Anker/Goldener Punkt

Eines der Ziele im Backgammon lautet, die Schlüsselpunkte so früh wie möglich zu besetzen. Und diese sind, in der hier angeführten Reihenfolge: **Goldener Punkt/5-Punkt – Bar-Punkt/7-Punkt – 4-Punkt**
Wenn einer dieser Punkte im gegnerischen Heimfeld liegt und wir zwei Steine darauf platzieren können, sprechen wir von einem **hohen Anker** (eng. High Anchor). Jedenfalls sind diese Punkte – in der Backgammon-Sprache ausgedrückt – für beide Spieler lebensnotwendig. Ankerstellen sind übrigens auch die niedrigen Punkte 3-Punkt, 2-Punkt und 1-Punkt (Ace Point), allerdings mit anderer strategischer Bedeutung.

Begründung: Warum nun haben die drei Schlüsselpunkte, vor allem der Goldene Punkt, diese überragende Bedeutung für das Spiel? Die Antwort ist einfach:

GOLDENE REGELN

- Da die gegnerischen Renner am Entkommen gehindert werden sollen, bilden diese Punkte zusammen mit den Steinen der Grundaufstellung (6-Punkt/8-Punkt) einen guten Ansatz für eine lange Blockade (Prime).
- Der Goldene Punkt hindert geschlagene Steine noch dazu am Wiedereintritt ins Spiel.
- Und im Falle eines frühzeitigen Entkommens der gegnerischen Renner hindert der Goldene Punkt im Heimfeld des Gegners diesen, den Mittelpunkt gefahrlos zu räumen.
- Mit der Besetzung der Schlüsselpunkte kann ein wesentlich risikoreicheres Spiel versucht werden, etwa ein Blitz. (Siehe Risiko und Sicherheit.)
- Die Gefahr eines Gammons ist praktisch zu vernachlässigen. Damit können Sie eventuelle Verdoppelungsangebote leichter annehmen.

Zeitpunkt: Das Problem bei der Sache ist der richtige Zeitpunkt für den Aufbau eines solchen Schlüsselpunkts. Oft ist dies nicht in einem Wurf möglich, und es müssen daher Blots stehen gelassen werden. In der Fachsprache heißt dies: „Ein Stein wird geslottet.“ Wann sollten Sie zu dieser Strategie greifen? Die Antwort ist einfach: Sobald die Gefahr droht, dass die Renner ausgesperrt werden könnten. Dies kann schon der Fall sein, wenn beim Eröffnungswurf zwei Bausteine im Außenfeld platziert wurden.

Der Goldene Punkt ist der Multifunktionär des Backgammons.

Auflösung: Wann sollte ein Goldener Punkt als Ankerpunkt aufgegeben werden? Viele Spieler entscheiden sich zu früh, diesen Punkt zu räumen, in der Angst, im Rennen zu weit zurückzufallen. Diese Angst ist,

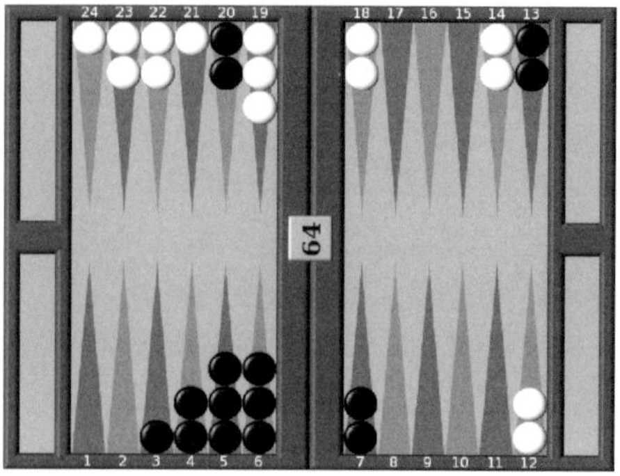

soweit dies das praktische Spiel zeigt, unbegründet. Hat der Gegner noch einen Stein in Ihrem Heimfeld, sollten Sie eher versuchen, eine Prime aufzubauen. Konnte er alle Steine freisetzen, wird der Goldene Punkt diese daran hindern, gefahrlos nach Hause gebracht zu werden. Ein Beispiel soll dies illustrieren: **Wurf 63 – wie soll Schwarz ziehen?** Schwarz ist im Rennen im Rückstand. Wozu also jetzt schon den Goldenen Punkt aufgeben? Beim Heimbringen kann von hier aus vielleicht noch der eine oder andere Blot des Gegners auf die lange Reise geschickt werden. Daher: 13/7, 13/10.

Bar

Da keine Steine gezogen werden dürfen, solange auch nur ein Stein auf der Bar liegt, kommt dem Aussperren beim Backgammon große Bedeutung zu. Je mehr Punkte im Heimfeld vom Gegner kontrolliert werden, desto geringer wird die Wahrscheinlichkeit, mit dem 1., 2., 3., 4. oder 5. Wurf beim Einbringen Erfolg zu haben.

BEISPIEL: Die Tabelle 4 zeigt, dass die Chance, bei vier vom Gegner besetzten Heimfeldpunkten einen Stein einzubringen, im 1. Wurf knapp über 50 % liegt. Schon der 2. Wurf ist allerdings zu 80 % von Erfolg gekrönt. Dies steigert sich in den Folgewürfen fast bis zu einem völlig sicheren Einbringen.

Sie sollten diese Werte so ungefähr im Kopf haben, da davon auch der Einsatz des Verdopplungswürfels stark beeinflusst werden kann. Die Tabelle 5 für zwei Steine auf der Bar schließt in der letzten Spalte den 1. Wurf aus der oberen Statistik-Tabelle ein. Von drei besetzten Punkten an wird die Wahrscheinlichkeit, beide Steine einzubringen, auf ein Viertel reduziert. Vielleicht sollten Sie sich diesen Richtwert merken.

Tabelle 4: Wahrscheinlichkeit – Einsetzen von der Bar

Punkte	**in Prozent** (gerundet)				
besetzt	**1. Wurf**	**2. Wurf**	**3. Wurf**	**4. Wurf**	**5. Wurf**
1	97	100	100	100	100
2	89	99	100	100	100
3	75	94	98	100	100
4	56	80	91	96	98
5	31	52	67	77	84

Tabelle 5: Wahrscheinlichkeit – Einsetzen von zwei Steinen

Punkte	**in Prozent** (gerundet)		
besetzt	**beide**	**ein**	**kein Stein(e)**
1	69	28	3
2	44	44	11
3	25	50	25
4	11	44	44
5	3	28	69

Baustein/Builder

Das Geheimnis des Backgammons ist es, die wichtigen Punkte rechtzeitig zu besetzen. Dies gelingt Ihnen nur, wenn Sie es nicht versäumen, vom ersten Zug an zur Vorbereitung Bausteine (eng. Builders) in einer Entfernung von maximal 6 Punkten vom anvisierten Zielpunkt zu setzen, selbst wenn Sie sich dabei Gefahren aussetzen.

Baustein-Blots sind eine Drohung – nicht nur ein Risiko.

Je höher die Zahl der Bausteine, die auf einen Punkt zielen, desto besser für Sie. Schaffen Sie sich daher diese Möglichkeiten.

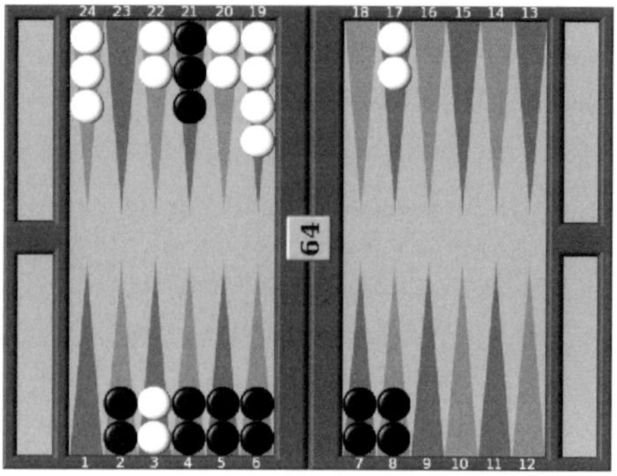

BEISPIEL: **Schwarz wirft 11 – wie sollte er ziehen?** Instinktiv ziehen viele Spieler 8/7 8/5 oder 8/6 (2). Da Weiß beim nächsten Wurf vermutlich nur die unliebsame Wahl hat, seine eigene Blockade im Heimfeld aufzugeben oder mit einem der beiden Renner zu laufen, sollten möglichst viele Steine auf den einsamen 3-Punkt-Blot wirken. Daher ist der korrekte Zug 7/6 7/4. Nun haben Sie mehr Drohungen!

Ein Extra-Baustein erhöht die Wurfchancen um 100 %.

Aktiver Baustein: Wichtig ist in diesem Zusammenhang der Begriff des aktiven Bausteins: Gemeint ist ein Stein, den Sie bereitwillig ziehen können, um einen Blot zu treffen, da Sie dadurch keine Schwäche in Ihrer Stellung zulassen.

BEISPIEL: **Schwarz wirft 51 – wie sollte er ziehen?** Die Antwort liegt im „Prinzip des aktiven Bausteins". Nicht 13/8 13/12 wäre die beste Lösung, sondern vielmehr 13/7.

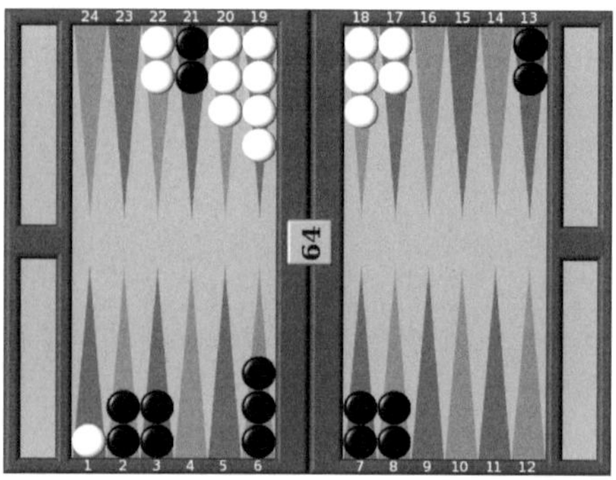

Denn Schwarz hat nun drei aktive Bausteine, die auf die Schlüsselpunkte im Heimfeld wirken, nämlich Steine auf dem 6-Punkt, Bar-Punkt und 8-Punkt. Diese Strategie hat den Nachteil, dass ein 44 alles auf den Kopf stellen und Weiß zum starken Favoriten machen würde. Also Vorsicht beim ziehen!

Zwei Steine auf der Bar: Wann immer der Gegner zwei Steine auf der Bar hat, sollten Sie aktive Bausteine im Außenfeld setzen, egal ob diese Blots sind oder nicht. Der Grund ist einfach: Der Gegner verbraucht (abgesehen von Dubletten) seinen vollen nächsten Wurf, um (vielleicht) beide Steine einzusetzen.

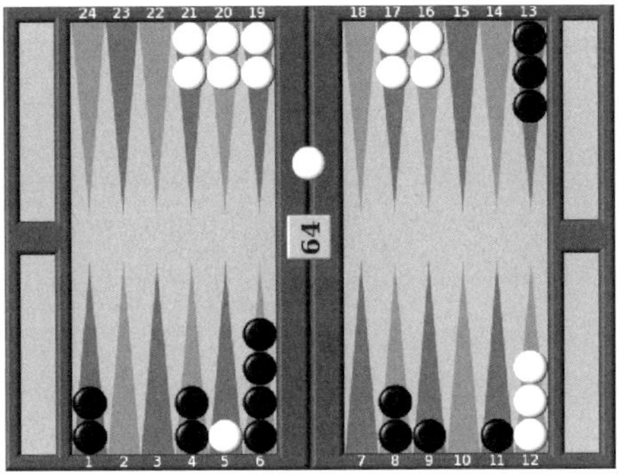

BEISPIEL: **Schwarz wirft 11 – wie sollte er ziehen?** Klar ist zunächst 6/5* (2). Dann jedoch sollte 8/7 sowie 11/10 folgen, um möglichst viele Bausteine auf die kritischen Heimfelder wirken zu lassen.

Blots im gegnerischen Hcimfeld: Wenn der Gegner in seinem Heimfeld vereinzelte Steine stehen hat, ist es durchaus zu empfehlen, Bausteine einem gewissen Risiko auszusetzen. Ist das Heimfeld des Gegners dagegen sicher, müssen Sie sich dieser Situation anpassen und ebenfalls einen sicheren Weg wählen.

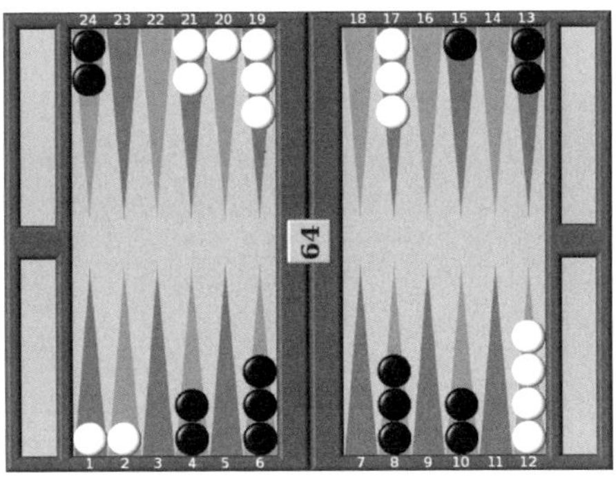

BEISPIEL: **Schwarz wirft 21 – wie sollte er ziehen?** Kar, dass hier zunächst der lose Stein mit 15/13 gesichert wird. Aber wohin mit der 1? Da Weiß im Heimfeld einen Blot auf Punkt 20 stehen hat, kann Schwarz den Baustein 10/9 riskieren, trotz der 16 möglichen gegnerischen Trefferwürfe. Wäre dagegen der weiße Goldene Punkt blockiert, müsste Schwarz mit 24/23 seine Renner splitten.

Blots

Ein Blot ist ein ungeschützter Stein, der absichtlich oder notgedrungen auf einer Spitze zu liegen kommt. Je nach Entfernung vom Gegner bestehen bestimmte Wahrscheinlichkeiten für einen Treffer. Um das Spiel korrekt einschätzen zu können – vor allem, was den Einsatz des Verdopplungswürfels betrifft – sollten Sie eine ungefähre Vorstellung von den Wahrscheinlichkeiten haben.

Entscheidend dabei ist, ob der Abstand einen **direkten Schuss** mit nur einem Wurf erlaubt oder ob beide Würfelzahlen zusammengenommen werden müssen. Direkte Schüsse haben eine wesentlich höhere Chance, einen Ihrer Blots zu treffen, als **indirekte Schüsse**.

Die taktische Spielanlage muss daher in jedem Fall auf die Entfernung des Blots vom gegnerischen Stein abgestimmt werden. Die Erfahrung zeigt, dass die intuitive Entscheidung gar nicht leicht ist.

Tabelle 6: Wahrscheinlichkeit für direkte Treffer

Distanz	Chance	Prozent
1	11/36	31
2	12/36	33
3	14/36	39
4	15/36	42
5	15/36	42
6	17/36	47

Tabelle 7: Wahrscheinlichkeit für indirekte Treffer

Distanz	Chance	Prozent
7	6/36	17
8	6/36	17
9	5/36	14
10	3/36	8
11	2/36	6
12	3/36	8
15	1/36	3
16	1/36	3
18	1/36	3
20	1/36	3
24	1/36	3

Die Wahrscheinlichkeit für einen **direkten Treffer** nimmt mit der Entfernung zu. Die Wahrscheinlichkeit für einen **indirekten Treffer** nimmt mit der Entfernung ab.

Ausnahme: Wenn Sie die Wahl haben, einen Blot 12 oder 11 vom gegnerischen Stein entfernt zu setzen, entscheiden Sie sich für den 11er-Abstand.

Diese Tabellen gehen jeweils davon aus, dass kein Punkt blockiert ist.

Diversifikation

Mit diesem Fachausdruck ist exakt das Gegenteil von Duplikation gemeint. Gilt es dort, die Trefferchancen des Gegners zu minimieren, wird hier versucht, die eigenen Möglichkeiten für den nächsten Wurf zu maximieren. Dieses Prinzip soll hier an einem einfachen Beispiel illustriert werden. Es ist jedoch grundsätzlich für ein erfolgreiches Spiel wichtig.

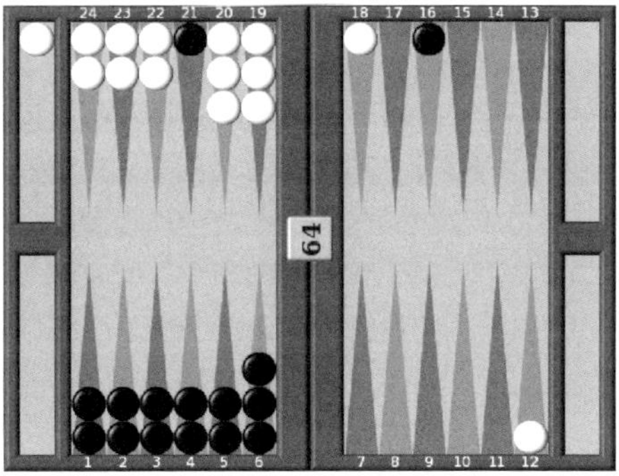

BEISPIEL: **Schwarz hat noch eine 1 übrig – wie sollte er ziehen?** Da Weiß wegen des geschlossenen Feldes ohnehin völlig ausgesperrt ist, wird am besten der Stein 6/5 gezogen. Die beiden weißen Blots auf 18 und 12 sind damit im nächsten Wurf mit zwei Zahlen zu treffen.

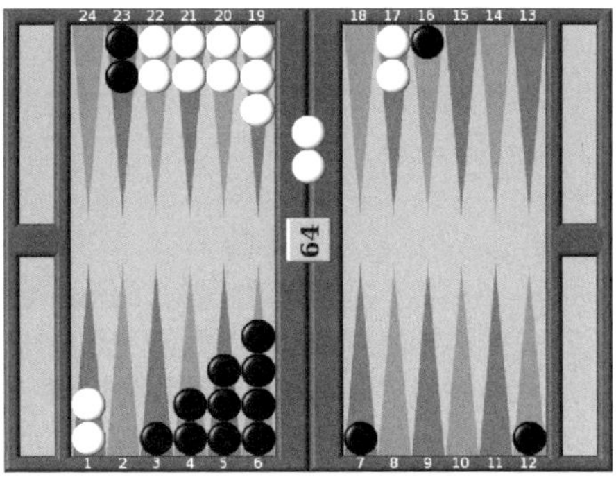

BEISPIEL: **Schwarz wirft 31 – wie sollte er ziehen?** Hier hat Schwarz nur eine Zahl, mit der er die Renner über die gegnerische Prime bringt, nämlich 5. Daher sollte er seinen letzten Wurf 31 dazu benutzen, mit 6/3 die eigene Prime zu stärken und mit 12/11 eine neue Augenzahl für die mögliche Besetzung des Bar-Punkts zu eröffnen.

Duplikation

Mit dem technischen Begriff Duplizieren sind Züge gemeint, die zwar dem Gegner eine Schlagchance auf mehrere ungeschützte Steine eröffnen, allerdings immer nur mit der gleichen Wurfzahl. Eine zweite Möglichkeit ist das Eröffnen einer Schlagchance, die mit der Besetzung eines Schlüsselpunkts korreliert.

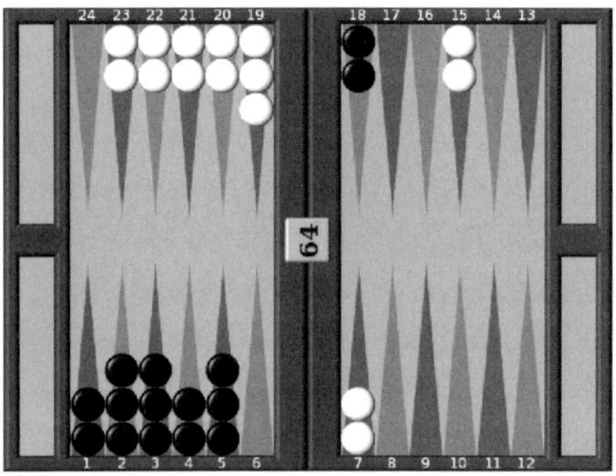

BEISPIEL: **Schwarz wirft 62 – wie sollte er ziehen?** In dieser Stellung ist der einzig korrekte Zug 18/10. Damit sind zwar zwei schwarze Steine exponiert, doch können beide nur mit Würfen erreicht werden, die die Entfernung 3 abdecken. Das entspricht nach der Tabelle einer Wahrscheinlichkeit von gerade mal 39 %.

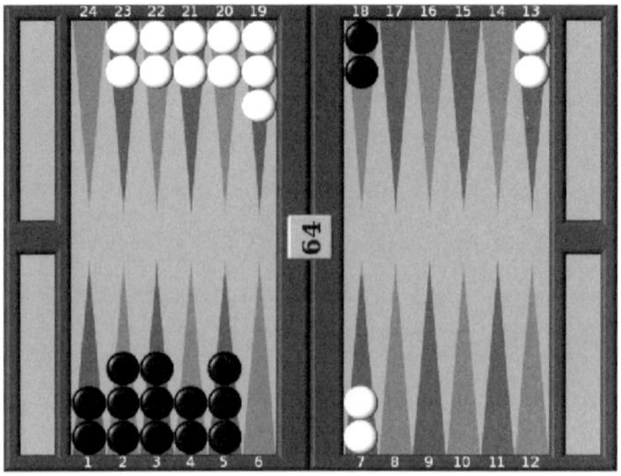

BEISPIEL: **Schwarz wirft 61 – wie sollte er ziehen?** Mit der Wurfzahl 61 ist Schwarz gezwungen, 18/12 zu ziehen. Was soll er mit der 1 tun? Korrekt ist allein der Zug 5/4, denn er lässt die beiden Blots auf dem 18-Punkt und 12-Punkt in der gleichen Entfernung von 5 Punkten stehen. Die Wahrscheinlichkeitstabelle gibt Weiß eine Trefferquote von 42 %.

BEISPIEL: **Schwarz wirft 61 – wie sollte er ziehen?** In diesem Beispiel hilft Weiß nur eine 5, um seinen Stein von der Bar einzubringen. Daher sollte Schwarz seinen Wurf 61 so ziehen (17/10), dass ein Blot auf dem 17-Punkt und ein zweiter Blot auf dem 10-Punkt stehen bleibt. Weiß hat damit nur eine winzige Trefferchance von 1 zu 35, das heißt nur eine 5er-Dublette.

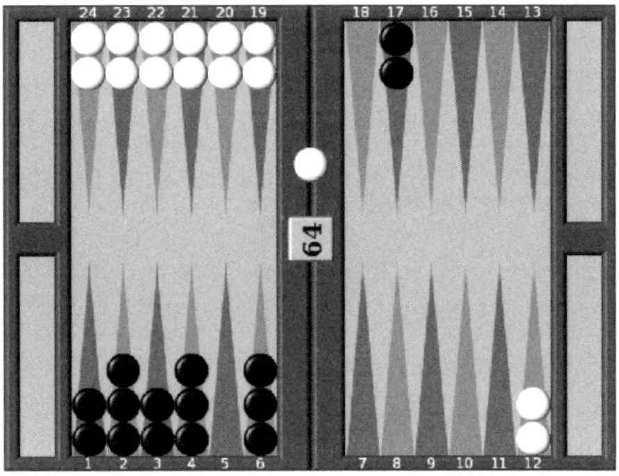

Flexibilität/Streuung

Machen Sie sich die Tatsache bewusst, dass beide Spieler die gleichen vier strategischen Ziele verfolgen: (1) Schlüsselpunkte im gegnerischen Heimfeld besetzen, (2) Außenfeldpunkte machen, (3) eine Prime bauen sowie (4) eine hohe Zahl von Heimfeldpunkten erobern. Zum Erreichen dieser Ziele können alle Ihre Steine aktiv beitragen – oder aber passiv irgendwo stehen (wenn vielleicht auch geschützt) und auf glückliche Würfe hoffen. Daraus ergeben sich einige Grundüberlegungen.

GOLDENE REGELN

- Machen Sie nicht zu früh den 1-Punkt. Steine auf diesem Punkt erfüllen nur den Zweck, einen Punkt zu halten, sind aber als potenzielle Drohung aus dem Spiel.
- Überladen Sie keine Punkte mit Steinen (5, 6 oder mehr), sondern versuchen Sie, Ihre Steine optimal zu streuen. Aus dieser goldenen Regel ergibt sich auch die Bereitwilligkeit, in der Anfangsphase Steine vom 6-Punkt zu slotten (das heißt, freiwillig einen Blot zu setzen).
- Planen Sie voraus: Lassen Sie möglichst viele Bausteine (gute Streuung) für Ihren nächsten Zug stehen.

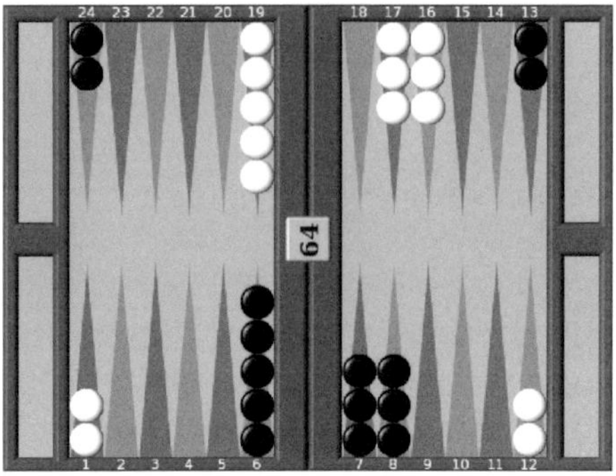

BEISPIEL: **Schwarz wirft 32 – wie sollte er ziehen?** Fast vollautomatisch ziehen die meisten Spieler 8/5 7/5, um den Goldenen Punkt zu besetzen. Das lässt allerdings den 6-Punkt völlig überladen. Korrekt ist daher: 7/4 6/4.

Prime/Geschlossenes Feld

Eines der Zauberwörter im Backgammon lautet **Prime**. Einfach gesagt, handelt es sich dabei um eine Blockade aus mehreren Punkten, die womöglich keine Lücken aufweist. Im Idealfall besteht eine **volle Prime** aus 2 x 6 Steinen in einer Kette. Liegt diese noch dazu im eigenen Heimfeld, spricht man von einem **geschlossenen Feld**. Daraus kann sich ein unschätzbarer Vorteil ergeben. Wenn der Gegner noch einen Stein auf der Bar hat, darf er nicht einmal würfeln, sondern muss zusehen, wie Sie Ihre Seine um das Brett ziehen.

BEISPIEL: **Schwarz wirft 61 – wie sollte er ziehen?** In dieser Stellung sollten Sie im Sinne des Rennens und damit der Spielgewinn-Strategie den Blot auf dem 23-Punkt schlagen und mit einem Stein die Prime überspringen. Das überlässt jedoch dem Gegner zu viele isolierte Steine und birgt damit die Gefahr, sogar mit einem Gammon zu verlieren. Daher bevorzugt man im Normalfall das sichere 7/1 4/3, auch wenn damit der Gewinn sehr

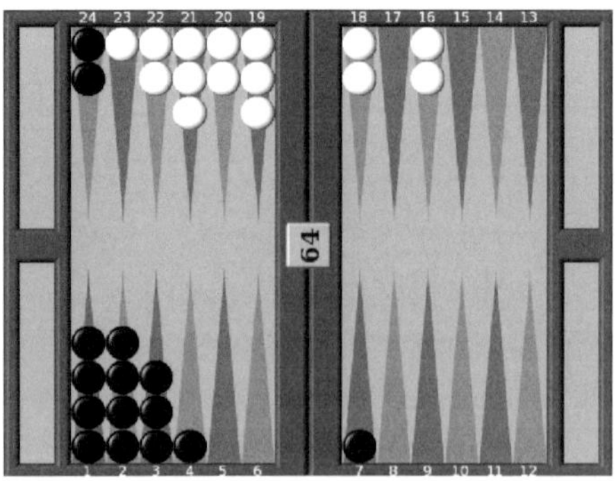

unwahrscheinlich wird. Ausnahme: Steht das Match auf DMP (Double Match Point), das heißt, fehlt jedem der Spieler nur noch ein Matchpunkt, wird offensiv geschlagen.

Die Prime ist eines der ultimativen strategischen Ziele.

Risiko & Sicherheit

Sie werden nicht umhinkommen, ständig zwischen Risiko- und Sicherheitsspiel wählen zu müssen, wenn Sie sich erfolgreich im Backgammon behaupten wollen. Paul Magriel hat dieses Problem nicht zu unrecht als „fundamental" bezeichnet. Die Fähigkeit zu unterscheiden, wann es vernünftig ist, einen Blot stehen zu lassen, und wann dies reiner Torheit gleichkommt, macht den Experten aus. Glücklicherweise gibt es auch auf diesem Gebiet einige grundsätzliche Prinzipien, die schnell aus den Niederungen des Anfängerlebens herausführen. Magriel unterscheidet vier taktische Prinzipien sowie zwei strategische, die hier in den „Goldenen Regeln" zusammengefasst sind.

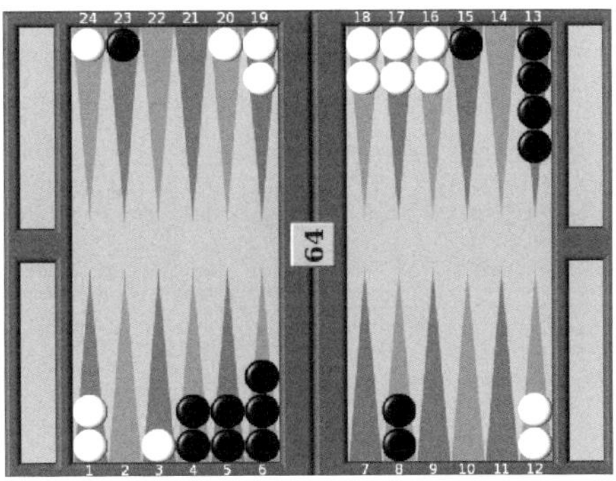

BEISPIEL: **Schwarz wirft 61 – Wie sollte er ziehen?** Keine Frage, der Bar-Punkt muss mit 13/7 8/7 gemacht werden, trotz des losen Steins auf dem 8-Punkt. Das schwache gegnerische Heimfeld erlaubt dieses risikoreiche Spiel.

BEISPIEL: **Schwarz wirft 41 – wie sollte er ziehen?** Das hängt stark vom Spielstand ab. In einem Money Game ist das scharfe 7/3* 24/23 angezeigt, womit 16 gegnerische Würfe kein Einbringen ermöglichen würden. Im Trefferfall allerdings

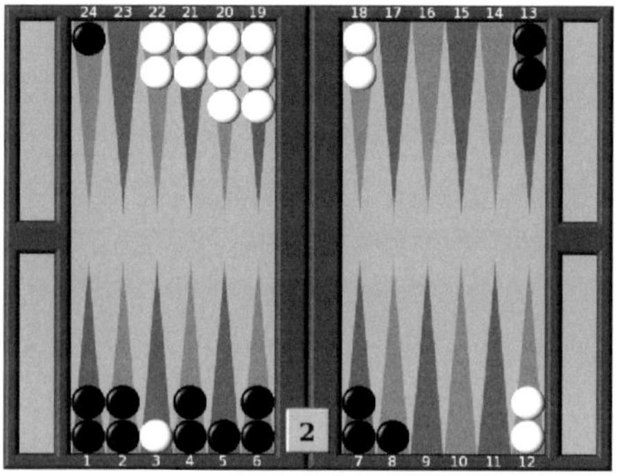

ist mit einer Gammon-Niederlage zu rechnen. Anders sieht die Sache im Match Play aus. Bei 2-away/ 4-away (siehe Glossar) etwa muss das hässliche 8/4 5/4 in Kauf genommen werden, um die Gamdrohung möglichst gering zu halten.

GOLDENE REGELN

Taktisch

- Wenn Sie einen hohen Ankerpunkt im gegnerischen Heimfeld halten (Goldener Punkt, 4-Punkt), können Sie risikoreicher spielen.
- Wenn Ihr Gegner erst ein oder zwei Punkte in seinem Heimfeld geschlossen hat, ist Risiko erlaubt. Hat er dagegen bereits drei oder gar vier Punkte besetzt, muss eine konservative Spielweise gewählt werden.
- Wenn Sie mehr Heimfeldpunkte besetzt haben als Ihr Gegner, ist ein risikoreicheres Spiel angezeigt.
- Wenn Ihr Gegner in seinem Heimfeld Blots stehen hat, ist wegen der Möglichkeit des Gegenschlags ein Risikospiel möglich.

Strategisch

- Wenn Sie mehrere Steine im gegnerischen Heimfeld haben, können Sie ein größeres Risiko eingehen, da es vermutlich kein Rennspiel werden wird. Bei nur einem oder gar keinem Stein im Heimfeld des Gegners ist vorsichtiges Spiel anzuraten.
- Wenn Ihr Gegner nur einen Stein in Ihrem Heimfeld stehen hat, können Sie ihn zum Schlagen herausfordern, also mit Risiko spielen.

Abtragen**

Sobald alle Steine vollständig im Heimfeld versammelt sind, kann das Abtragen beginnen. Es gibt heute bereits Datenbanken, die exakte Berechnungen für das effizienteste Abtragen aller Steine anbieten, sowohl im kontaktlosen Spiel als auch, wenn noch ein gegnerischer Anker oder ein isolierter Stein im Heimfeld steht.

Nochmals kurz die Regeln:

1. Alle Steine müssen sich im Heimfeld befinden.
2. Grundsätzlich muss die geworfene Augenzahl abgetragen werden.
3. Ist die geworfene Augenzahl größer als der höchste Punkt der vorhandenen Steine, muss von diesem abgetragen werden.
4. Die Reihefolge der Würfelzahlen ist beliebig.
5. Dubletten folgen denselben Regeln, werden jedoch zweimal gespielt.

No-Miss-Positionen

In manchen Stellungen gelingt es beiden Seiten, „mit Garantie“ (eng. no-miss) in zwei bis drei Würfen alle Steine abzutragen. Daher braucht man keine taktischen Überlegungen über die Zugfolge anzustellen, sehr wohl jedoch solche über das Verdoppeln. Rollouts zeigen, dass der Spieler am Zug bei drei No-miss-Würfen 79 % der Partien gewinnt. Daher sollte er sofort verdoppeln. Der Gegner muss dagegen passen. Die verschiedenen No-miss Positionen verlangen bei korrektem Spiel nach folgenden Verdopplungs-Aktionen:

Tabelle 8: No-Miss-Positionen – Verdoppelungswürfel

2 Würfe gegen	2 Würfe	Double/Redouble	Passen
3 Würfe gegen	3 Würfe	Double/Redouble	Passen
4 Würfe gegen	4 Würfe	Double/Redouble	Annehmen
5+ Würfe gegen	5+ Würfe	Double/kein Redouble	Annehmen

Weshalb wird bei fünf oder mehr Würfen kein Redouble mehr gegeben? Ganz einfach: Der Cube – eine mächtige Waffe – käme zu früh in die Hände des Gegners. Die Chance auf eine Dublette wird einfach zu groß.

Benötigt der Spieler am Wurf einen Wurf weniger, gilt immer Double/Redouble/Passen.
Benötigt der Spieler am Wurf einen Wurf mehr, sollte nie gedoppelt werden.

Doppeln beim Abtragen (siehe Doppeln)

Im Normalfall sind die Stellungen nicht so eindeutig wie hier dargestellt. Dennoch gibt es einige **grundsätzliche Strategien**.

- Hat der Spieler am Wurf nur noch **einen Stein** im Heimfeld, gilt die Regel: Double/Redouble – Pass.
- Hat der Spieler am Wurf **zwei Steine** im Heimfeld, sollte er nur dann auf Double/Redouble spielen, wenn er Favorit auf ein Abtragen in einem Wurf ist.

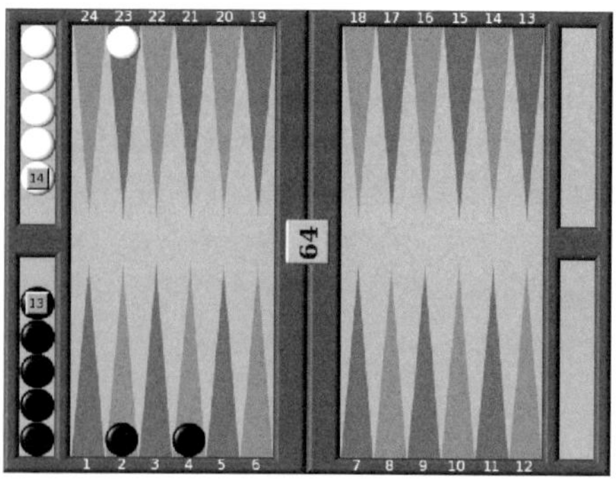

BEISPIEL: **Sollte Schwarz verdoppeln? Sollte Weiß annehmen?** Hier stehen 23 günstige Würfe gegen 13 ungünstige (alle 1er sowie 32), daher wird verdoppelt. Da andererseits mehr als 25 % der Würfe scheitern, wird der Gegner die Verdoppelung annehmen (siehe auch Verdopplungsregeln).

- Hat der Spieler am Wurf **zwei Steine** gegen **zwei** oder **einen** des Gegners stehen, sollten die-ser ein Double nur dann annehmen, wenn er im Pip Count (Restaugenzahl) zumindest gleich steht und der Spieler am Wrf weniger als 27 Gewinnwürfe hat. Ausnahme:

Die zwei Steine stehen auf hohen Punkten (3-Punkt, 4-Punkt, 5-Punkt, 6-Punkt). Dann ist es besser zu passen. Der Spieler am Wurf sollte zudem nur dann ein Double ansagen, wenn er höchstens zwei Augen zurückliegt.

- Hat der Spieler am Wurf **zwei Steine** stehen, der Gegner dagegen **drei**, muss dieser normalerweise immer passen. Ausnahme: Die zwei Steine stehen auf dem 6-Punkt.
- Hat der Spieler am Wurf **drei Steine** gegen **zwei** des Gegners, sollte normalerweise nicht gedoppelt werden, wenn der Gegner im nächsten Wurf Favorit auf ein vollständiges Abtragen ist. Im anderen Fall ist ein Double möglich, wenn der Rückstand nicht mehr als zwei Augen beträgt. Ausnahme: Beträgt die Augenzahl mehr als 12, sollte keinesfalls gedoppelt werden. Hat der Gegner 9 oder mehr Restaugen, sollte er ein Double nicht annehmen.

BEISPIEL: **Sollte Schwarz verdoppeln? Sollte Weiß annehmen?** In diesem Beispiel stehen 3 Steine gegen 2 Steine. Die Chancen von Weiß, das Spiel im nächsten Wurf zu beenden sind geringer als 50 %, und Schwarz liegt nur zwei Augen hinten. Richtig gespielt: Verdoppeln und annehmen.

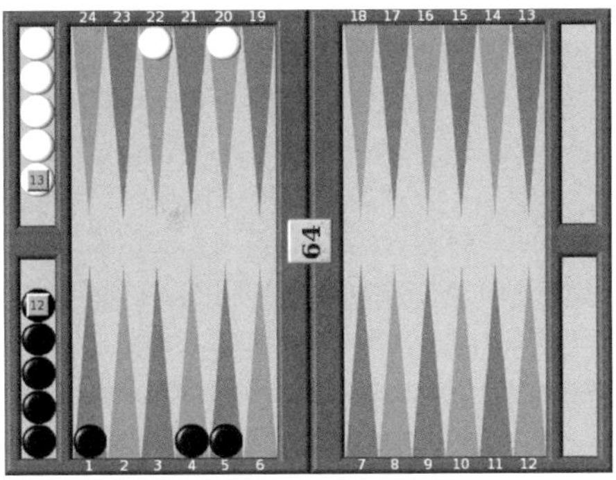

- Haben beide Spieler **drei Steine**, sollte der Spieler am Wurf bei 10 oder weniger Restaugen fast immer verdoppeln (oder ein Redouble geben), der Gegner dagegen passen. Bei 11 oder 12 Restaugen sollte man ebenfalls verdoppeln, der Gegner wird jedoch diesmal bei gleicher Restaugenzahl annehmen. Bei 13 oder mehr Restaugen wird gedoppelt, wenn der Gegner zumindest ebenso viele hat. Bis zu einem Restauge mehr wird der Gegner hier annehmen.

Abtragen – Wahrscheinlichkeitstabelle

Grundsätzlich lassen sich aus der unten stehenden Tabelle folgende Schlüsse ziehen: (1) Je näher ein Stein dem 1-Punkt ist, desto besser sind die Abtragchancen. (2) Bei gleicher Augenzahl sind die Chancen im Allgemeinen umso besser, je näher zumindest einer der Steine dem 1-Punkt ist: 5-2 (53 %) zu 4-3 (47 %) bzw. 4-1 (81 %) zu 3-2 (69 %).

Tabelle 9: Abtragen der zwei letzten Steine

Positions Punkte	Passende Würfe	Prozent	Fehl-Würfe
1-2	36	100	0
1-3	34	94	2
1-4	29	81	7
2-2	26	72	10
2-3	25	69	11
1-5	23	64	13
2-4	23	64	13
2-5	19	53	17
3-3	17	47	19
3-4	17	47	19
1-6	15	42	21
5-3	14	39	22
2-6	13	36	23
3-6	10	28	26
4-5	10	28	26
4-6	8	22	28
5-5	6	17	30
5-6	6	17	30
6-6	4	11	32

Generelle Abtrag-Strategien

Die allgemeinen Regeln für korrektes Abtragen sind sehr einfach. Sie werden nach wenigen Partien kaum mehr einen Fehler begehen.

- Tragen Sie einen Stein ab, wenn dies möglich ist.
- Füllen Sie die höchste Lücke, ohne allerdings eine neue aufzumachen.

- Sind Abtragen und Lückenfüllen nicht möglich, ziehen Sie am besten einen Stein, der auf einem überladenen Punkt steht.

BEISPIEL: **Schwarz wirft 32 – wie sollte er ziehen?** Mit der 3 wird ein Stein abgetragen, mit der 2 könnte die Lücke auf dem 2-Punkt nur um den Preis einer neuerlichen Lücke auf dem 4-Punkt geschlossen werden. Daher besser: 6/4.

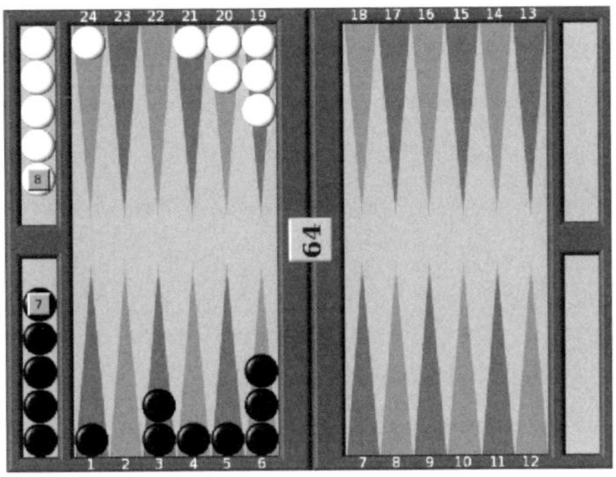

Spezielle Abtrag-Strategien

Wenn die Chance auf einen Spielgewinn aufgrund des hohen Rückstands im Pip Count nur mehr im glücklichen Wurf von Dubletten liegt, muss unbedingt die Zahl der möglichen günstigen Fälle maximiert werden.

BEISPIEL: **Schwarz wirft 51 – wie sollte er ziehen?** Weiß wird in drei Würfen sein Ziel erreicht haben, komme, was da wolle. Die einzige Chance von Schwarz liegt nach dem vorliegenden Wurf 51 in einer 6er-Dublette, vorausgesetzt, Weiß macht nur einfache Würfe. Wie soll er also spielen? Überraschenderweise darf er nach Abtragen vom 5-Piunkt nicht den Ass-Punkt besetzen. Stattdessen sollte Schwarz 5/off 3/2 spielen. Nun reicht die – zugegeben – unwahrscheinliche Wurffolge 66 und 22. Alles schon da gewesen!

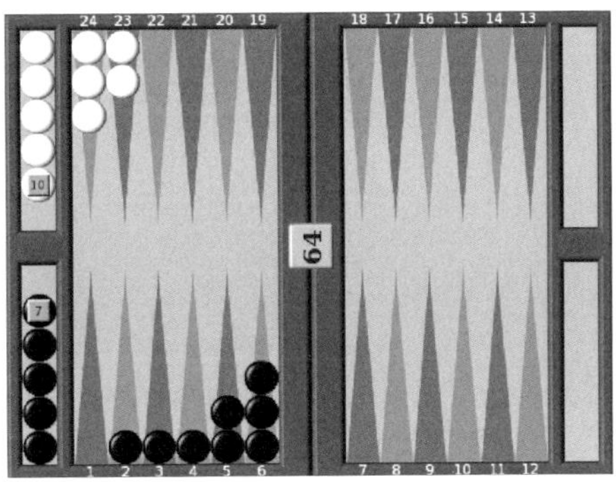

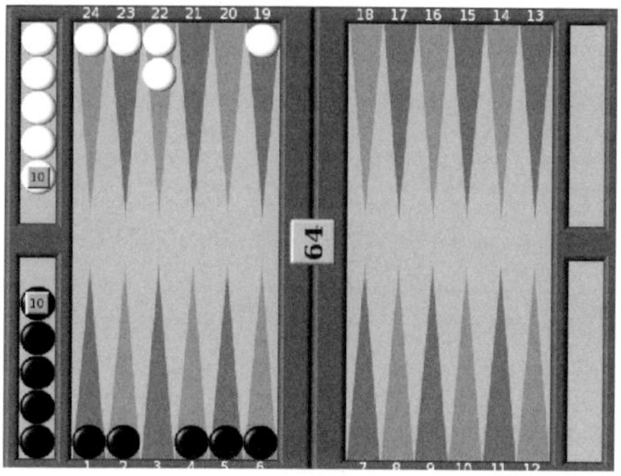

BEISPIEL: **Schwarz wirft 63 – wie sollte er ziehen?** In diesem Beispiel sollte zuerst 6/3 gefolgt von 5/off gespielt werden, nicht 6/off 5/2, da damit eine Lücke auf dem 3-Punkt entstände.

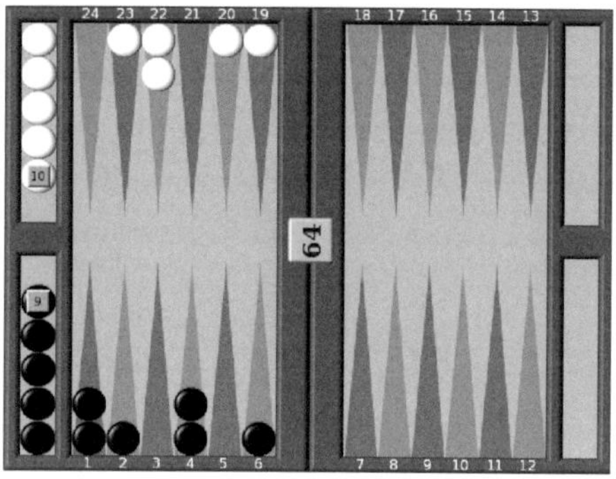

BEISPIEL: **Schwarz wirft 63 – wie sollte er ziehen?** Kleine Veränderung – große Wirkung! Diesmal ist 6/off 4/1 korrekt, da eine ungerade Zahl von Steinen übrig bleibt. Damit kann sich Schwarz einen Wurf leisten, in dem nur ein Stein abgetragen wird!

Abtragen im Kontaktspiel

Solange noch gegnerische Steine im Heimfeld stehen, droht auch bei einem gewaltigen Vorsprung im Rennen das späte Schlagen eines Blots und damit eine völlige Umdrehung des Spiels. Daher bringt hier das reine Zählen der Augen wenig, dafür rücken andere strategische Überlegungen in den Vordergrund.

GOLDENE REGELN

- Lassen Sie, wenn möglich, keinen Blot stehen.
- Tragen Sie immer vom höchsten Punkt weg ab.
- Lassen Sie keine Lücke zwischen Ihren Punkten. Durch Wurf einer „1“ könnte hier unfreiwillig ein Blot entstehen.
- Falls ein Blot unvermeidlich ist, minimieren Sie zumindest die gegnerischen Trefferchancen.

Gammon-Drohung/Crossover

Wieder anders sieht die Abtragstrategie dann aus, wenn nur mehr das Ziel angestrebt wird, einen Gammongewinn des Gegners zu verhindern. Worauf sollten Sie achten?

Gammon-Abwehr:

- Vergeuden Sie keine Augen, das heißt, ziehen Sie beim Crossover ins Heimfeld keinen Stein auf den 4-Punkt oder gar noch tiefer ins Heimfeld.
- Ziehen Sie, wenn möglich, alle Steine vom Außenfeld auf den hohen 6-Punkt.
- Machen Sie mit jedem Zug einen Crossover.
- Vermeiden Sie es, zwei oder gar drei Steine auf einen Außenfeldpunkt zu bündeln. Ausnahme: Sie benötigen eine ganz bestimmte Dublette.

BEISPIEL: **Schwarz wirft 61 – wie sollte er ziehen?** Der 1-Punkt wird angesichts der Gammon-Drohung völlig irrelevant. Schwarz spielt folgerichtig 18/12 und 7/6, also zwei Crossover-Züge. Außerdem vergeudet er kein Auge, sondern platziert, technisch korrekt, einen Stein auf dem höchsten Heimfeldpunkt.

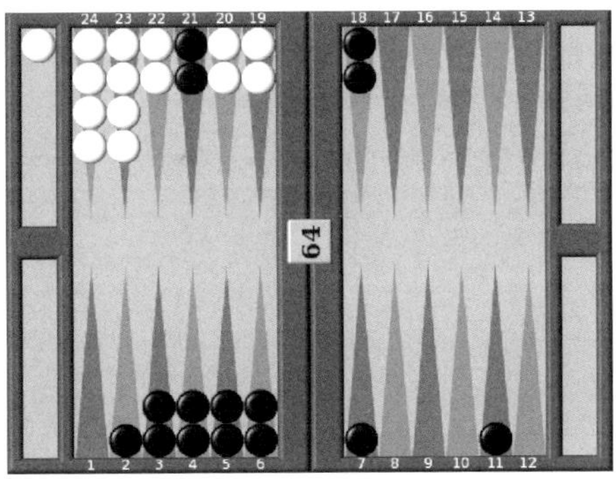

Endspiel-Technik***

Gerade in der letzten Phase des Spiels, mit einem einzigen besetzten Punkt im gegnerischen Heimfeld oder dem einen oder anderen gegnerischen Stein auf der Bar, ergibt sich häufig eine knifflige Entscheidungssituation: Schlagen, Slotten, Abtragen, die Prime auflösen, auf

Sicherheit spielen oder vielleicht mit dem letzten Stein laufen? Meist ist es schwer, in der Hitze des Gefechts den Erwartungswert zu berechnen. Gefühl und Erfahrung helfen hier ungemein, keine Frage. Doch auch der weniger versierte Spieler braucht sich nicht völlig hilflos vorzukommen. Denn diese Endspiel-Stellungen folgen wie alle anderen Positionen des Backgammons gewissen Grundprinzipien. Im Weiteren werde ich Sie mit diesen Entscheidungssituationen vertraut machen.

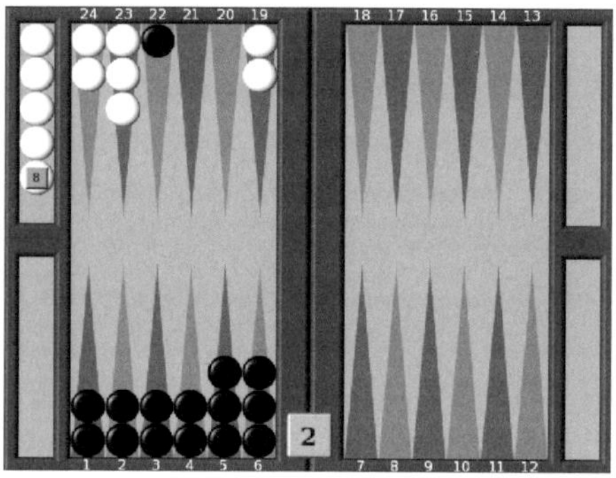

Laufen oder Abwarten?

BEISPIEL: **Schwarz wirft 43 – wie sollte er ziehen?** Hier ist die entscheidende Frage: Soll der letzte Stein auf den Weg geschickt werden, mit vermutlich einfachem Partieverlust? Oder ist es besser, noch einen Wurf abzuwarten, mit einer gewissen Schlagchance, was allerdings gleichzeitig die Gefahr eines Gammons deutlich erhöht? Nun, Rollouts zeigen, dass die Equity, also der statistische Erwartungswert, für beide Entscheidungen nahezu gleich ist.

FRAGE: Was aber passiert, wenn ein Stein mehr abgetragen wurde, also eine Stellung erreicht wird, wo Weiß in obigem Diagramm nur zwei Steine auf dem 2-Punkt stehen hat? Dann ist die Sache statistisch klar: Laufen ist angesagt.

FRAGE: Und was tut man bei einem gegnerischen Stein mehr im Heimfeld, also drei Steinen auf dem 1-Punkt im Beispieldiagramm? Hier empfiehlt ein Rollout ebenso deutlich ein Abwarten. Das Gammonrisiko ist relativ gering.

Sie können diese Nuancen nicht erkennen? Kein Problem, es gibt einige simple Regeln, die Ihnen weiterhelfen werden.

- Bei Gammongefahr sollte man im Normalfall laufen (natürlich abhängig vom Matchstand).
- Liegt der Verdopplungswürfel beim Gegner, ist ebenfalls Laufen zu empfehlen. Man könnte später trotz eines Treffers hinausgedoppelt werden (siehe Kapitel Verdopplungswürfel).
- Ist ein Gammon ohnehin unvermeidlich, wartet man dagegen auf jeden Fall ab. Dann gibt es ja nichts zu verlieren. Eine Ausnahme darf nicht vergessen werden: die Gefahr des Backgammons.

Schlagen oder Sichern?

Liegt nur noch ein gegnerischer Stein im eigenen Heimfeld, ist die Versuchung groß, diesen auf jeden Fall zu schlagen und damit am Entkommen zu hindern. Oft ist dies auch sinnvoll, allerdings sollte man einige Faktoren bei der Entscheidung berücksichtigen:

- die Stärke des gegnerischen Heimfelds
- den Stand im Rennen
- den Besitz des Verdopplungswürfels
- die Gammongefahr (für beide Seiten)
- den Matchstand in einem Match Play

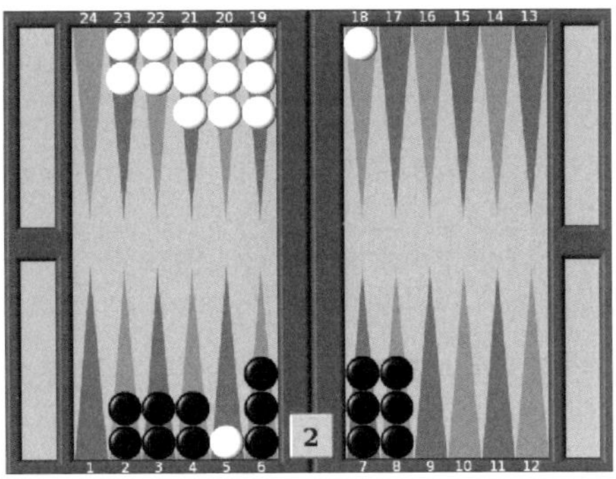

BEISPIEL: **Schwarz wirft 51 – wie sollte er ziehen?** Beträgt der gegnerische Rückstand im Rennen nach dem Zug weniger als 10 % des eigenen Pip Counts (Restaugenzahl), sollte man den gegnerischen Stein auf die Bar schicken. Dies ist in obigem Beispiel der Fall: Schwarz führt nach Vollendung des Wurfs nur 75 zu 82.

Andererseits ist es bei knappem Vorsprung im Rennen und dem Besitz des Cubes meist besser, auf Sichern zu spielen. Daher ist die hier gezeigte Stellung eine Art Benchmark-Position. Beide Wege sind nahezu gleichwertig.

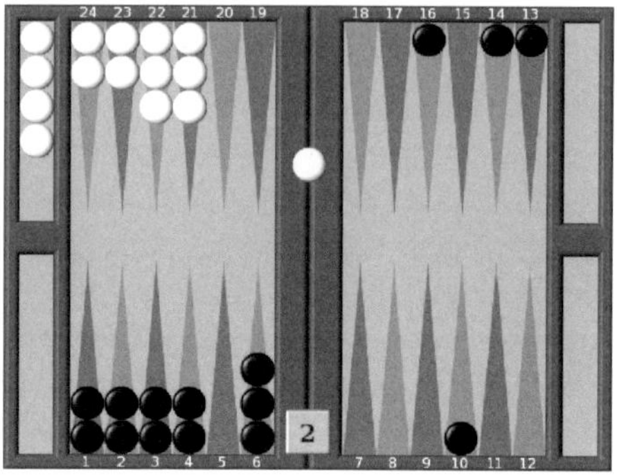

Slotten oder Schützen?

BEISPIEL: **Schwarz wirft 31 – wie sollte er ziehen?** Bei nur einem gegnerischen Stein auf der Bar und einem klaren Rückstand im Rennen ist die Entscheidung, den sechsten Punkt für ein geschlossenes Feld zu slotten, bisweilen sehr schwer zu treffen. Hier sind beide Wege praktisch gleichwertig, was die Equity anbelangt. Dennoch helfen auch hier einige allgemeine Richtlinien, die aber in jedem Fall genau überprüft werden sollten.

- Niemals sollte man bei einem geschlossenen Heimfeld des Gegners slotteen, ebenso wenig bei einem 5-Punkte-Heimfeld. Zu überlegen ist ein Slotten bei einem 4-Punkte-Heimfeld, meist zu empfehlen bei noch schwächerer Absicherung gegen ein mögliches Einbringen des geschlagenen Steins.
- Hält der Gegner den Verdopplungswürfel, ist es normalerweise nicht gut, zu slotten. Besitzt man selbst den Cube, stellt dieser dagegen womöglich eine Extradrohung dar.
- Je mehr Steine der Gegner bereits abgetragen hat, desto bereitwilliger darf man auf Risiko slotten, denn der Gegner muss unter allen Umständen ausgesperrt werden.
- Grundsätzlich wird auf hohen Punkten (5-Punkt, 4-Punkt) bereitwilliger geslottet, da diese zum Sieg notwendiger sind als tiefe Punkte im Heimfeld.

Abtragen oder Trefferminimierung?

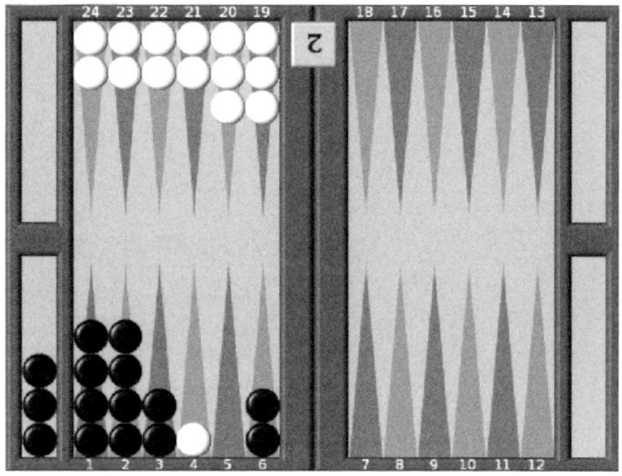

BEISPIEL: **Schwarz wirft 61 – wie sollte er ziehen?** Im Endspiel ergibt sich bisweilen die Frage, ob man einen Extrastein abtragen sollte, auch wenn dies die Trefferchance des Gegners erhöht, oder ob man die möglichen Erfolgs-Wurfkombinationen minimieren sollte. Hier ist die Entscheidung fast Geschmacksache, wenn man die Statistik der Rollout-Ergebnisse heranzieht. Wieder gibt es allgemeine Richtlinien:

- Bei der Chance, den Gegner mit einem Gammon zu besiegen, sollten Sie abtragen.
- Wenn bei einem gegnerischen Treffer ein Verdoppeln droht, sollten Sie die Trefferchancen minimieren.
- Bei einem schwachen Heimfeld des Gegners sollten Sie auf jeden Fall abtragen.
- Spezialfall: Wenn es Ihnen gelingt, einen sechsten Stein abzutragen, dürfen Sie dafür einen Extratreffer stehen lassen. Schaffen Sie es, sogar einen siebenten Stein hinauszuschaffen, dürfen dafür zwei Extratreffer riskiert werden.

Tabelle 10: Prozent-Gewinnchance bei x abgetragenen schwarzen Steinen und einem geschlossenem Feld

Abgetragen	1	2	3	4	5	6	7	8	9	10	11	12
Schwarz	4,5	7	11	15,5	22	30	39,5	**51**	58	69	76,5	84
Weiß	95,5	93	89	84,5	78	70	60,5	**49**	42	31	23,5	16

Rollouts zeigen, dass die Prozentchance, das Spiel zu gewinnen, stark von der Zahl der abgetragenen Steine abhängt, selbst bei einem geschlossenem Heimfeld des Gegners. Der Break-Even-Point liegt bei 8 Steinen, wo Schwarz zum leichten Favoriten aufsteigt.

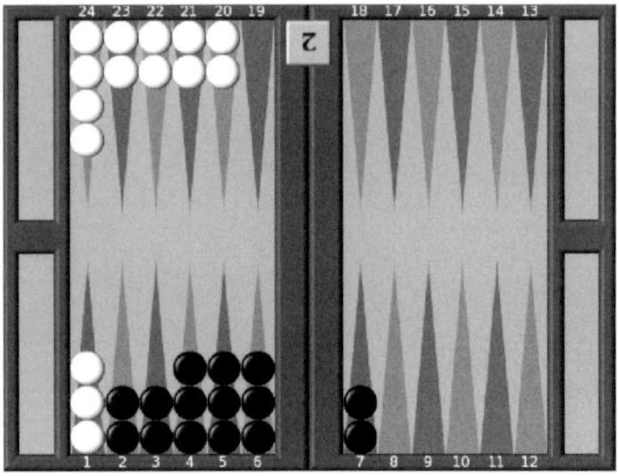

Auflösen oder Aufrechterhalten?

BEISPIEL: **Schwarz wirft 32 – wie sollte er ziehen?** Eine weitere schwierige Frage im Endspiel ist die, eine Prime aufzulösen oder diese noch für einen Wurf aufrechtzuerhalten. Wieder hängt viel von der allgemeinen Brettsituation ab. Auch hier sind beide Möglichkeiten statistisch praktisch gleichwertig.

- Wenn der Gegner sein Heimfeld im nächsten Wurf schwächen muss, das heißt, wenn er einen Punkt aufgeben muss, ist es gut, die eigene Prime zu halten. Hier also: 6/3 4/2. Denn es wird danach statistisch für den Gegner sehr schwer, einen eventuell geschlagenen Stein zurückzuhalten.
- Es ist viel besser, den Bar-Punkt zu räumen als etwa den 6-Punkt. denn es ist oft möglich, den einen oder anderen Stein abzutragen, bevor der Gegner einen Treffer landet. Dadurch wird ein Gammon-Gewinn des Gegners unmöglich.
- Die Anzahl der beweglichen Steine des Gegners im Heimfeld ist entscheidend. Wenn er nach seinem Wurf noch immer mit großer Wahrscheinlichkeit eine 5er-Prime hat, darf keinesfalls ein Blot stehen gelassen werden.

Risiko oder Sicherheit?

BEISPIEL: **Schwarz wirft 62 – wie sollte er ziehen?** Wie schon im Mittelspiel ist auch in der letzten Phase einer Partie die Frage entscheidend, auf Risiko zu spielen oder die Sicherheit zu bevorzugen. Hier sind die beiden Züge 13/7*/5 bzw. 13/7* 13/11 fast gleichwertig (Equity: 0,38 zu 0,37). Wieder gibt es einige gut fundierte Richtlinen, die die eine oder andere Spielweise rechtfertigen:

- Wenn der Gegner ein geschlossenes Heimfeld hat, dürfen Sie keinen Blot stehen lassen.
- Auch bei großer Gammon-Gefahr sollten Sie eher auf Sicherheit spielen und keinen Blot riskieren.

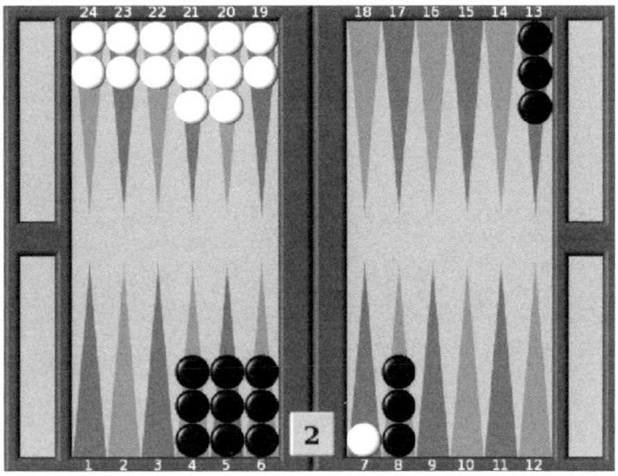

Wenn eine Partie ohnehin mit großer Wahrscheinlichkeit verloren geht, sollten Sie also kein zusätzliches Risiko eingehen.

Verdoppelungswürfel**

Die Erfindung des **Verdopplungswürfels** (eng. cube) Anfang der Zwanzigerjahre des vorigen Jahrhunderts kommt einem Geniestreich gleich. Denn fast über Nacht war Backgammon zu einem anspruchsvollen Spiel mit Wahrscheinlichkeiten geworden. Dabei sollte dieser Spezialwürfel ursprünglich nur den Glücksspielcharakter erhöhen. Doch inzwischen widmen sich ganze Bücher ausschließlich dem Element dieses Verdoppelns, mit mathematisch fundierten Risikotabellen und Empfehlung für ein Annehmen oder Ablehnen bei bestimmter Verteilung der Steine auf dem Spielbrett. An dieser Stelle möchte ich Ihnen einige Grundprinzipien zum Einsatz dieses Spielgeräts geben. Denn richtige Entscheidungen beim Verdoppeln werden Ihnen einen enormen Vorteil im praktischen Spiel bringen.

Wie funktioniert eine Verdopplung? Der zunächst in der Mitte liegende Verdopplungswürfel wird von einem Spieler so gedreht, dass die Seite mit der 2 oben liegt. Damit bietet der Spieler eine Verdopplung des Spielwerts an. Nimmt der Gegner an, erhöht sich der Einsatz (einfaches Spiel, Gammon oder Backgammon) auf das Zweifache. Der Würfel wird vor den annehmenden Spieler platziert, der damit fortan zum „Besitzer" des Verdopplungswürfels wird. Das bedeutet, dass nur er in weiterer Folge den Würfel einsetzen darf. Gesteigert wird unter Umständen auf 4, dann auf 8, 16, 32 bis 64, beim Online-Spiel sogar noch darüber hinaus.

25 %-Regel

Wann sollte man verdoppeln? Grundsätzlich selbstverständlich nur, wenn man einen Positionsvorteil oder einen Vorsprung im Rennen hat. Nicht zu vergessen ist auch, dass der Gegner als nunmehriger „Besitzer" des Verdopplungswürfels eine scharfe Waffe im Kampf um den Sieg bekommt. Der korrekte Einsatz des Verdopplungswürfels verlangt allerdings kleine Berechnungen, die sich ein guter Backgammon-Spieler keinesfalls ersparen kann. Hier zwei Grundprinzipien:

Nehmen Sie ein Verdopplungsangebot an, wenn Ihre Verlustchancen geringer als 3 zu 1 sind.
Verdoppeln Sie, wenn Ihre Gewinnchancen besser als 2 zu 1 sind.

Nun zur Erklärung dieser Grundprinzipien:
Sie nehmen an: Wenn Sie ablehnen, verlieren Sie sofort eine Einheit (–1). Akzeptieren Sie dagegen, riskieren Sie zwei Einheiten. Nehmen wir den Fall, dass vier identische Spiele abgewickelt werden, wobei Sie jedes Mal unmittelbar ablehnen: Resultat –4. Hätten Sie bei denselben vier Spielen immer angenommen und nur einmal tatsächlich gewonnen, ergäbe die Gewinn/Verlust-Rechnung +2/–6, total also ebenfalls –4. Ihr Verlustrisiko darf also höchstens 3 zu 1 betragen, wenn Sie das Verdopplungsangebot annehmen.

Sie verdoppeln: Wenn Sie nicht verdoppeln, werden Sie zwei von drei Spielen einfach gewinnen (insgesamt also +2/–1, total +1). Verdoppeln Sie dagegen, riskieren Sie jeweils zwei Einheiten. Bei drei absolut gleichen Spielen sieht die Gewinn/Verlust-Rechnung hier folgendermaßen aus: +4/–2, total +2. Sie haben also Ihren Gewinn deutlich erhöht. Es wäre daher geradezu ein schwerer Fehler, nicht zum Cube zu greifen.

Weshalb aber sollte nicht gleich bei leichtem Vorteil verdoppelt werden? Der Grund liegt in der Macht des Verdopplungswürfels. Wer ihn in Besitz hat, darf den Rest des Spiels sozusagen ohne zusätzliches Risiko abwickeln. Selbst bei gewaltigem Rückstand kann gelassen weitergespielt werden, denn die Gewinn/Verlust-Rechnung unterliegt der eigenen Kontrolle. Eine Ausnahme zu dieser strategischen Überlegung bieten gewisse besondere Matchsituationen, wie etwa ein Crawford-Spiel (↑ Glossar).

BEISPIEL: **Sollte Schwarz am Zug verdoppeln? Sollte Weiß annehmen?** 25 der 36 Würfe (alle ohne eine 1) gewinnen unmittelbar. Daher stehen die Chancen 2,2 zu 1. Nach obiger Regel ist Schwarz gut beraten, den Verdopplungswürfel aufzunehmen. Umgekehrt verliert Weiß weniger als 75 % der Partien in dieser Stellung. Er wird daher annehmen.

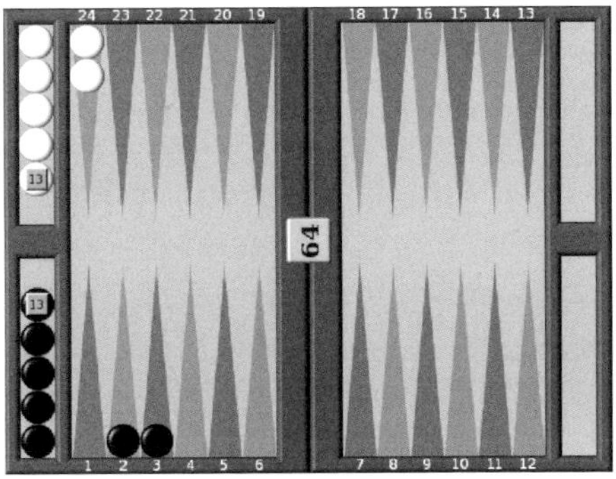

Der Besitz des Verdopplungswürfels erhöht Ihre Chancen (Erwartungswert/Equity) beträchtlich.

Position – Rennen – Drohung

Diese drei Faktoren sind eine gute Hilfe bei der Beurteilung einer Stellung hinsichtlich der Möglichkeit, zu verdoppeln und/oder das Angebot anzunehmen oder abzulehnen.

- **Position:** Eine mittlere Prime, gute Blockadepunkte, freie Renner, fehlende Blots – das alles macht eine gute Position aus.
- **Rennen:** Die Differenz in der Augenzahl ist ein entscheidender Faktor, abhängig auch vom vorhandenen oder fehlenden Kontakt zum Gegner.
- **Drohung:** Drohungen gegen ungeschützte Steine (Blots) oder ein mögliches Schließen eines Feldes (volle Prime) sind entscheidend für die Beurteilung einer Stellung.

Doppeln Sie, wenn Sie bei zwei der drei Faktoren vorne liegen. Passen Sie, wenn Sie ihre Position bei allen drei Faktoren als schlechter einschätzen.

Achten Sie auch auf die Gefahr eines Gammons. In diesem Fall zählt das Spiel ja vierfach (2 mal 2) – ein immenser Verlust.

Wahrscheinlichkeitenmix

Stehen auf dem Brett mehrere notwendige Aufgaben an, die alle mit bestimmter Wahrscheinlichkeit zu erledigen sind, müssen die Wahrscheinlichkeiten miteinander multipliziert werden. So verlangt es die Mathematik! Das alles wäre ja noch einfach, doch ist gerade das Abschätzen der Wahrscheinlichkeiten an sich eine Wissenschaft, die sich selbst dem Backgammonprofi nicht immer erschließt. An dieser Stelle kann ich Ihnen nur das statistische Rüstzeug aufzeigen.

BEISPIEL 1: Eine 90 %-Chance zur Erfüllung von Aufgabe A und eine 90 %-Chance für Aufgabe B ergeben für beides zusammen nur 81 %.

Was heißt das? Sie werden nur bei 4 aus 5 Würfen beide Aufgaben erledigen können. Berücksichtigen Sie dies bei Ihrer Entscheidung.

BEISPIEL 2: 55 %-, 70 %-, 95 %- und 60 %-Erwartungen für vier voneinander unabhängige Teilaufgaben ergeben für das Gesamtziel lediglich 22 %. Dies können Sie leicht mit mit Ihrem Taschenrechner überprüfen! Oftmals ist das zu wenig, vor allem im Falle eines Verdoppelns! Bitte rechnen Sie daher genau – denn hier werden Matches gewonnen oder verloren.

Gammon-Chance

Ein Spezialfall sind Situationen, in denen ein Spieler eine gute Chance auf ein Gammon hat. Sollte er in diesem Fall verdoppeln? Die Antwort lautet überraschenderweise: **keinesfalls**. Der Grund liegt darin, dass der Gegner augenblicklich ablehnen wird (eng. doubling out) – und Sie das Spiel damit nur einfach gewinnen. Lassen Sie dagegen den Cube unberührt liegen, werden Sie manche dieser Spiele doppelt gewinnen.

AUSNAHME zu dieser Überlegung: In Money Games ist gemäß der Jacoby-Regel (↑ Glossar) nur dann ein Gammon-Gewinn möglich, wenn zuvor der Dopplerwürfel gedreht wurde.

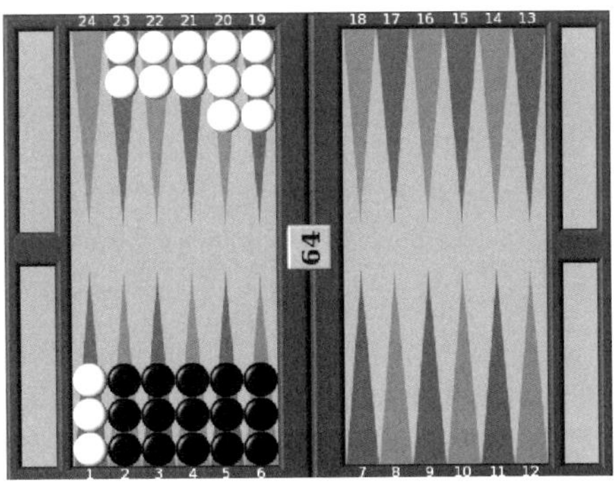

Gegen einen Anker auf dem 1-Punkt sollte man immer auf Gammon spielen. Vielleicht werden Sie nach unten stehender Faustregel fragen, warum auch dann ein Gammon angestrebt wird, wenn dieser Anker nur aus zwei Steinen besteht. Die Gammon-Chance ist damit ja nicht doppelt so hoch wie die Zahl der Verlustpartien? Ganz einfach, der Verdopplungswürfel steht Ihnen immer noch zur Verfügung, sollte sich die Position entscheidend verschlechtern. Und dieser Verdopplungswürfel macht den großen Unterschied aus!

> Faustregel: Verzichten Sie auf das „Ausdoppeln“, wenn Sie mit mehr als 50 % Wahrscheinlichkeit zwei Gammons für jede Verlustpartie gewinnen.

Tabelle 11: Gammon-Verlust-Rate – Anker auf dem 1-Punkt

Steine	Gammon	Backgammon	Verlust
1	3 %	0 %	5 %
2	15 %	1 %	11 %
3	32 %	3 %	14 %
4	47 %	8 %	16 %
5	55 %	12 %	14 %

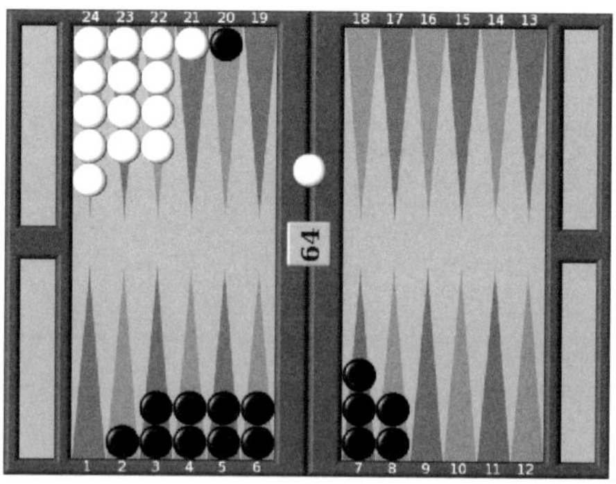

BEISPIEL: **Schwarz wirft 61 – wie sollte er ziehen?** Eine andere Strategie zum Gammon sieht vor, einen zweiten gegnerischen Stein zu schlagen. Dies funktioniert nur dann, wenn eine volle 6er-Prime aufgebaut wurde. Im Diagramm sähe die korrekte Spielweise für den Wurf 61 daher so aus: 7/1 20/19. Der Gegner ist klarer Favorit auf einen Treffer auf dem 1-Punkt oder 2-Punkt. Und mit etwas Glück kann im Gegenschlag der zweite Blot auf dem 21-Punkt erobert werden. Sollte dies nicht gelingen, kann Schwarz immer noch verdoppeln und damit den Gegner nur Aufgabe zwingen.

Geschlossenes Feld

Eine volle Prime im Heimfeld wird in der Fachsprache als geschlossenes Feld bezeichnet. Wenn es Ihnen gelingt, gegnerische Steine hinter einem geschlossenen Feld einzusperren, hängt ein **Verdoppeln** von **vier Faktoren** ab:

- der Zahl der Steine auf der Bar
- der Zahl der bereits abgetragenen Steine des Gegners
- der Punkte, die von den restlichen gegnerischen Steinen besetzt werden
- der Position der drei frei verfügbaren eigenen Steine

Doppeln Sie, wenn der Gegner nicht mehr als 5 Steine abgetragen hat (der Gegner sollte annehmen).
Passen Sie auf ein Verdopplungsangebot, wenn Sie nur 4 Steine abgetragen haben.
Doppeln Sie Ihrerseits mit einem Stein auf der Bar, wenn Sie bereits 11 Steine abgetragen haben (der Gegner sollte annehmen).

1 Stein ausgesperrt:

BEISPIEL: **Sollte Schwarz am Zug verdoppeln? Sollte Weiß annehmen?** Ja, die Situation ist ein klares Doppeln und Annehmen. Ein sechster abgetragener Stein würde bedeuten, dass Schwarz auf das Verdoppeln verzichtet. Bei nur vier abgetragenen Steinen dagegen würde Weiß nicht annehmen. Die Ersatzsteine auf den hohen Punkten bieten eine optimale Voraussetzung für das Abtragen, was die Entscheidung noch klarer macht.

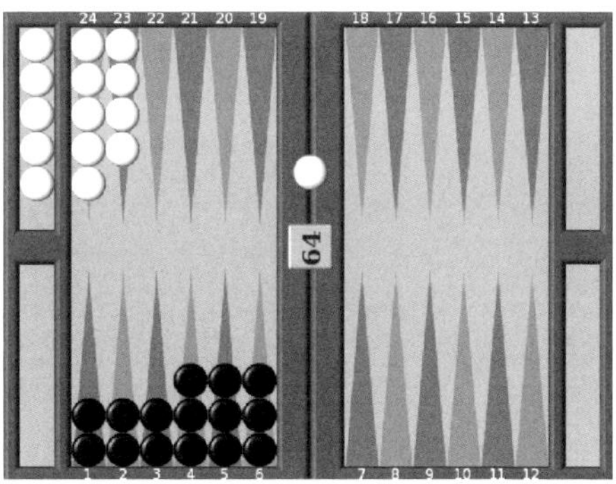

2 Steine ausgesperrt:
Hier sollte das Verdopplungsangebot auch dann gemacht werden, wenn bereits 10 Steine abgetragen wurden. Der Gegner sollte passen. Bei 11 Steinen dagegen ist das Verdoppeln optional. Der Gegner wird immer annehmen.

Gammon-Chance:
Hat der Gegner noch keinen einzigen Stein abgetragen, besteht die Möglichkeit, ein Gammon zu machen. Daher sollte zunächst nicht verdoppelt werden, um dem Gegner nicht ein simples Passen zu erlauben. Die Gammon-Chance hängt fast ausschließlich von der Zahl der ausgesperrten Steine ab. Die Verteilung der eigenen Ersatz-Steine und das gegnerische Feld spielen dagegen eine untergeordnete Rolle.

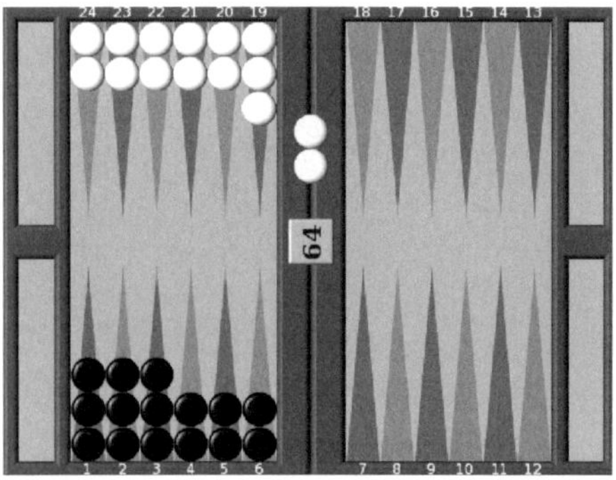

In diesem Beispiel führen über 43 % der Spiele zu einem Gammon, etwa 1 % zu einem Backgammon.

Tabelle 12: Gammon-Backgammon-Verlust-Rate – Steine auf der Bar

Steine	Gammon	Backgammon	Verlust
1	4 %	0 %	2,3 %
2	43 %	1 %	5,2 %
3	71 %	8 %	5,7 %
4	65 %	22 %	6,1 %
5	43 %	42 %	6,7 %

Zählen von Augen

Zu Beginn des Spiels sind beide Seiten exakt 167 Punkte vom Spielgewinn entfernt. Wenn Sie ausschließlich mit dem PC online spielen, wird der Pip Count, wie der offizielle Ausdruck für das Zählen der notwendigen Augen heißt, vom Computer erledigt. So weit, so gut.

Über dem Brett jedoch muss gezählt werden. Dafür gibt es zahlreiche ausgeklügelte Systeme, die alle nur dann sinnvoll sind, wenn Sie sehr häufig und mit viel Routine spielen. In diesem Buch möchte ich Ihnen zunächst die direkteste Methode, dann noch das elegante Cluster Counting vorstellen.

Augenzahl: Zahl der Steine auf einem Punkt x Entfernung eines Steins vom Ziel.

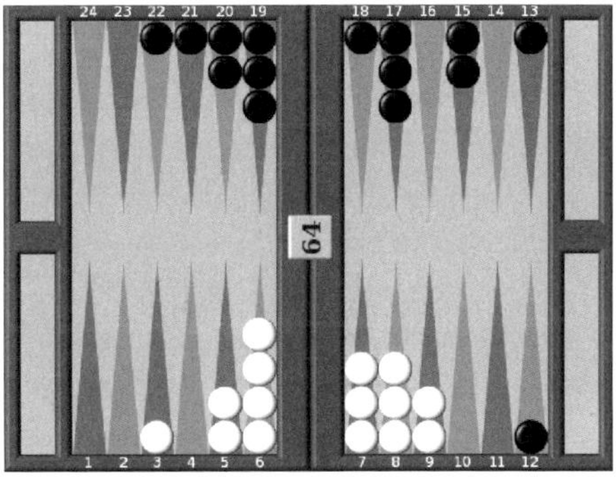

Schwarz: 1x3 + 1x4 + 2x5 + 3x6 + 1x7 + 3x8 + 2x10 + 1x12 + 1x13 = 111 Augen
Weiß: 1x3 + 2x5 + 4x6 + 3x7 + 3x8 + 2x9 = 100 Augen
Dennoch müssen Sie erst richtig abschätzen, was dieser Augenvorsprung bedeutet (wie weit Sie also vorne oder hinten liegen) und wann es günstig ist, den Verdopplungswürfel zu drehen. Hier eine erste Hilfe:

Die Durchschnittszahl der Augen in einem Wurf ist 8,15.

Sie werden vielleicht fragen: Warum nicht 7, die Zahl, die den gegenüberliegenden Seiten des Würfels entspricht? Die simple Antwort: Dubletten müssen mitgerechnet werden. Wenn Sie also 20 Punkte hinten liegen, entspricht dies etwa 2½ Würfen.

Cluster Counting***

Eine wahrlich gute Methode, das Zählen schnell und energiesparend zu bewältigen, stammt vom New Yorker Profi Jack Kissane. Er nennt diese zauberhaft elegante Zählweise **Cluster Counting**. Dabei wird mit Referenzpositionen gearbeitet, die mit wenigen Ausnahmen alle durch 10 teilbar sind. Um schnell und sicher mit diesem Zählsystem umgehen zu können, ist zweifellos einige Übung notwendig. Doch macht sich dieser Aufwand im Spiel über dem Brett mehr als bezahlt, selbst wenn Sie sich nur mit einem Teil der Positionen vertraut machen. Falls Sie ausschließlich mit dem Computer spielen, können Sie dieses Kapitel überspringen. Die modernen Programme zeigen den Pip Count an.

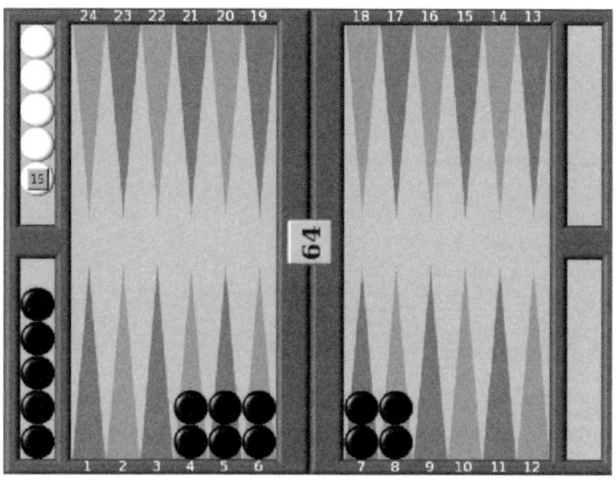

5-Prime: Schwarz 60

Der Mittelpunkt einer jeden 5-Prime, mit 10 multipliziert, ergibt den Pip Count dieses Clusters aus zehn Steinen (6 x 10 = 60).

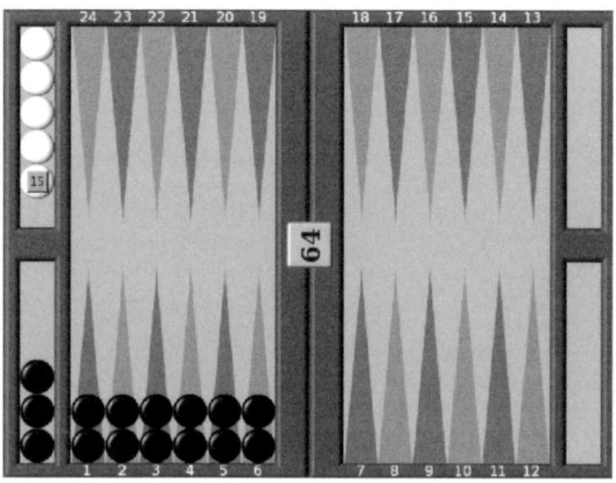

Geschlossenes Board: Schwarz 42

Eine 5-Prime (hier mit 4 als Mittelpunkt) mit zwei zusätzlichen Steinen (auf dem 1-Punkt) ergibt den Augenwert des geschlossenen Feldes.

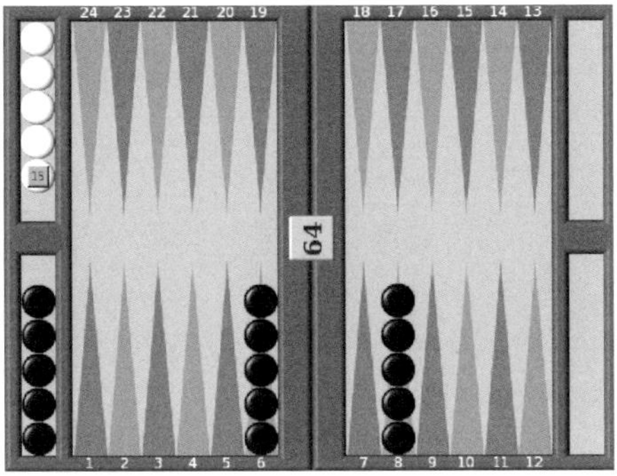

Zwei Fünferblocks
6-/8-Punkt:
Schwarz 70

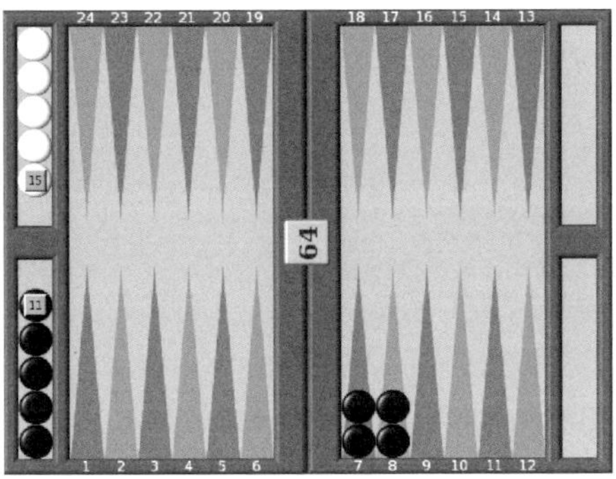

Steinecluster
auf den 7-/8-Punkten:
Schwarz 30

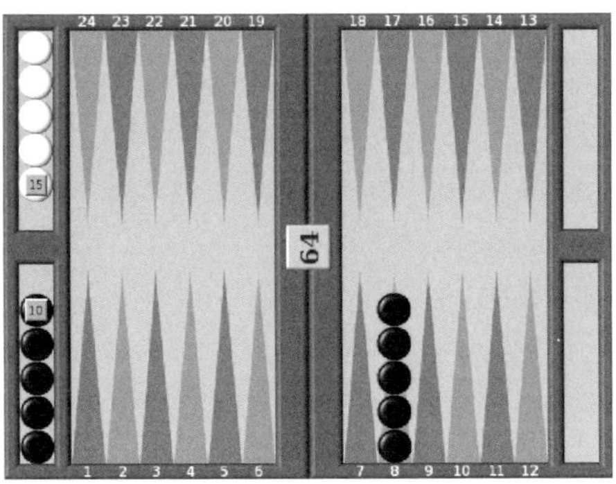

Fünf Steine
auf dem 8-Punkt:
Schwarz 40

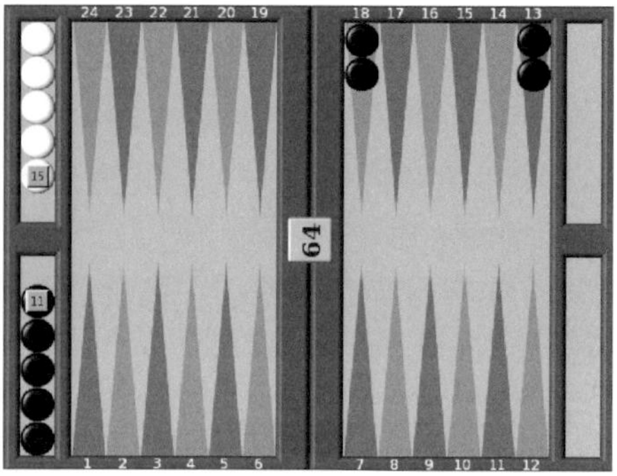

**Zwei Steine
Bar-Punkt/Mittelpunkt:
Schwarz 62**

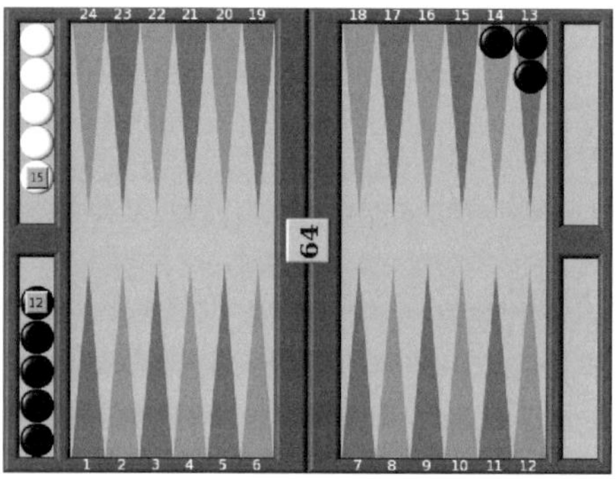

**Zwei Steine auf dem
Mittelpunkt/ein Stein
auf dem 14-Punkt:
Schwarz 40**

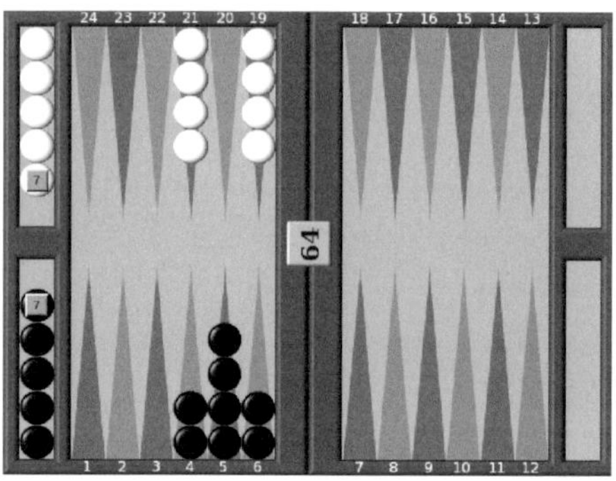

**Schlüsselpunkt –
5-Punkt:
Schwarz 40/Weiß 40**

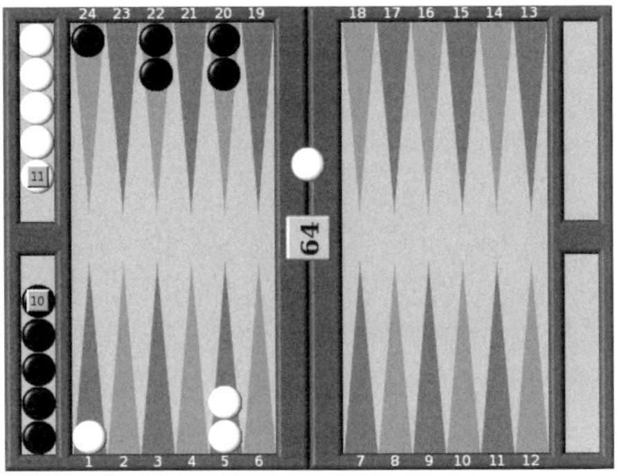

Schlüsselpunkt – gegnerischer 20-Punkt: Schwarz 108/ Weiß 89

Alle Heimfeldsteine können imaginär auf den 5-/ 20-Punkt gesetzt werden.
Schwarz: 5x20 + 8 = 108
Weiß: 4x20 + 9 = 89

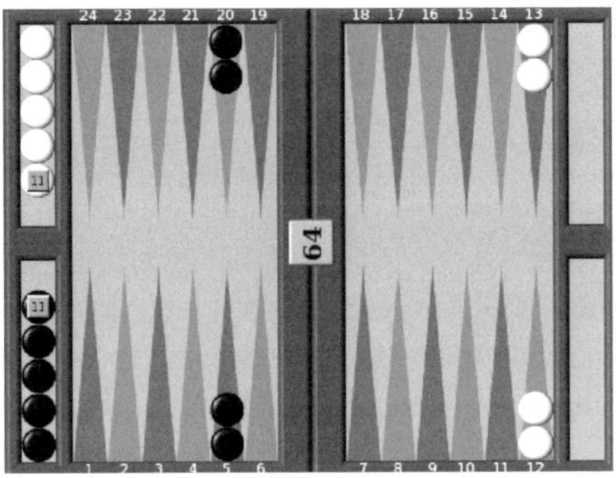

Spiegelpositionen – Cluster-A 4 Steine Schwarz 50/ Weiß 50

Zwei Steine, die sich direkt gegenüberstehen, haben immer einen Pip Count von 25.
Schwarz: 2x (20 + 5) = 50
Weiß: 2x (12 + 13) = 50

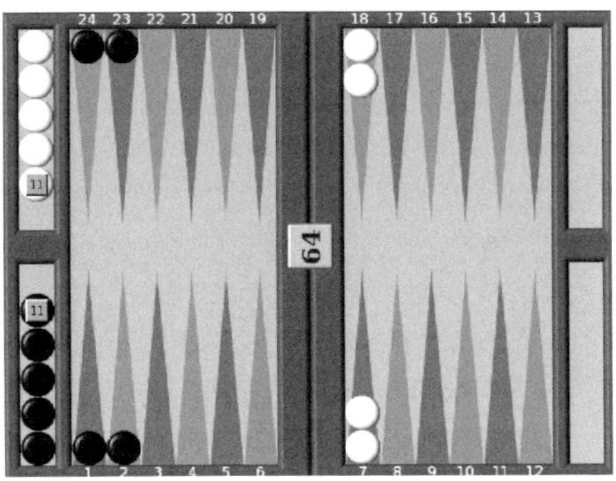

Spiegelpositionen – Cluster-B 4 Steine Schwarz 50/ Weiß 50

Zwei Steine, die sich direkt gegenüberstehen, haben immer einen Pip Count von 25.
Schwarz:
(24 + 1) + (23 + 2) = 50
Weiß: 2x (18 + 7) = 50

Diese beiden Referenzdiagramme erfordern intensive Übung, will man sie schnell und verlässlich nachvollziehen. Dennoch helfen sie Ihnen, eine Idee von Kissanes Pip Count zu bekommen.

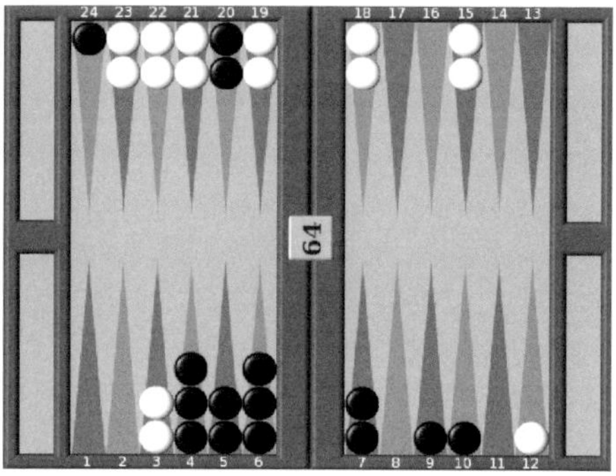

Mentales Verschieben:
Schwarz 137/Weiß 121
Schwarz bildet 3 Cluster:
40 (8 x 5) + 33 (30 + 3) + 64 (60 + 4)
Weiß bildet 3 Cluster:
44 (8 x 5 + 4) + 33 (3 x 10 +3) + 44 (40 + 4)

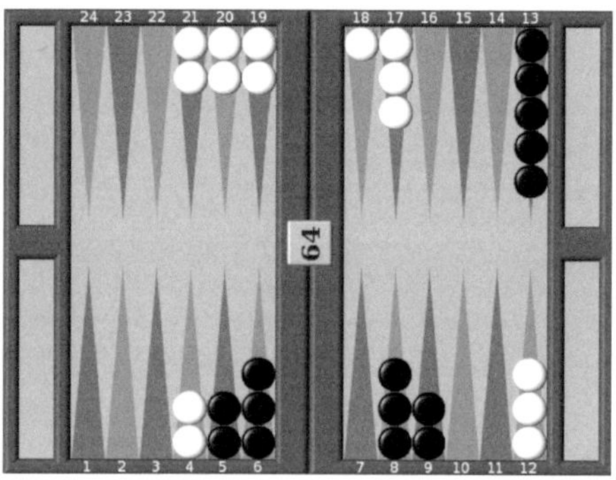

Mentales Verschieben – zwei Richtungen:
Schwarz 135/Weiß 142
Schwarz bildet eine 5-Prime mit dem Mittelpunkt 7 = 70 Augen, dazu 5 x 13 = 65.
Weiß bildet eine 5-Prime mit dem Mittelpunkt 6 = 60 Augen (Verschiebung) +1, dazu 2 x 20 + 2 = 42 sowie 39

10 %-Regel für eine Verdopplung

Allgemein gesprochen sollten Sie in einem Rennen (ohne Kontakt) immer dann verdoppeln, wenn die Differenz zwischen den beiden Pip Counts 10 % oder mehr von Ihrem Wert beträgt.
Beispiel: 100 zu 111 spricht für eine sofortige Verdopplung, ebenso 90 zu 100.

12 $^1/_2$ %-Regel für eine Annahme

Wieder kann hier nur eine generelle Richtlinie gegeben werden. Wenn Ihr Rückstand nicht mehr als 12½ % (auf den Führenden) beträgt (das entspricht einem Achtel), sollten Sie annehmen.
Beispiel: 100 zu 111 wird sofort angenommen, ebenso 90 zu 100.

Nur exaktes Abzählen der Augen erlaubt korrekte Verdopplungen.

Adaptionen

CROSSOVER: Das Überschreiten eines Feldes (Quadranten) wird in der Fachsprache als Crossover bezeichnet. Da erst abgetragen werden darf, wenn alle Steine im Heimfeld stehen, verlangen diese Crossovers eine kleine Adaptionen der obigen 10%- bzw. 12½%-Regeln. Allerdings sind die Crossovers nach neuesten Analysen weniger bedeutend als früher immer angenommen.

- Pro Extrastein **außerhalb des Heimfelds** einen halben Punkt zur Augenzahl dazu zählen

ÜBERLADUNG: Die Überladung eines einzelnen Punktes mit zu vielen Steinen bedeutet ebenfalls eine Einschränkung beim Wettlauf um das Brett. Der Grund liegt einfach darin, dass nicht immer direkt abgetragen werden kann, sondern manche Würfe für Züge innerhalb des Heimfelds verwendet werden müssen, bzw. dass hohe Würfe für niedrige Punkte „vergeudet" werden (etwa ein 6er-Wurf für Steine auf dem 1-Punkt oder 2-Punkt).

- Pro Extrastein über 2 auf dem **1-Punkt:** zwei Punkte zur Augenzahl zählen
- Pro Extrastein über 2 auf dem **2-Punkt:** einen Punkt zur Augenzahl zählen
- Pro Extrastein über 5 auf jedem **weiteren Punkt:** einen halben Punkt zur Augenzahl zählen

LÜCKEN: Der dritte einschränkende Faktor sind Lücken im Heimfeld. Hier ist es entscheidend, wo diese Lücken auftreten. Die Daumenregel lautet folgendermaßen:

- Lücke am **4-Punkt:** 4 Punkte zur Augenzahl zählen
- Lücke am **5-Punkt:** 3 Punkte zur Augenzahl zählen
- Lücke am **3-Punkt:** 2 Punkte zur Augenzahl zählen
- Lücke am **2-Punkt:** 1 Punkt zur Augenzahl zählen

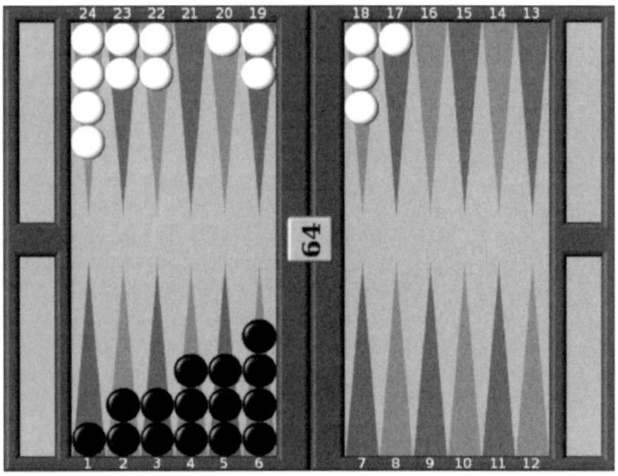

BEISPIEL: **Sollte Schwarz am Zug verdoppeln? Sollte Weiß annehmen?** Schwarz zählt exakt 62 Augen, ohne Abzüge wegen Überladung, Lücken oder Crossovers. Weiß hat einen Pip Count von 60, muss jedoch vier Crossovers einrechnen (2 Augen), zwei Extrasteine auf dem 1-Punkt (4 Augen) sowie eine Lücke auf dem 4-Punkt (wieder 4 Augen). Das ergibt insgesamt einen Pip Count von 70. Da dies mehr als 12½ % von 62 ausmacht, sollte Schwarz verdoppeln und Weiß passen.

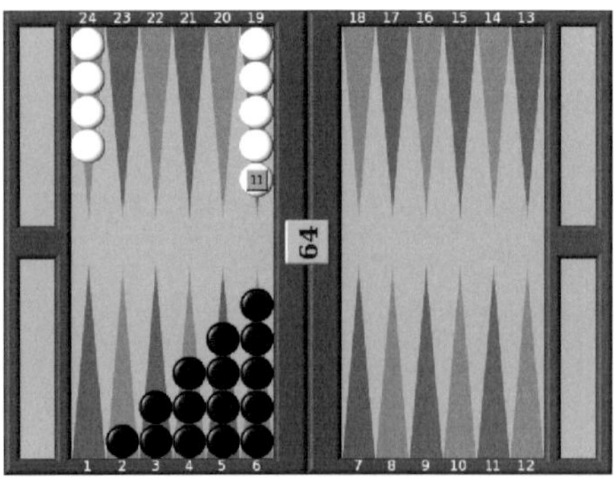

Das goldene Dreieck

Eine extreme Verteilung der Steine im Heimfeld zeigt dieses Diagramm.

Beide Spieler haben einen Pip Count von 70 – und dennoch sollte Schwarz am Wurf verdoppeln und Weiß ablehnen. Der Grund: obige Verteilungsproblematik. Schwarz weist mit dem „Goldenen Dreieck“ eine optimale Verteilung für alle 15 Steine auf, mit 4 ⅔ Augen pro Stein. Effizienter geht es nicht. Jeder Wurf wird, da ja im Schnitt auf Grund der Dubletten 8½ Augen (und nicht 7) fallen, optimal genutzt. Weiß dagegen hat eine extrem ungünstige Verteilung und wird in dieser Stellung nur knapp 20 % der Partien gewinnen.

Alle hier vorgeschlagenen Regeln und Orientierungshilfen bauen auf den Ergebnissen der hervorragenden, modernen Computerprogramme auf, mit denen in Tausenden von Versuchen die Stärken und Schwächen von Stellungen ausgetestet wurden.

Erwartungswert – Equity***

Die Berechnung der Equity, des Erwartungswerts, dient der optimalen Zugfindung in einer beliebigen Stellung. Dabei werden alle Positionen, die mit dem vorliegenden Wurf erreichbar sind, berechnet und mit einem Erwartungswert versehen. Der Zug, der zur Stellung mit der höchsten Equity führt, ist gemäß der Wahrscheinlichkeitsrechnung (fast immer) der beste.

Am Beginn eines Spiels, vor dem allerersten Wurf, stehen die Chancen für beide Spieler exakt gleich. Die Wahrscheinlichkeit für einen bestimmten Spielausgang – in diesem Kapitel fortan mit dem Fachbegriff Equity bezeichnet – ist ±0, das heißt, wir schulden in einem Money Game nichts, wir haben aber auch keine Zahlungen zu erwarten. Mit jedem Wurf allerdings ändert sich das Bild, fluktuiert dieser Erwartungswert für den Spielgewinn bzw. -verlust: Die Equity pendelt zwischen +3 (vor dem allerletzten sicheren Wurf zum Backgammon-Gewinn) und −3 (Backgammon-Verlust). Der Verdopplungswürfel wird in diese Betrachtung nicht einbezogen.

Vielleicht können Sie sich das so vorstellen: Angenommen, eine Partie um Geld muss – aus welchem Grund auch immer – zu einem bestimmten Zeitpunkt abgebrochen werden. Wie sollte der Einsatz der Spieler verteilt werden? Die Antwort: exakt entsprechend dem **Erwartungswert** (der **Equity**) im Moment des Spielabbruchs.

Der Wermutstropfen: Eine genaue Berechnung des Erwartungswerts für das Spiel ist über dem Brett selbst für Meister des Backgammons unmöglich. Hier müssen allgemeine Richtlinien, Erfahrung und Intuition herhalten. Und gerade dies macht ja die Faszination des Backgammons aus.

Einflussfaktoren

Der Erwartungswert für einen Spielausgang hängt im modernen Backgammon sehr stark von zwei Faktoren ab: vom **Besitz des Verdopplungswürfels** und von der Wahrscheinlichkeit, ein **Gammon** (oder gar **Backgammon**) zu erreichen. Beim Verdopplungswürfel gibt es drei Möglichkeiten: Der Würfel liegt auf der Bar, Sie besitzen den Würfel, oder der Gegner hält den Verdopplungswürfel. Der Unterschied ist im praktischen Spiel gewaltig.

The doubling cube holds the key to being a winner or a loser. (Paul Magriel) (Der Verdopplungswürfel ist [beim Backgammon] der Schlüssel zum Gewinn oder Verlust.)

Außerdem muss zwischen einem **Money Game** und dem sogenannten **Match Play** unterschieden werden. Letzteres ist wesentlich fordernder, da der jeweilige Spielstand eine eigene Equity mit sich bringt.

Berechnungsbeispiele

Wie bereits gesagt, dürfen Sie sich beim Lesen dieses Abschnitts nicht verunsichern lassen. Die folgenden Beispiele sind nur als Denkanstoß gedacht, sie sind keinesfalls die Voraussetzung, ein guter Spieler zu werden. Aber ich möchte Ihnen einen kleinen Einblick in die Wahrscheinlichkeitsberechnungen der Backgammon-Profis geben.

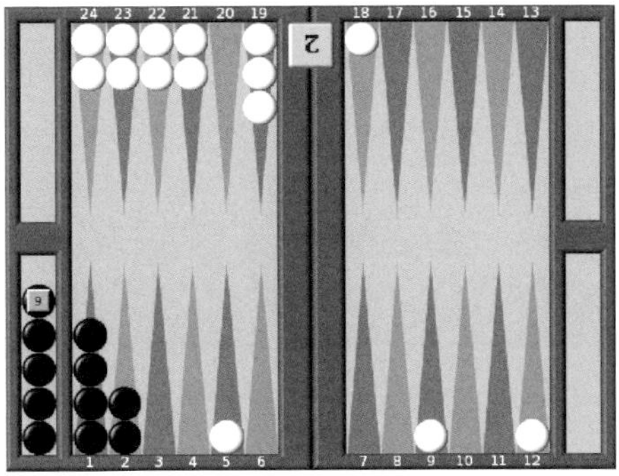

Beispiel 1:
In diesem Beispiel, das simpel zu berechnen ist, steht die Equity für Schwarz auf +2, für Weiß auf −2. Das heißt, Schwarz gewinnt mit absoluter Sicherheit ein Gammon. Gemeint ist der Erwartungswert, ohne dass der Cube in Betracht gezogen wird. Da dieser auf 2 steht, muss das Spielergebnis ja noch verdoppelt werden.

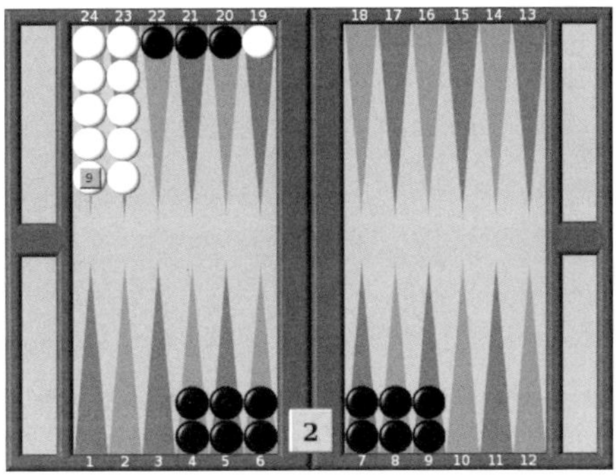

Beispiel 2: Schwarz hat exakt 27 Schüsse, um den einzelnen Blot des Gegners zu treffen.
Gelingt der Wurf, wird Schwarz verdoppeln und Weiß das Spiel abbrechen. Verfehlt Schwarz dagegen, hat Weiß gute Chancen auf ein Gammon, falls Schwarz nicht eine Dublettenserie gelingt oder Weiß nach einem unglücklichen 21-Wurf doch noch geschlagen wird. Es hängt also alles an einem einzigen Wurf – von einem einfachen Spielgewinn für Schwarz bis zum Gammon für Weiß.

Drei isolierte Steine in Serie bringen 11 + 9 + 7 Möglichkeiten zum Wurf auf einen davorstehenden Blot.

Es gibt verlässliche Tabellen für eine **Gammon-Wahrscheinlichkeit** bei gleicher Zahl von Crossovers:

Tabelle 13: Crossovers & Gammon-Wahrscheinlichkeiten

Crossovers	**6 u. 6**	**8 u. 8**	**10 u. 10**	**12 u. 12**
Gammons	80 %	75 %	71 %	68 %

Bei gleicher Zahl von Crossovers wird der Spieler, der nicht am Zug ist, mit den hier angeführten Wahrscheinlichkeiten einen Gammon-Verlust in Kauf nehmen müssen. Hat der Spieler am Wurf einen Crossover-Vorsprung, verdoppeln sich seine Chancen auf ein Gammon.
Wie kann nun die Stellung im Diagramm im Falle eines schwarzen Fehlwurfs berechnet werden? Angenommen, Weiß macht zu 90 % ein Gammon, mit 10 % einen einfachen Sieg. Das ergibt folgende Equity: 1,8 + 0,1 = 1,9 für ein Spiel. Wenn wir nun 36 Würfe/Spiele als Berechnungsbasis nehmen (es gibt bei jedem Wurf 36 mögliche Ergebnisse), sieht das Ganze so aus:
27 Treffer für Schwarz = 27/–17,1 für Weiß (Schwarz trifft 9-mal nicht, daher 9 x –1,9).
Schwarz gewinnt daher: 27 – 17,1 = 9.9 Punkte in 36 Spielen / 9,9 durch 36 = 0,28. Da Schwarz den Verdopplungswürfel besitzt, muss dieser Wert verdoppelt werden: Equity = 0,56.
Rollouts mit Spitzenprogrammen haben diese Berechnungen bestätigt: Equity 0,58.

Dies ist die Hohe Schule der **Equity-Analyse**, die Sie jedoch nicht unbedingt beherrschen müssen, selbst als guter Spieler.

Match Play-Tabellen/MET (Match-Equity-Tabelle)

Die Königin unter den Spielformen des Backgammons ist zweifellos das Match Play. Gespielt wird auf eine vorher vereinbarte Zahl von Punkten. Anders als beim Money Game wird hier der Experte enorm in Vorteil sein, da er seine Entscheidungen beim Verdoppeln vom jeweiligen Spielstand abhängig machen kann. Dem Amateur bleibt dieses Mittel verborgen, und damit häufen sich falsche Entscheidungen, je länger ein Match dauert. Da im Turnierbackgammon auch keine Aufzeichnungen erlaubt sind (ganz im Gegensatz etwa zu Schach, wo die Züge notiert werden müssen), die Spieler keine Computerprogramme zur Verfügung haben und nicht einmal Tabellen verwendet werden dürfen, fordert das Turnierspiel sehr viel Erfahrung und Gefühl.

5-Punkt-Matches:

Da bei **Online-Spielen** häufig **Matches über 5 Punkte** gespielt werden, ist es für ein etwaiges Verdoppeln wichtig, die Chancen bei bestimmten Spielständen zu kennen. Bei der folgenden Tabelle wird von einer annähernd gleichen Spielstärke der Spieler ausgegangen. Gammon-Resultate werden nicht einbezogen:

Tabelle 14: Chancenverteilung 5-Punkte-Match

0-0 50%	0-1 42%	0-2 34%	0-3 25%	0-4 15%
1-0 58%	1-1 50%	1-2 41%	1-3 32%	1-4 17%
2-0 66%	2-1 59%	2-2 50%	2-3 40%	2-4 25%
3-0 75%	3-1 68%	3-2 60%	3-3 50%	3-4 30%
4-0 85%	4-1 83%	4-2 75%	4-3 70%	4-4 50%

11-Punkt-Matches:

Bereits seit den achtziger Jahren des letzten Jahrhunderts gibt es sehr brauchbare professionelle Equity-Tabellen für Matches jeder beliebigen Länge. Eine 11er-Tabelle reicht jedoch für das praktische Spiel völlig aus, da die kritischen Entscheidungen ohnehin erst gegen Ende eines Matches fallen, wenn die Spieler nur mehr wenige Punkte vom Gewinn entfernt sind. Wichtig bei diesen Tabellen ist der veranschlagte Anteil der Gammons, die bis zum Ende der Serie erreicht werden. In der folgenden, durch Testserien des Computerprogramms *Snowie* bestätigten Tabelle gehen wir von 25 % Gammon-Spielen aus. Links und oben stehen die Punkte, die jeder der beiden Spieler benötigt, um das Match zu beenden. Beispiel: Steht das 11-Punkte-Match

8 zu 6, benötigt der eine Spieler noch 3 Punkte, der andere 5. Die Tabelle zeigt die **Matcherwartung**: 65 % zu 35 %.

Tabelle 15: Chancenverteilung 11-Punkte-Match – Gammon-Anteil von 25 %

	1PC	1CR	2	3	4	5	6	7	8	9	10	11
1PC	50	k.E.	51	69	70	82	83	89	90	94	94	96
1CR	k.E.	k.E.	69	75	82	85	89	91	94	95	96	97
2	49	31	50	60	67	74	80	84	87	90	92	94
3	31	25	40	50	57	65	71	76	80	84	87	89
4	30	18	33	43	50	58	64	70	74	78	82	85
5	18	15	26	35	42	50	57	62	67	72	76	80
6	17	11	20	29	36	43	50	56	61	66	71	75
7	11	9	16	24	30	38	44	50	55	61	65	69
8	10	6	13	20	26	33	39	45	50	55	60	65
9	6	5	10	16	22	28	34	39	45	50	55	59
10	6	4	8	13	18	24	29	35	40	45	50	55
11	4	3	6	11	15	20	25	31	35	41	45	50

Die wichtigste Spalte ist die mit **1CR** überschriebene (ein Spieler ist einen Punkt vom Matchgewinn entfernt; es handelt sich um ein Crawford-Spiel). Die Prozent-Erwartungen für einen Spielgewinn Ihres Gegners sollten Sie jederzeit im Kopf haben: **3 4 5 6 9 11 15 18 25 31 %**.

Denken Sie immer an die Punkte, die zum Matchgewinn noch fehlen, nicht an den Spielstand.

Match Play – Verdoppeln

Entscheidend ist auch die Tatsache, ob wir ein **Crawford-Spiel** machen (in dem Verdoppeln nicht erlaubt ist) oder ein Verdoppeln den Regeln nach jederzeit droht (**Post-Crawford Game**, in der Tabelle **PC**). Im Crawford wären bei einem Spielstand 10 zu 9 zwei Spiele bzw. ein Gammon nötig. Handelt es sich dagegen um kein Crawford-Spiel, wird der hinten liegende Spieler höchstwahrscheinlich verdoppeln und damit fast die gleichen Gewinnchancen haben. Die mathematischen Gründe dafür, dass die Equity hier nicht exakt gleich ist, brauchen Sie für die Anwendung der obigen Tabelle nicht zu kennen. Für diese Informationen müssen Sie Spezialbücher heranziehen.

Im folgenden Spiel kann das **Verdopplungsverhalten** gut gezeigt werden:
Schwarz liegt 9-10 zurück. Da wir das Crawford-Spiel bereits hinter uns haben, wird Schwarz sofort verdoppeln. Sollte Weiß annehmen? Nein, denn er wäre der Außenseiter. Weiß passt, es steht 10-10, und die Entscheidung wird in einem neuen Anlauf auf eine Fifty-Fifty-Chance vertagt. Anders sähe es beim Spielstand 8-10 aus. Auch hier wird Schwarz verdoppeln, Weiß jedoch auch als Außenseiter annehmen, da ja keine Gammongefahr droht. Schwarz benötigt daher höchstwahrscheinlich dieses und ein weiteres Spiel zum Gewinn.

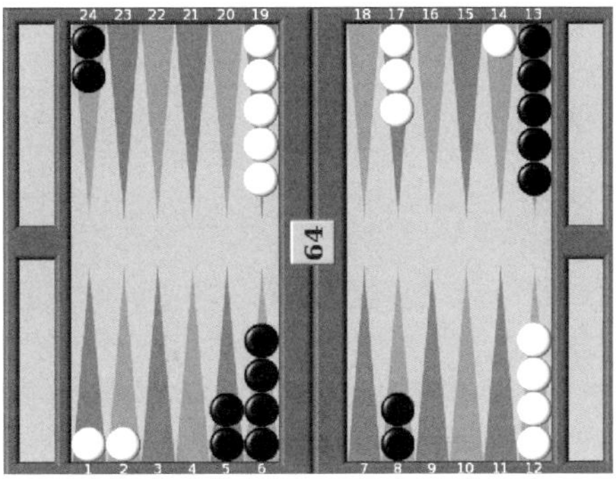

Hier sieht die Sache beim Spielstand 8–10 anders aus. Schwarz sollte verdoppeln, Weiß trotz der fünf abgetragenen Steine passen. Seine Verteilung im Feld ist nicht optimal, und die Gefahr eines Gammons ist damit eindeutig zu groß.

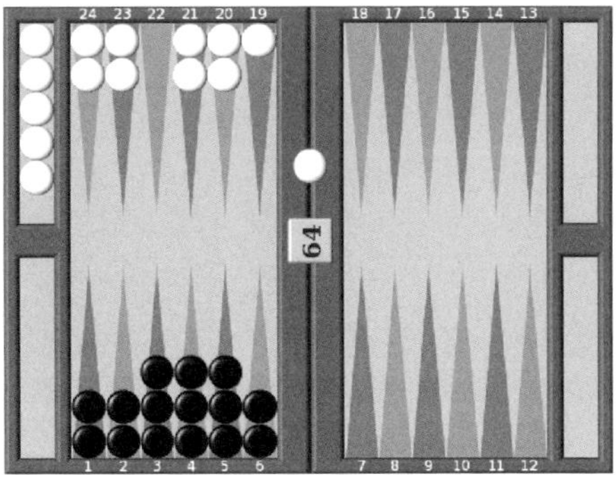

Match Play – Allgemeine Richtlinien

Korrektes Match Play ist eine Sache der Erfahrung. Doch es gibt einige allgemeine **Richtlinien**, die auch einem Anfänger einige schmerzliche Niederlagen ersparen können:

- Spielen Sie eher aggressiv auf ein frühes Verdoppeln hin, wenn Sie nur mehr **4 Punkte** zum Matchgewinn benötigen.
- Machen Sie einen Anker auf dem 5-Punkt (oder 4-Punkt) mit einem folgenden Positionsspiel, wenn der Gegner nur mehr **4 Punkte** zum Matchgewinn braucht.
- Mit nur **2 Punkten** zum Match sollten Sie auf ein Gammon spielen, nicht jedoch verdoppeln. Ausnahme: Auch der Gegner benötigt nur mehr 2 Punkte.
- Falls der Gegner nur mehr **2 Punkte** zum Match benötigt, sollten Sie eher früh als spät verdoppeln, da Sie damit einen „toten Verdopplungswürfel" (eng. dead cube) weitergeben und ein Gammonspiel unwirksam werden lassen.
- Wenn Sie den **Verdopplungswürfel** besitzen, sollten Sie ein Rennspiel anstreben. Sie müssen sich in diesem Rennen um Gammons kaum Sorgen machen. Außerdem sind die Equity-Berechnungen relativ einfach.
- Spielen Sie ca. **90 %** Ihrer Steine gemäß der Stellung auf dem Brett, unabhängig vom Matchspielstand.
- Wird die Entscheidung über **Verdoppeln/Nichtverdoppeln** bzw. **Passen/Annnehmen** eng, sollten Sie die Spielstärke des Gegners berücksichtigen. Vermeiden Sie Redoubles eines unerfahrenen Gegners, um nicht einem Glückstreffer zum Opfer zu fallen.
- Hindern Sie Ihren Gegner am Erreichen einer **2-, 4-, 6- oder 8-Punkte**-Entfernung vom Matchgewinn. Ungerade Entfernungen können Sie dagegen zulassen.

Ausdrücklich sei an dieser Stelle betont, dass Sie sich keinesfalls nur sklavisch an Richtlinien, Merksätze und „Goldene Regeln" halten, sondern möglichst früh Ihr Spielgefühl und Ihre eigenen Erfahrungen zum Tragen bringen sollten. Backgammon lebt, wenn man es erlebt!

Money Game – Vergleichszahlungen

Beim Money Game kann es leicht vorkommen, dass ein an sich von beiden Seiten gut geführtes Spiel letztlich von einem Zufallswurf entscheidend beeinflusst wird. Dadurch kann eine Partie völlig in die eine oder andere Richtung kippen. Sind sich beide Spieler einig, dass sie eine faire Vergleichszahlung bei vorzeitigem Spielabbruch einem Glückswurf vorziehen, können sie die folgende einfache Berechnungsformel anwenden:

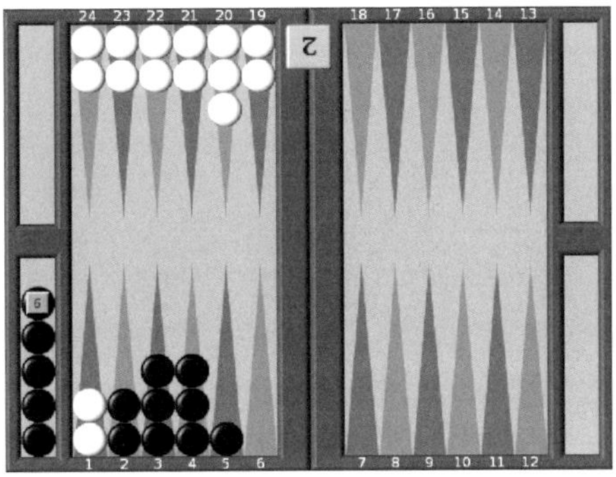

Im Diagramm war Ihr letzter Wurf 54. Damit haben Sie einen Blot stehen gelassen. Wird dieser getroffen, kippt das Spiel, sonst stehen Sie vor einem sicheren Gewinn.

Wie können Sie eine faire Vergleichszahlung berechnen? Nehmen wir an, der Einsatz beträgt 10 Euro. Mit 11 Zahlen wird der Blot geschlagen (alle 4er-Würfe), mit 25 verfehlt. Daher sind Sie klarer Favorit.

FORMEL

Einfaches Spiel – Die Formel zur Anteilsberechnung ist simpel: Fehlzahlen (F) minus Treffer (T), dividiert durch 36 mögliche Zahlen (Z). Das Ergebnis wird mit dem Verdopplungsfaktor (D) und dem Einsatz (E) multipliziert. Hier sieht das so aus:
25 (F) minus 11 (T) dividiert durch 36 (Z), mal 2 (D) mal 10 (E) = 7,80 (gerundet).
Sie erhalten daher eine faire Vergleichszahlung von 7,80 €.

Gammonspiel – Hier ist die Formel leicht verändert: Fehlzahlen (F) minus halbe Treffer (T/2), dividiert durch 36 mögliche Zahlen (Z).

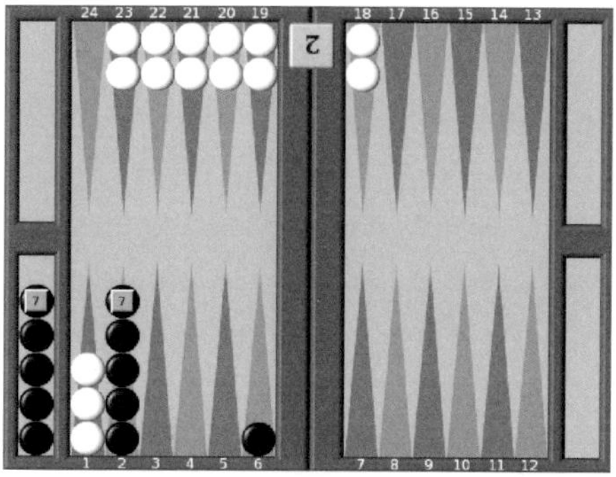

Das Ergebnis wird mit dem zweifachen Verdopplungsfaktor (2D) und dem Einsatz (E) multipliziert. Hier sieht das so aus:
21 (F) minus 15/2 (T) dividiert durch 36 (Z) mal 2 mal 2 (D) mal 10 (E) = 15 (gerundet).
Diesmal haben Sie Anspruch auf eine Ausgleichszahlung von 15 €.

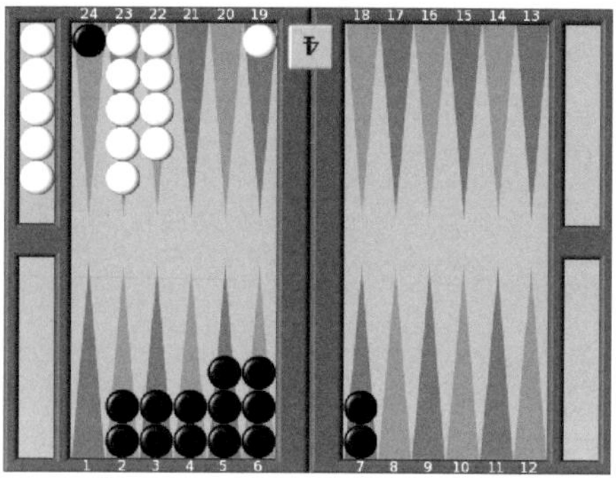

Testdiagramm: Einsatz 5 €, der Verdopplungswürfel steht auf 4. Wie sieht dies im Testdiagramm aus? Zunächst müssen Sie die Gammongefahr abschätzen. Offensichtlich ist diese gering. Daher greifen Sie zur einfachen Formel: 21 (F) minus 15 (T) dividiert durch 36, mal 4 (D) mal 5 (E) = 3,33. Sie sollten Weiß exakt 3,33 € bezahlen.

Auflösung: In inoffiziellen Money Games wird gerade wegen der schwierigen Berechnung der Equity (besonders im Mittelspiel) bisweilen mit der Hausregel „Auflösung" gespielt. Dabei kommen die Partner überein, die laufende Partie sofort ohne Zahlung abzubrechen und den Einsatz dem nächsten Spiel hinzuzurechnen.

Partien & Meisterzüge

Partien & Analysen*/**/***

Im ersten Teil dieses Kapitels möchte ich Ihnen die fünf gängigsten Spielformen im Backgammon anhand von exakt analysierten Musterpartien näher bringen. Dabei habe ich den jeweiligen Partiebeispielen „Goldene Regeln“ vorangestellt, um die allgemeinen strategischen Überlegungen deutlicher werden zu lassen.

Rennspiel – Running Game**

Im Rennspiel ist die gegenseitige Behinderung relativ gering, da es sich hier im Wesentlichen um ein kontaktloses Spiel handelt, und daher wird vermeintlich wenig strategisches Geschick verlangt. Grundsätzlich stimmt diese Überlegung, allerdings mit einer wichtigen Einschränkung. Da es hier vor allem um die Einschätzung der Differenz von Augenzahlen geht, die nötig sind, um alle Steine abzutragen, kommt es auf den richtigen Moment zum Einsatz des Verdopplungswürfels an. Darin unterscheiden sich der gefühlsorientierte Gelegenheitsspieler und der gut informierte Kenner der Materie.

GOLDENE REGELN

Wie sehen die allgemeinen Grundstrategien des Rennspiels aus?

- Aktivieren Sie frühzeitig Ihre Renner.
- Hindern Sie die gegnerischen Renner in ihrem Vorwärtsdrang.
- Vermeiden Sie es, Blots stehen zu lassen. Werden diese geschlagen, verlängert sich Ihr Weg zum Sieg beträchtlich.
- Wenn Blots unvermeidlich sind, lassen Sie zumindest keine direkten Schüsse darauf zu.
- Schlagen Sie in Ihrem Heimfeld nur dann, wenn dadurch kein Blot stehen bleibt.

- Machen Sie einen permanenten Pip Count, das heißt, zählen Sie die Augen, die für den Rest des Rennens zurückgelegt werden müssen.
- Bewerten Sie gleichzeitig mit diesem Pip Count die Stellung. Schätzen Sie die Equity, also den Erwartungswert, möglichst genau ein.
- Tragen Sie mit jedem Wurf so viele Steine wie möglich ab. Ist ein Abtragen nicht möglich, schließen Sie stattdessen Lücken im Heimfeld.
- Verdoppeln Sie zum richtigen Zeitpunkt, nämlich dann, wenn Ihre Chancen mindestens 2 zu 1 stehen.
- Nehmen Sie ein Verdopplungsangebot an, wenn Ihre Verlustchancen geringer als 3 zu 1 sind (↑Verdopplungswürfel).

Tipp: Überlegen Sie jeweils zuerst ohne Ansicht des Diagramms, wie Sie einen Wurf spielen würden. Lesen Sie erst danach die Kommentare und Analysen.

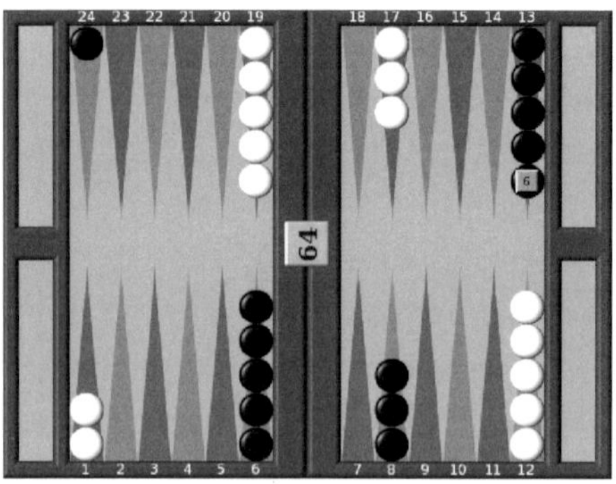

Partie & Analyse

1. S 65: 24/13

Mit diesem forcierten Eröffnungswurf läutet Schwarz unmittelbar ein Rennen ein.

2. W 61: 12/18 17/18

Weiß besetzt folgerichtig den Bar-Punkt, um den zweiten Renner am Überspringen seiner Steine zu hindern. Ein Schlagen mit 17/24* wäre sehr schwach. Erstens droht ein Gegenschlag, mit der Konsequenz, das Rennen praktisch schon von Beginn weg verloren zu haben. Und zweitens nehmen tiefe Heimfeldpunkte dem Spieler

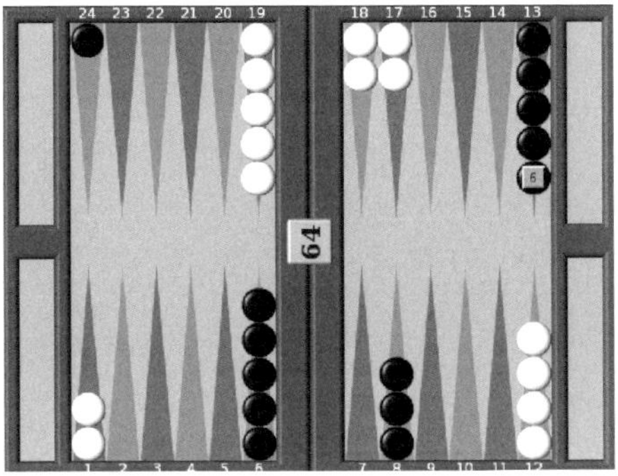

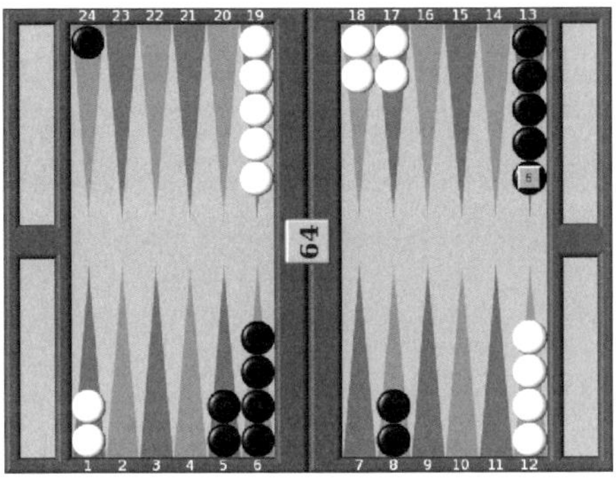

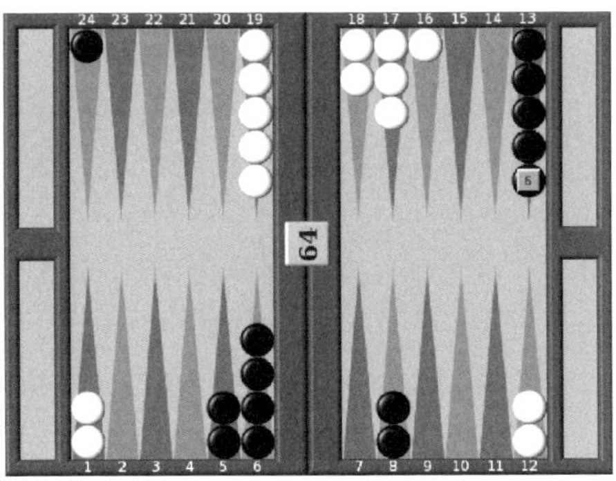

viel an Flexibilität. Die betreffenden Steine sind praktisch aus dem Spiel.

3. S 31: 8/5 6/5

Ganz im Geist der Grundstrategien des Rennspiels blockiert Schwarz mit Besetzung des Goldenen Punkts seinen Gegner. Die Renner sehen sich sofort einer 3-Steine-Prime, wiewohl mit einem Loch, gegenüber.

4. W 54: 12/17 12/16

Weiß hat hier keinen absolut sicheren Zug. Doch der Baustein auf dem 16-Punkt lässt dem Gegner nur einen indirekten Schuss, mit einer Trefferwahrscheinlichkeit von 5 zu 1, das heißt nur 17 %. Keinesfalls sollte 19/24* gespielt werden, aus denselben Gründen, die bereits beim zweiten Zug erläutert wurden. Und wie sieht es mit 17/22 18/22 aus? Ein neuer Punkt im Heimfeld wird zwar erobert, doch dafür sind zwei Punkte im unmittelbar anschließenden Außenfeld aufzugeben, von denen einer (18-Punkt) noch dazu mit einem direkten Schuss erreicht wird.

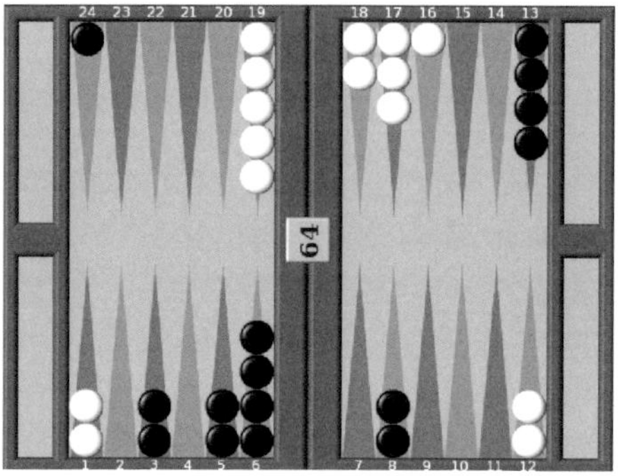

5. S 55: 13/3 (2)

Dieser Wurf spielt sich ganz von alleine. Und ein weiterer Punkt im Heimfeld behindert den Gegner ganz entscheidend.

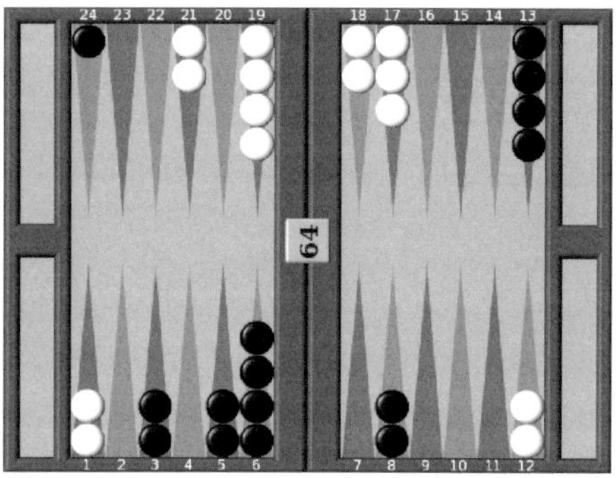

6. W 52: 16/21 19/21

Der 21-Punkt gibt Weiß Hoffnung. Erst jetzt ist der letzte Renner des Gegners ernsthaft am Entkommen gehindert.

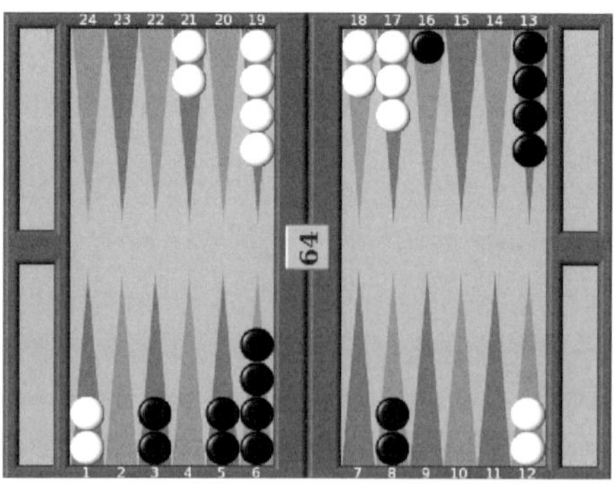

7. S 62: 24/16

Trotz aller Blockadeversuche springt der letzte Renner ins Freie. Das Risiko, durch einen 4er-Wurf des Gegners zurückgeworfen zu werden, ist in dieser Situation akzeptabel. Im Vergleich dazu wirkt das biedere 13/5 wenig dynamisch.

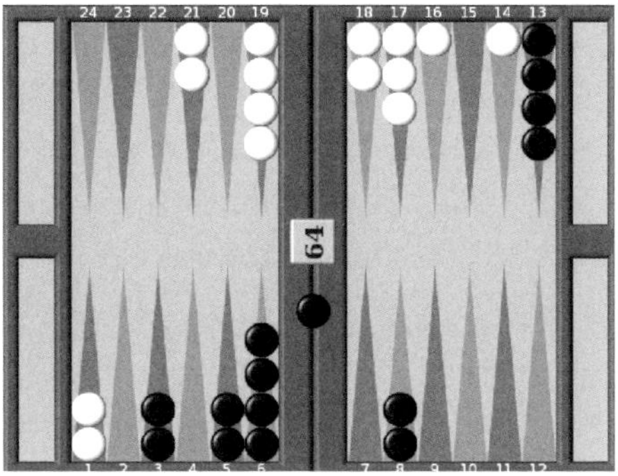

8. W 42: 12/16* 12/14
Weiß schlägt entschlossen zurück. Alles andere wäre hoffnungslos. Der zweite Stein, mit 16/18 gespielt, würde einen direkten Schuss auf den 12-Punkt erlauben, was selbst im Vergleich zu einem indirekten Doppeltreffer schwächer wäre.

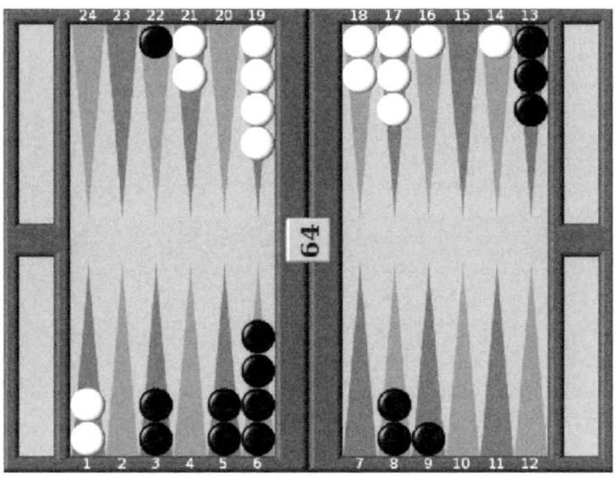

9. S 43: bar/22 13/9
Der Zug von der Bar ist erzwungen, der Zug 13/9 ebenfalls, denn nur dieser erlaubt dem Gegner bestenfalls einen indirekten Schuss.

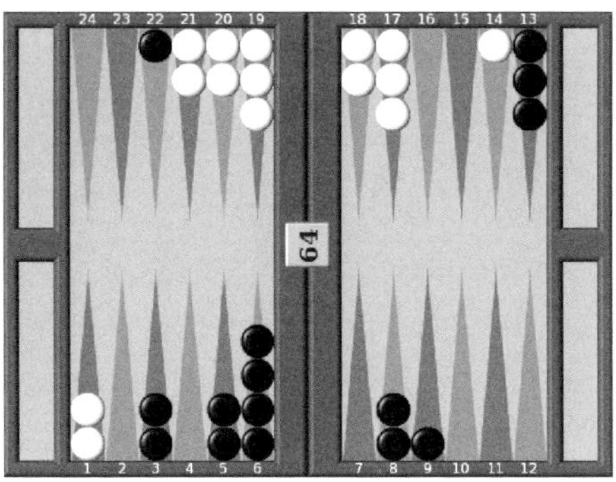

10. W 41: 16/20 19/20
Vielleicht kommt ein Schlagverzicht auf dem 22-Punkt für manche Leser überraschend. Doch das Schlagen wäre ein Fehler, nicht nur wegen eines möglichen Gegenschlags. Auch die Eroberung des Goldenen Punkts ist in dieser Situation ein großer Vorteil. Der Blot auf dem 14-Punkt ist zudem relativ geschützt (außer von 62). Das sichere 14/18 16/17 dagegen überlädt einige der Schlüsselfelder mit „wertlosen" Steinen.

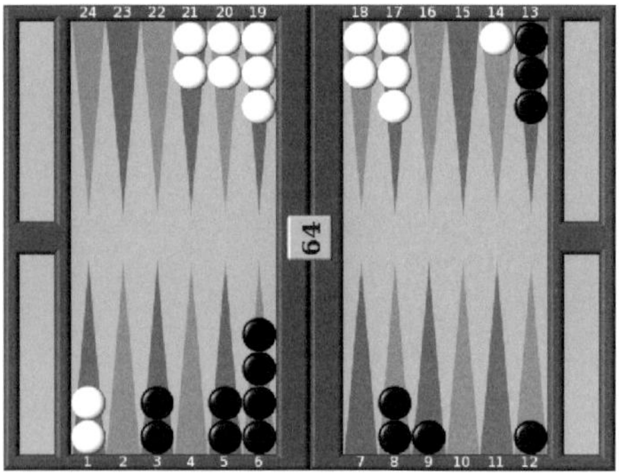

11. S 64: 22/12

Keine Frage, der Renner stiehlt sich am besten jetzt aus der Gefahrenzone. Dies gelingt auch mit der Alternative 22/16 13/9. Denkbar, aber nur zweite Wahl, wäre auch 8/2 6/2, um ein weiteres Heimfeld zu schließen.

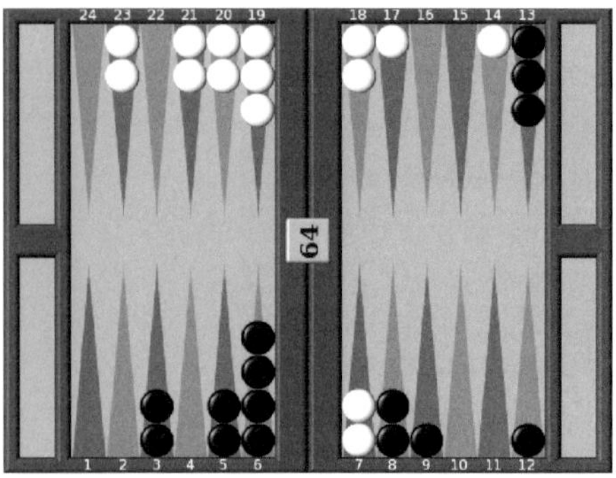

12. W 66: 1/7 (2) 17/23 (2)

Weiß gelingt ein fast schon unerwartetes Comeback: Die Züge 1/7 (2) und 17/23 (2) bringen die Renner auf den Bar-Punkt und erobern einen weiteren Punkt im Heimfeld. Welche Idee steht dahinter? Wenn es gelingt, einen schwarzen Blot zu treffen und diesen auf die Bar zurückzuschicken, ist das Rennen ohne Probleme zu gewinnen. Jedenfalls sollte im Moment des Schlagens das Heimfeld weitgehend geschlossen sein.

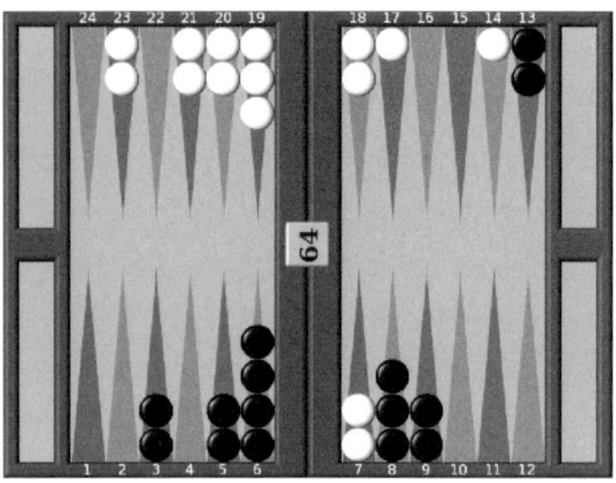

13. S 53: 13/8 12/9

Selbstverständlich lässt Schwarz in dieser Spielsituation keinen Blot freiwillig stehen.

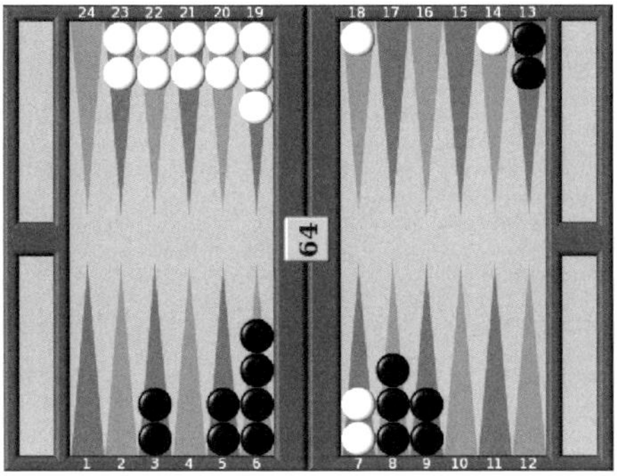

14. W 54: 17/22 18/22

Eine 5er-Prime wird damit vollendet. Nun keimt die Hoffnung, einen gegnerischen Stein zu schlagen und diesen dann völlig auszusperren.

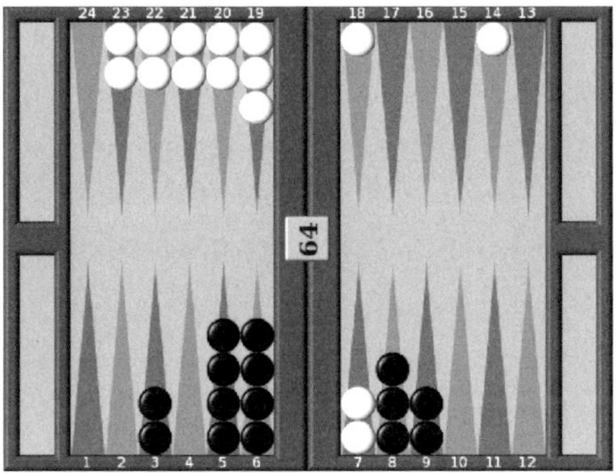

15. S 44: 13/5 (2)

Schwarz bleibt im Rennen vorne, und keiner seiner Steine ist angreifbar.

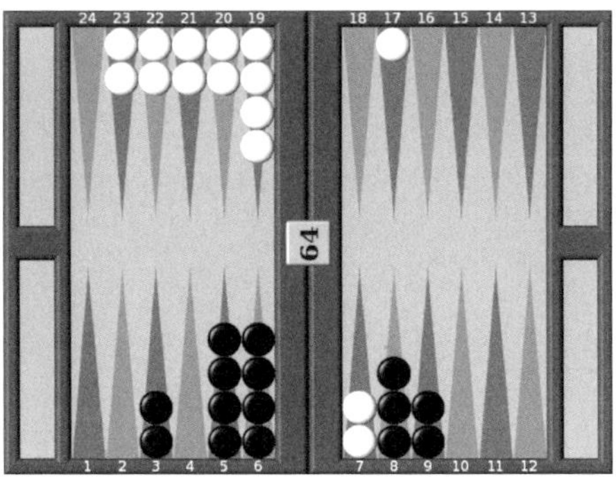

16. W 31: 14/17 18/19

In Erwartung eines engen Rennens bringt Weiß einen weiteren Stein ins Heimfeld – bereit, demnächst alles abzutragen.

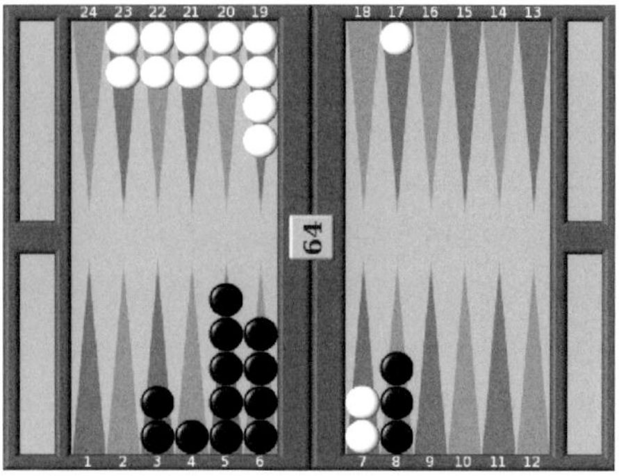

17. S 54: 9/5 9/4

Ein Kontaktspiel scheint kaum mehr zu erwarten. Daher müssen alle Steine so rasch wie möglich ins Heimfeld.

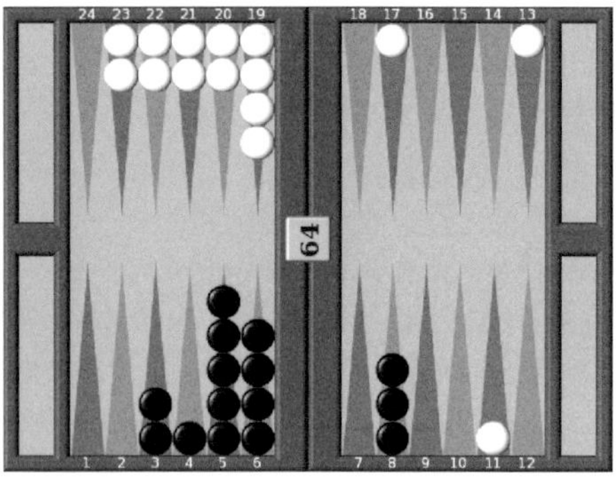

18. W 64: 7/13 7/11

Die Chance, einen Stein des Gegners zu schlagen, ist minimal. Daher geht es einfach um ein optimales Rennen.

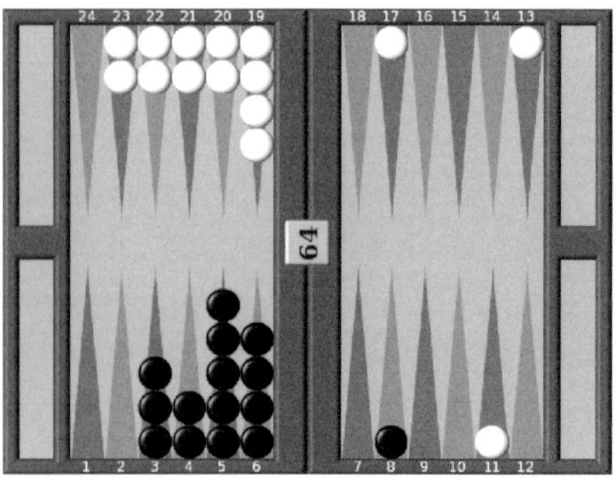

19. S 54: 8/3 8/4

Alles strebt der Heimat zu …

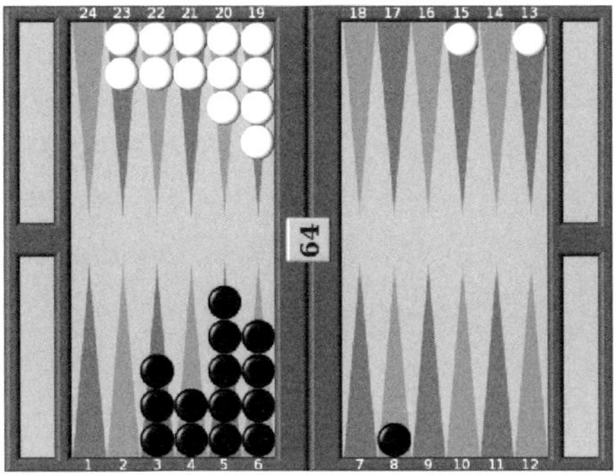

20. W 43: 11/15 17/20

Zwei Crossovers, also Züge in einen neuen Quadranten, sind die beste Ausbeute, die dieser Wurf bietet.

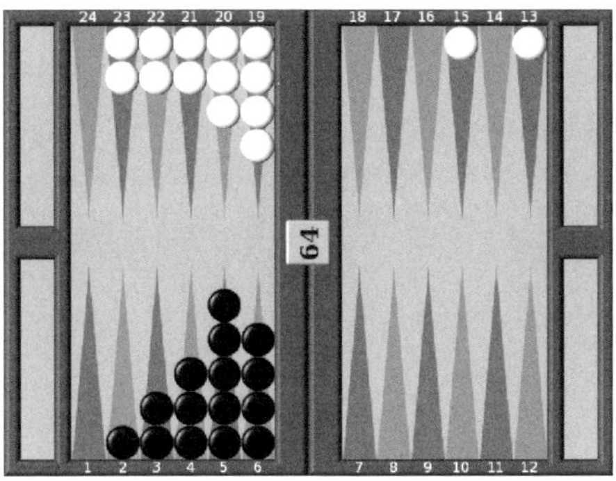

21. S 41: 8/4 3/2

Der letzte Stein zieht ins Heimfeld, und zudem wird eine Lücke besetzt. Alles in Vorbereitung auf das Abtragen. Die schwarze Stellung ist nahezu optimal: „Goldenes Dreieck“.

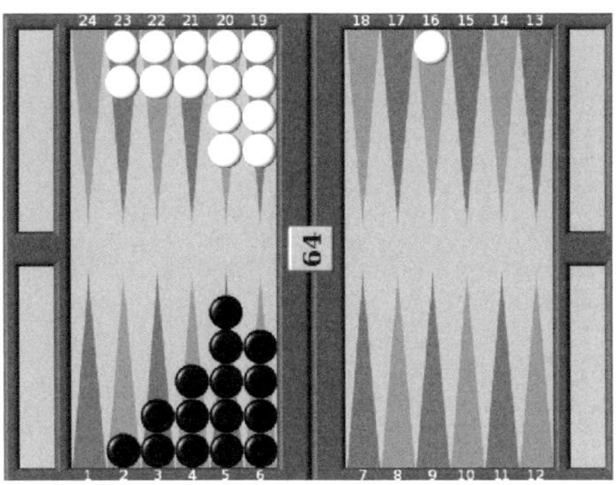

22. W 53: 15/20 13/16

Der vorletzte Stein erreicht sein Heimfeld.

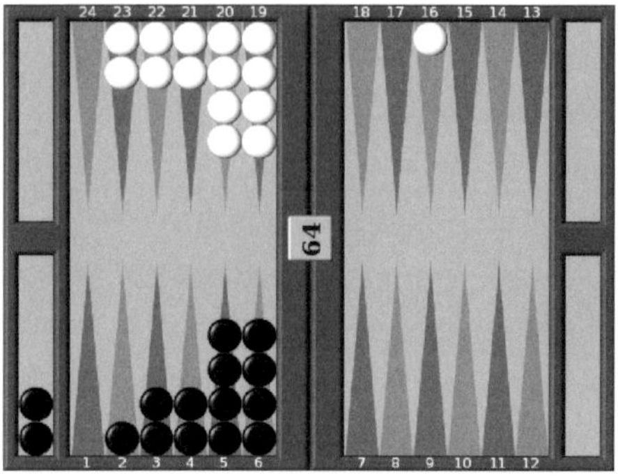

23. S 54: 5/off 4/off

Wann immer ein Abtragen möglich ist, sollte es nun geschehen.

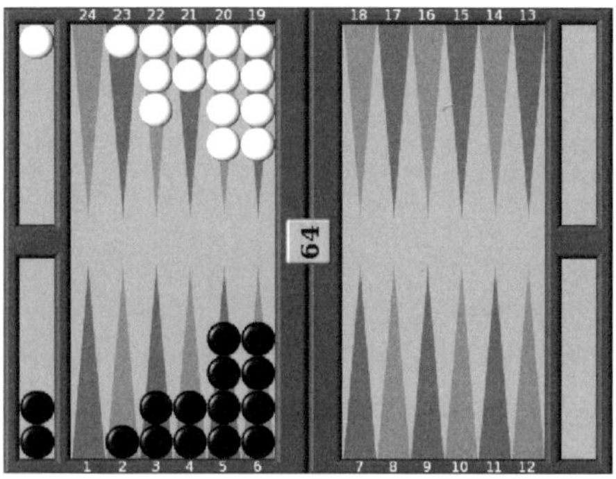

24. W 62: 16/22 23/off

Nun ist auch Weiß bereit zum Finish.

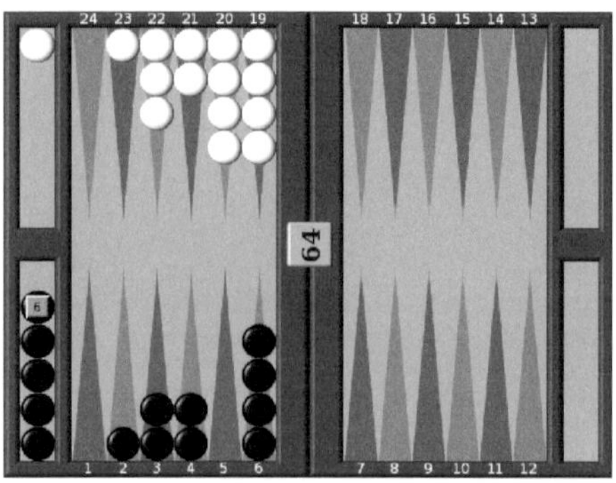

25. S 55: 5/off (4)

Ein Superwurf in Anbetracht des knappen Rennens.

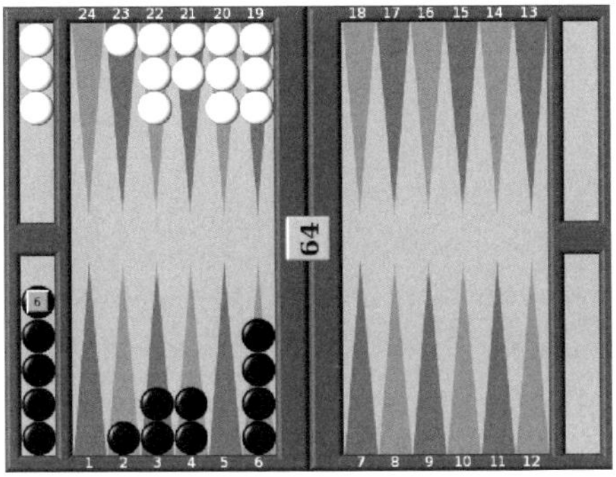

26. W 65: 19/off 20/off

Offensichtlich dass Gebot der Stunde.

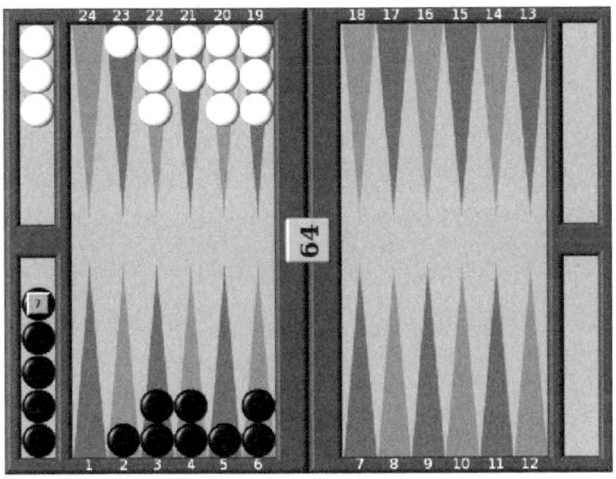

27. S 61: 6/off 6/5

Mit dem zweiten Wurf wird am besten eine Lücke im Feld geschlossen.

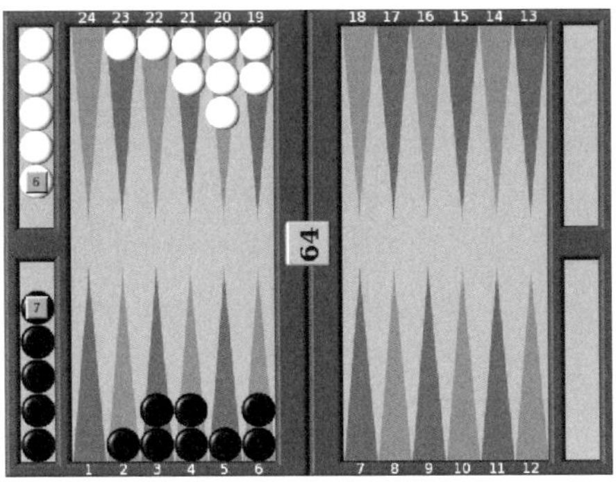

28. W 33: 22/off (3) 19/22

Weiß folgt dem Beispiel.

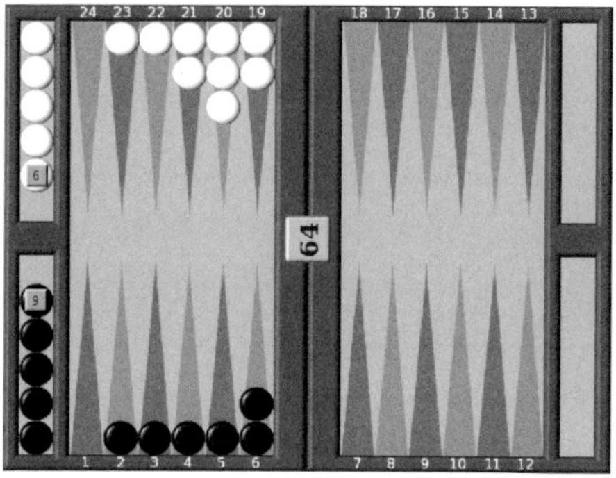

29. **S 43: 4/off 3/off**

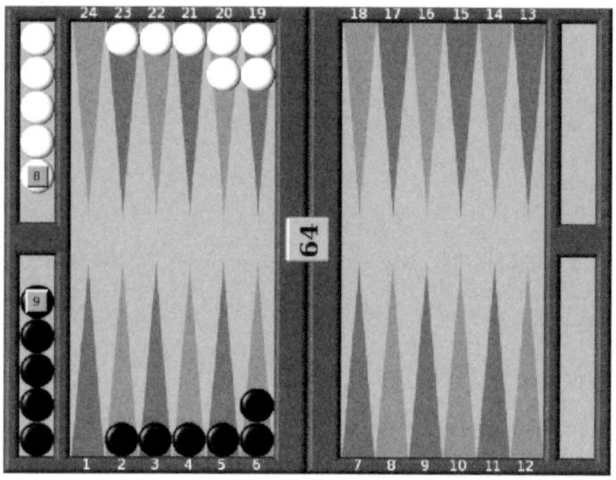

30. **W 54: 20/off 21/off**

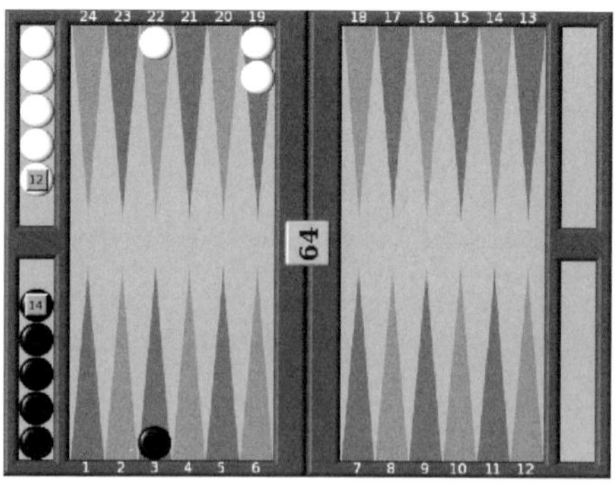

31. **S 63: 6/off 3/off**
32. **W 52: 20/off 23/off**
33. **S 62: 6/off 2/off**
34. **W 54: 20/off 21/off**
35. **S 61: 5/off 4/3**
36. **W 54: –**

Aufgabe, da jeder Wurf für Schwarz gewinnt

Resultat: 1 Punkt für Schwarz

Blitz/Angriff – Attacking Game**

Ein Angriffsspiel, ein Blitz, schickt die gegnerischen Renner permanent auf die Bar zurück und hält sie so weitgehend aus dem Spiel. Jedoch hängt eine frühe Invasion des eigenen Heimfelds sehr von den Möglichkeiten ab, die sich mit den frühen Wurfergebnissen bieten. Jedenfalls gilt es, die Grundstrategien dieses schnellen Spiels zu kennen, um bei günstiger Gelegenheit entschlossen das eigene Heimfeld zu stürmen. Das Resultat ist oft ein *Gammon*. Sobald es dem Gegner jedoch gelingt, einen Anker in Ihrem Heimfeld zu erobern, müssen Sie den Blitz als gescheitert betrachten und Ihr Spiel flexibel umstellen. Wegen der schnellen Besetzung Ihrer tiefen Heimfeldpunkte und der damit fehlenden aktiven Steine sind Sie in diesem Fall vermutlich bereits leicht im Nachteil.

GOLDENE REGELN

Welche Grundstrategien gelten für den Blitz?

- Kontrollieren Sie den Goldenen Punkt.
- Erobern Sie zumindest einen weiteren Ankerpunkt im eigenen Heimfeld.
- Besetzen Sie mehr Punkte im Heimfeld als Ihr Gegner.
- Schlagen Sie verstreute gegnerische Blots, um den Gegner auf der Bar zu halten.
- Machen Sie ausnahmsweise auch tiefe Punkte (3-Punkt, 2-Punkt, 1-Punkt) im eigenen Heimfeld.
- Bringen Sie so viele Bausteine wie möglich ins Außenfeld, wenn gegnerische Steine auf der Bar stehen.
- Exponieren Sie keinesfalls Steine im eigenen Heimfeld.
- Machen Sie sich bewusst, dass mit einem gegnerischen Anker die Blitzstrategie gescheitert ist.
- Doppeln Sie, wenn es dem Gegner nicht gelingt, Steine von der Bar ins Spiel zu bringen, und Sie zumindest zwei (besser drei) Punkte im Heimfeld halten.

Tipp: Überlegen Sie jeweils zuerst ohne Ansicht des Diagramms, wie Sie einen Wurf spielen würden. Lesen Sie erst danach die Kommentare und Analysen.

Partie & Analyse

1. W 64: 1/11

Der erste Renner wird aktiviert.

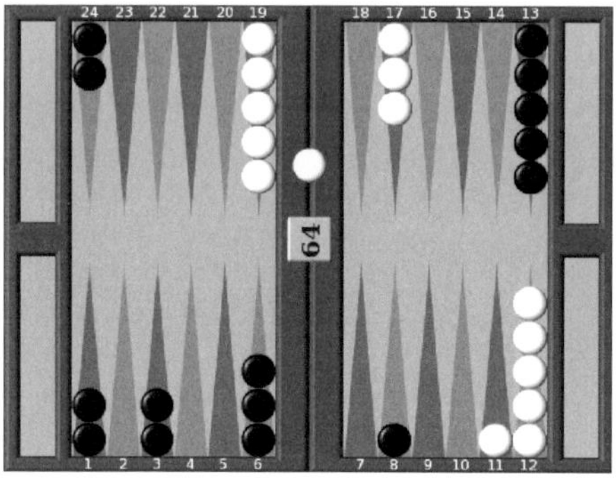

2. S 55: 6/1* (2) 8/3 (2)

Die 5er-Dublette eignet sich hervorragend, um einen Blitz zu versuchen, vorausgesetzt, der Gegner hat seine Renner bereits gesplittet und damit den tiefen Anker im Heimfeld aufgegeben. Schwarz macht mit einem Schlag zwei Punkte im Heimfeld und schickt gleichzeitig einen Stein auf die Bar.

3. W 66: setzt aus

Die Macht des Blitz-Spiels zeigt sich in diesem an sich starken Wurf. Normalerweise erhielte Weiß einen Vorsprung im Rennen – hier jedoch ist der Wurf vergeudet.

4. S: verdoppelt auf 2

Gemäß der Grundstrategie (drei Heimfeldpunkte besetzt, Fehlversuch des Gegners, einen Stein von der Bar einzubringen) wird bereits sehr früh verdoppelt. Schwarz ist bereits klarer Favorit in diesem Spiel, wenn man statistische Rollouts als Maß nimmt. Theoretisch ist nach dem ersten Wurf des Gegners bereits alles entschieden. Doch Backgammon gibt glücklicherweise mehr her.

5. W: nimmt an

Trotz der momentan für Weiß misslichen Lage hat diese Stellung einiges an Potenzial. Weiß nimmt daher an.

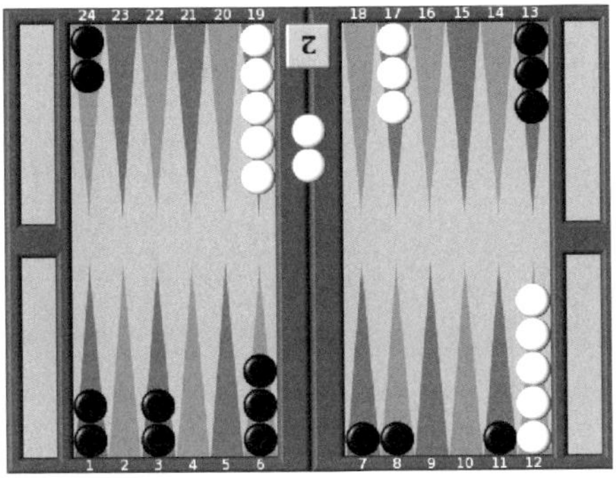

6. S 62: 13/7 13/11*

Eine Armee von Bausteinen bildet sich im Außenfeld, ganz dem Stellungstypus entsprechend.

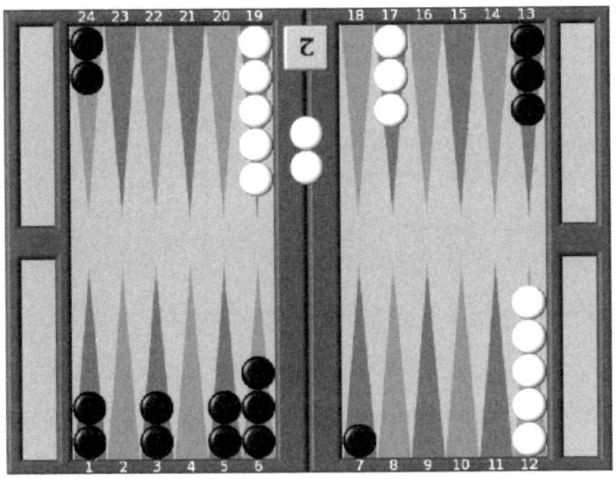

7. W 65: Bar/5

Nur ein Stein kann hereingebracht werden, der andere Punkt ist blockiert.

8. S 63: 11/5* 8/5

Nach diesem Wurf ist Weiß in ernsthaften Schwierigkeiten, denn ein 4-Punkte-Heimfeld behindert bereits gewaltig.

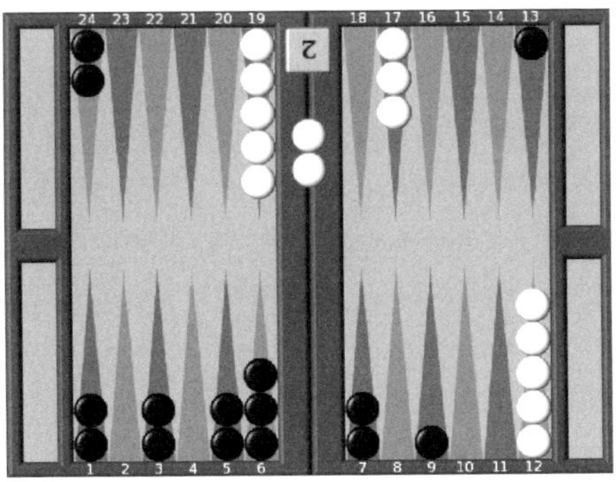

9. W 53: setzt aus

Das Leiden beginnt …

10. S 64: 13/7 13/9

Schwarz legt alle Kraft in den Blitz, ohne Rücksicht auf Blots in den Außenfeldern. Eine gewaltige Mauer baut sich auf.

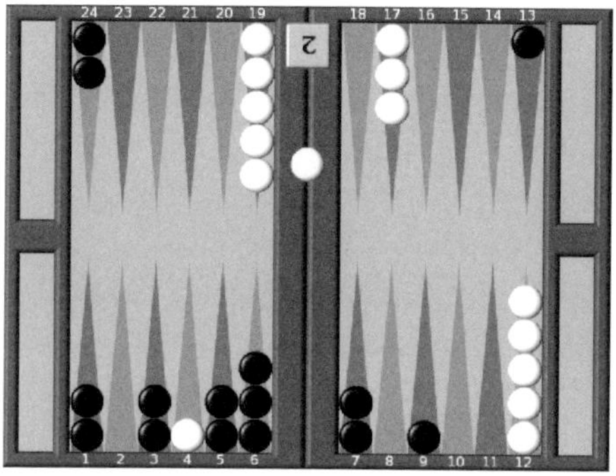

11. W 43: Bar/4

Wieder schafft es nur einer der ausgesperrten Steine …

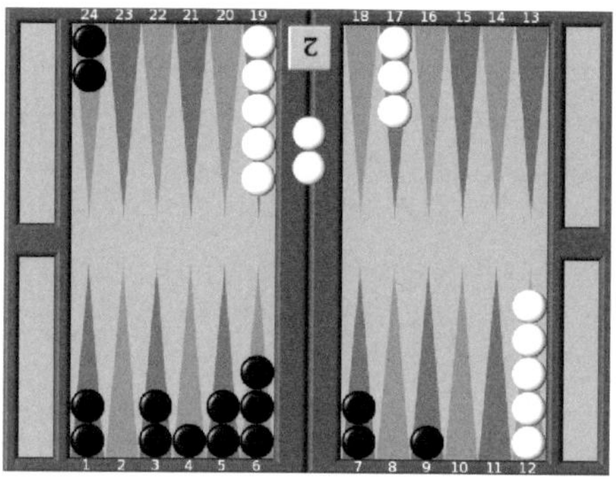

12. S 54: 9/4* 13/9

Schwarz steht diesmal vor einer grundsätzlichen Entscheidung: den Blot schlagen oder das Heimfeld verstärken (7/2 6/2). Letzteres würde bei einer 4 im nächsten Wurf einen weißen Anker ermöglichen. Schwarz entscheidet sich für den aggressiven Weg, alle Steine auf die Bar zu schicken.

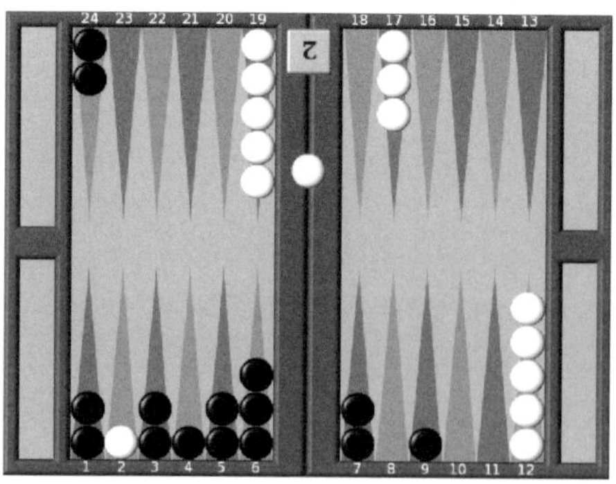

13. W 52: Bar/2

Eine 4 wäre deutlich besser gewesen. Aber Backgammon ist kein Wunschkonzert!

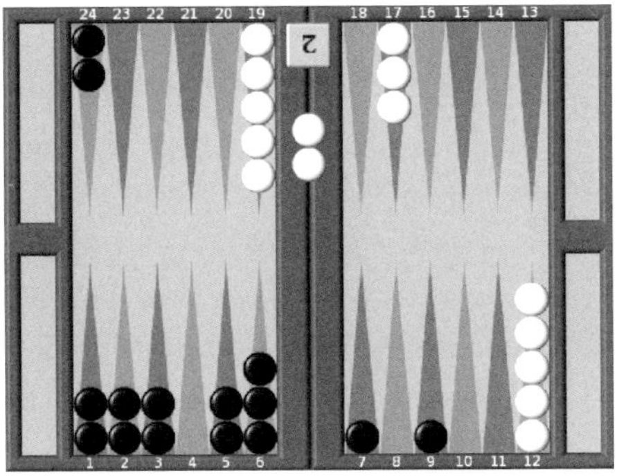

14. S 52: 7/2* 4/2

Exzellentes Spiel. 9/4 24/22 dagegen wäre wesentlich schwächer. Nun hat Schwarz eine 5er-Prime im Heimfeld. Mächtig! Auch 6/4 7/2* hätte eine 5er-Prime gebracht, mit gleichzeitigem Schlagen des Blots. Doch der exponierte Stein auf dem 2-Punkt könnte den Angriff entscheidend verzögern.

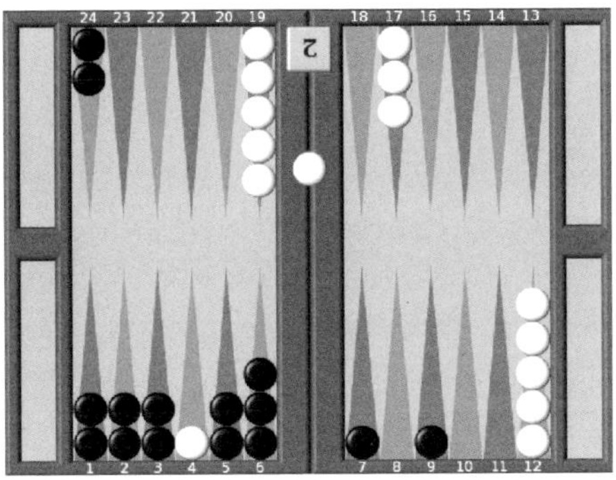

15. W 64: Bar/4

Noch bleibt ein Funken Hoffnung …

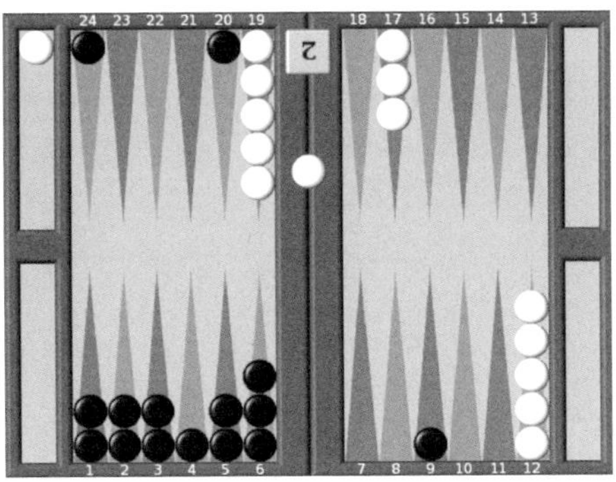

16. S 43: 7/4* 24/20

Das Schlagen erfolgt quasi automatisch. Doch was tun mit dem zweiten Wurf? Der Blitz kann nicht verstärkt werden, denn alle Extra-Steine sind in direkter Reichweite des 4-Punkts. Daher bleibt nichts übrig, als einen Renner auf die Reise zu schicken.

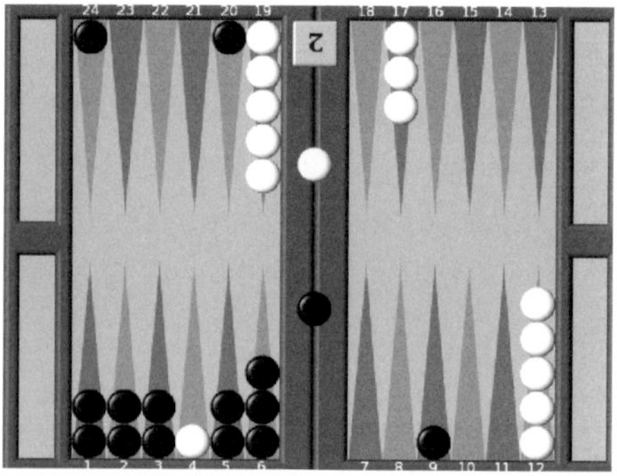

17. W 54: Bar/4*

Endlich ein Treffer. Doch kommt er zu spät?

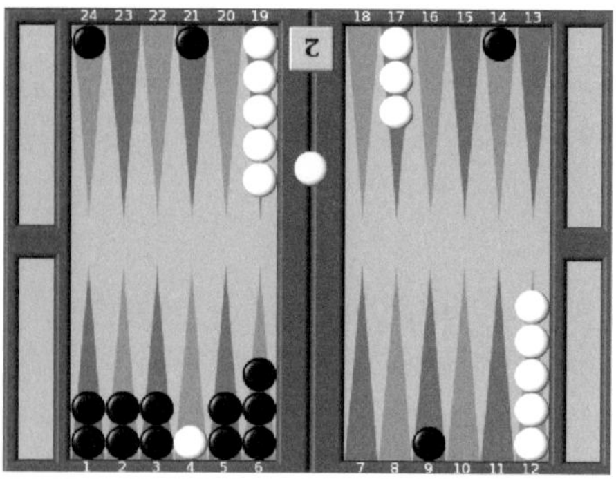

18. S 64: Bar/21 20/14

Schwarz ist gezwungen, das Feld auf dem 21-Punkt zu betreten. Der andere Stein wird auf den 14-Punkt gezogen, von wo mit allen Wurfergebnissen auf 10 der 4-Punkt erreichbar ist.

19. W 52: setzt aus

Die Statistik spricht gegen Weiß.

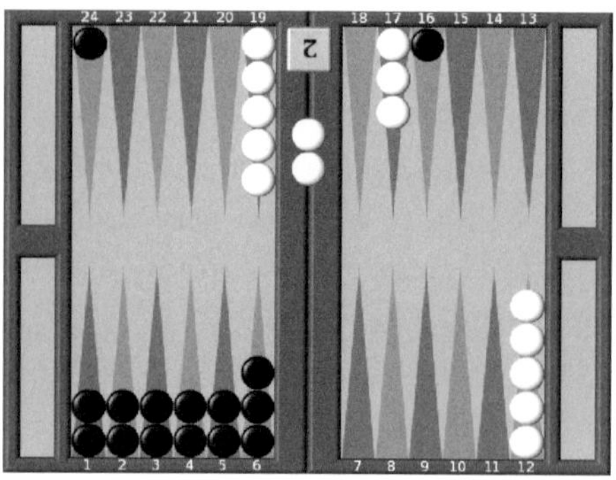

20. S 55: 14/4* 9/4 21/16

Das Feld ist geschlossen – die Stadt erobert! Weiß muss nun lange aussetzen …

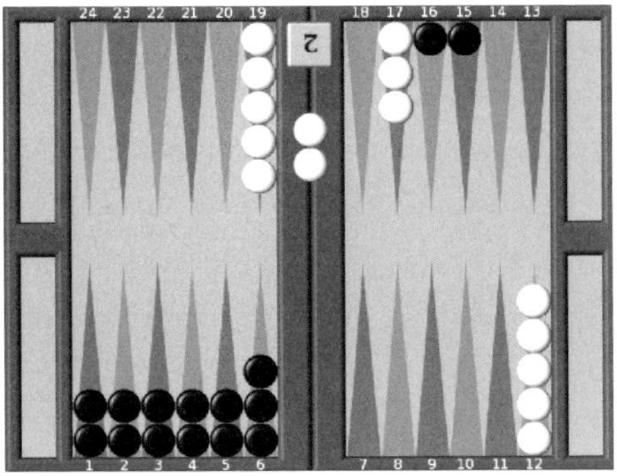

21. S 63: 24/15

Schwarz wird in der Folge alleine würfeln und peinlichst vermeiden, seine Steine so zu setzen, dass ein hohes Double das Auflösen der Prime erzwingt.

22. S 41: 16/11

Es spielt sich von allein …

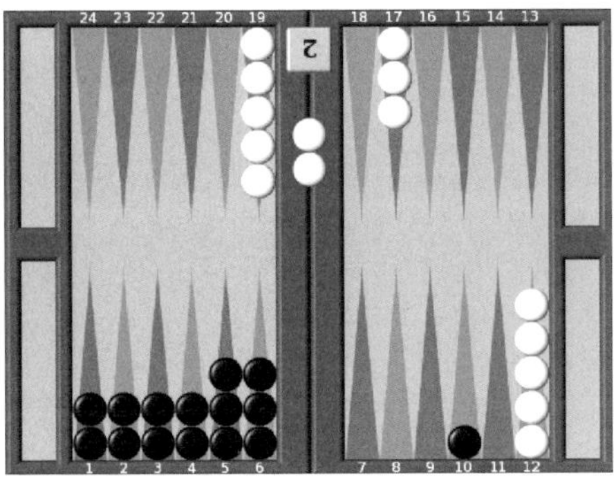

23. S 65: 15/10 11/5

Alles wird für das Abtragen in Stellung gebracht.

24. S 52: 10/3

Kein Kommentar.

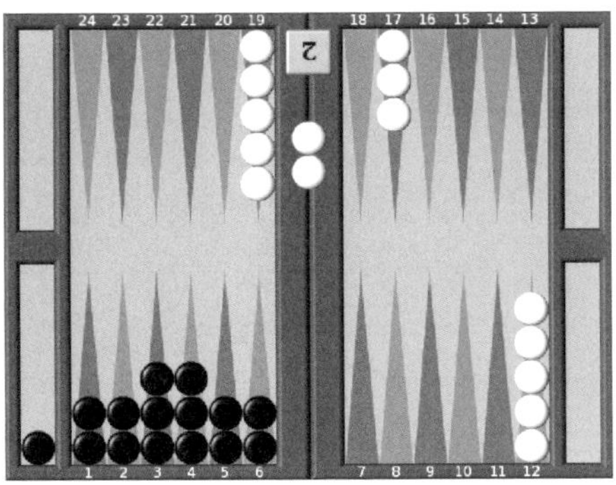

25. S 61: 6/off 5/4

Klugerweise hält Schwarz auf den hohen Punkten (6-Punkt, 5-Punkt) eine gerade Zahl von Steinen. Damit wird ein Treffer auf diesen Punkten unmöglich gemacht.

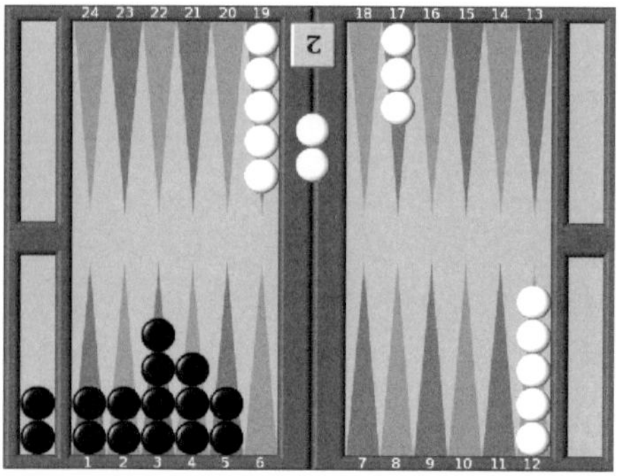

26. S 63: 6/off 6/3

Richtig gespielt! Nicht zwei Steine werden abgetragen, denn das würde einen Blot auf dem 6-Punkt stehen lassen.

27. W 54: setzt aus

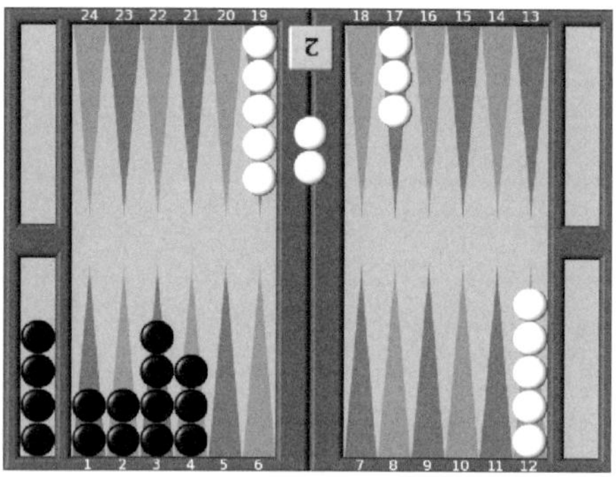

28. S 65: 5/off (2)

Forciert!

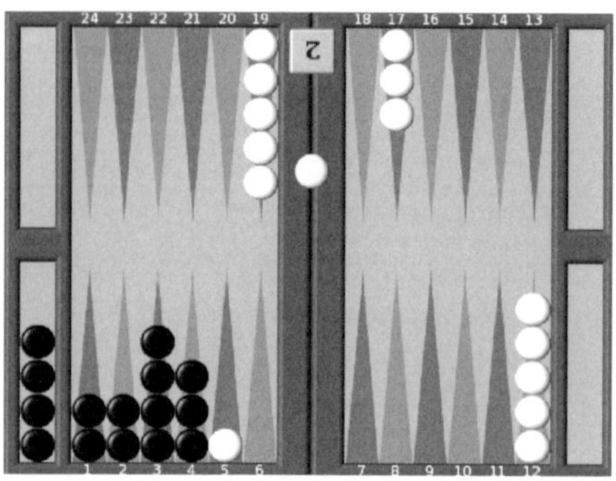

29. W 51: Bar/5

Die einzige Möglichkeit …

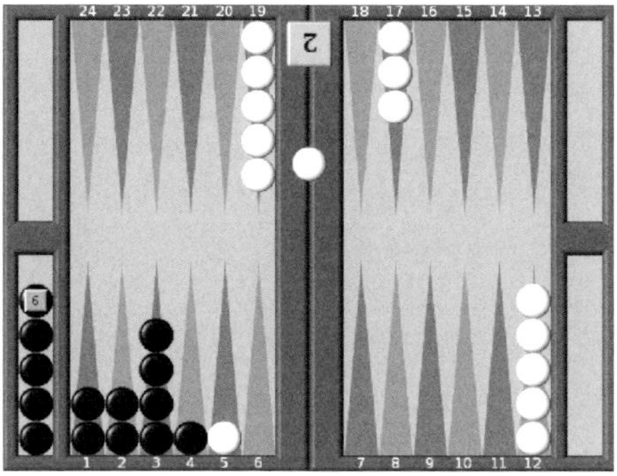

30. S 64: 4/off (2)

Das Glück hat Schwarz für einen Moment verlassen. Der 4-Punkt ist verwundbar. Weiß ist zurück!

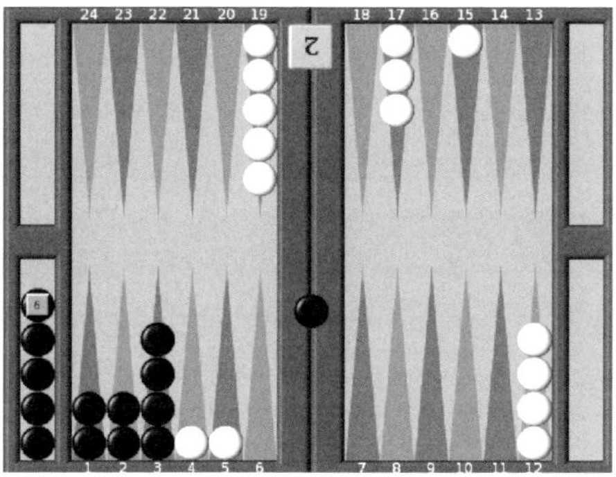

31. W 43: Bar/4* 12/15

Endlich! Das Spiel geht in eine völlig neue Phase. Bausteine müssen ins Außenfeld, Blockadepunkte geschaffen werden. Dieser eine schwarze Stein darf nicht entwischen – das ist die simple weiße Strategie. Nicht nur das Gammon wäre abgewehrt, sogar ein Sieg läge in Reichweite.

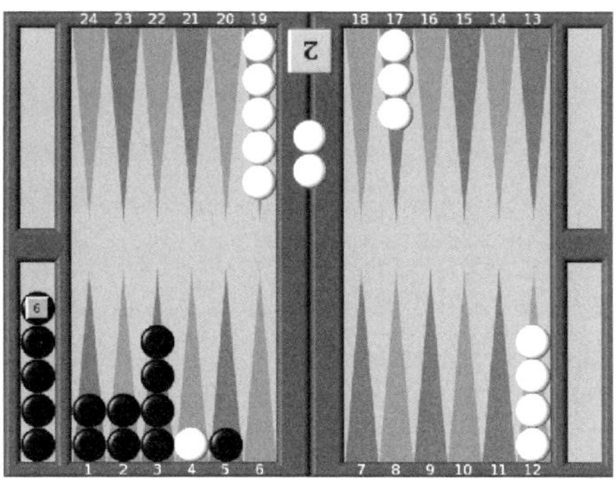

32. S 55: Bar/20/15*/10/5*

Der letzte Schlag! Ein Aufschrei der Zuschauer beim Turnier ist gewiss … Verzweiflung, himmelhohes Jauchzen … Backgammon kann so grausam sein.

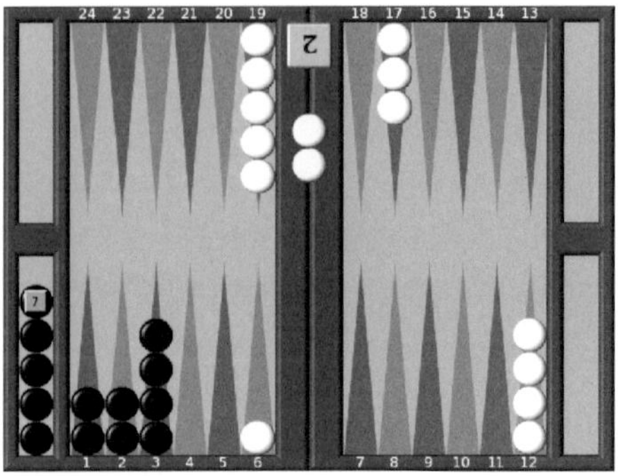

33. W 61: Bar/6
Kein Treffer – War es das schon?

34. S 51: 5/4* 4/off
Viele Spieler hätten hier wohl jede Gefahr ausgeschlossen und mit 5/off 3/2 den sicheren Weg zum Gammon gewählt. Doch Schwarz ist hungrig geworden, er will alles … und spielt auf ein Backgammon hin.

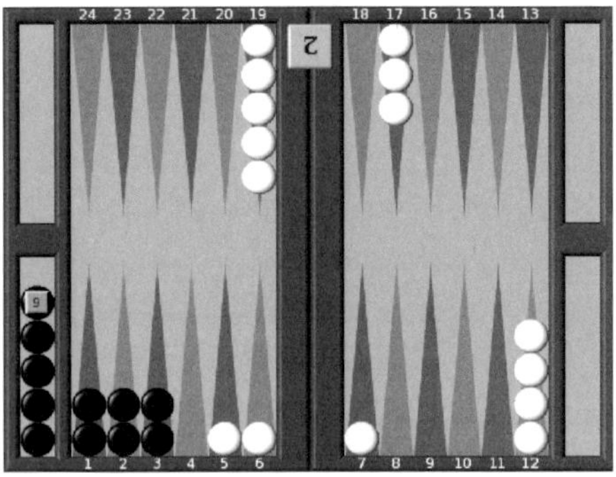

35. W 53: Bar/5
Was sonst?

36. S 63: 3/off (2)
Ein letzter Zug …

37. W 43: Bar/4/7
O.k. – Weiß entkommt der grausamen Erniedrigung. Er wird „nur“ mit Gammon verlieren.

Resultat: 4 Punkte für Schwarz

Holding Game – Haltespiel **

Jede Stellung, bei der zumindest einer der beiden Spieler einen vorgeschobenen Anker oder weitere Außenfeldpunkte in der gegnerischen Bretthälfte hält, um den Gegner beim Heimbringen seiner Steine zu schlagen, werden als Holding Games (Haltespiele) bezeichnet. Dabei kann ein Spieler – anders als beim Rennspiel – im Pip Count durchaus weit hinten liegen. Dieser Typus verlangt enorm viel Geschick und

Erfahrung von Seiten der Spieler, da ständig Entscheidungen zu treffen sind, die auf einer tiefen Kenntnis der Stellungsmuster und der Gewinnchancen beruhen. Sehr gute Spieler zielen daher, wenn möglich, vom ersten Wurf darauf ab, in einen Stellungstypus dieser Art einzulenken. Nicht zu übersehen ist, dass die Ankersteine theoretisch beweglich sind, allerdings meist nur um den Preis einer gegnerischen Trefferchance. Sollte der Anker hinter einer 4- oder 5-Steine-Prime liegen, haben wir eine Spezialform des Holding Games, das Priming Game (Blockadespiel) vor uns (siehe dort). Noch komplexer ist eigentlich nur das als letzter Typus vorgestellte Back Game.

GOLDENE REGELN

Welche Grundstrategien gelten für Holding Games?

- Bauen Sie einen Anker wenn möglich mit einer Dublette. Dadurch werden unliebsame Blots vermieden.
- Öffnen Sie einen Ankerpunkt erst dann, wenn Sie einen isolierten Stein schlagen können. Dadurch muss der halbe gegnerische Wurf zum neuerlichen Einbringen vergeudet werden.
- Schützen Sie einen isolierten Stein in der gegnerischen Bretthälfte so bald wie möglich.
- Achten Sie darauf, Steine für 6er-Würfe bereit zu halten, damit Sie nicht womöglich einen ungünstigen Blot stehen lassen müssen.
- Lassen Sie möglichst überhaupt keine Blots stehen.
- Doppeln Sie, wenn Sie im Rennen deutlich vorne liegen und der Abstand zwischen den eigenen und gegnerischen Außenfeldpunkten mehr als 6 Punkte beträgt. Selbst beim Auflösen etwa des Mittelpunkts bleibt dem Gegner damit nur ein indirekter Schuss. Der Gegner wird meist annehmen.
- Doppeln Sie nicht, wenn der Abstand zwischen den eigenen und den gegnerischen Außenfeldpunkten nur 6 Punkte beträgt. Denn Sie lassen damit einen direkten Schuss zu, sobald der Punkt geöffnet werden muss. Beispiel: Mittelpunkt gegen Bar-Punkt.

- Doppeln Sie auch (falls Sie im Rennen führen), wenn der Abstand zwischen den eigenen und den gegnerischen Außenfeldpunkten 5 oder 4 Punkte beträgt. Der Gegner wird meist annehmen. Bei einem 3-, 2- oder 1-Punkte-Abstand wird der Gegner passen.
- Doppeln Sie im Kontaktspiel nie, wenn das Rennen ohne Kontakt keine Verdopplung verlangen würde.
- Seien Sie sich der Vorteile des Ankers auf dem Goldenen Punkt bewusst. Wenn der Gegner die Verdopplung anbietet, ist der 4-Punkt-Anker besser als der 3-Punkt. Der Ass-Punkt hat am wenigsten Gewicht.
- Der Anker ist dann sehr stark, wenn der Mittelpunkt des Gegners noch mit dessen Steinen besetzt ist und diese keine drei Landeplätze (etwa auf den Punkten 7 bis 9) haben; oder wenn vor dem Anker eine Lücke in der gegnerischen Blockade besteht (etwa auf dem Bar-Punkt).
- Überschätzen Sie nicht Positionen mit mehreren eigenen Ankerpunkten, von denen einer der Bar-Punkt ist. Dieser wird vermutlich im Laufe des Spiels aufgelöst werden müssen.

Tipp: Überlegen Sie jeweils zuerst ohne Ansicht des Diagramms, wie Sie einen Wurf spielen würden. Lesen Sie erst danach die Kommentare und Analysen.

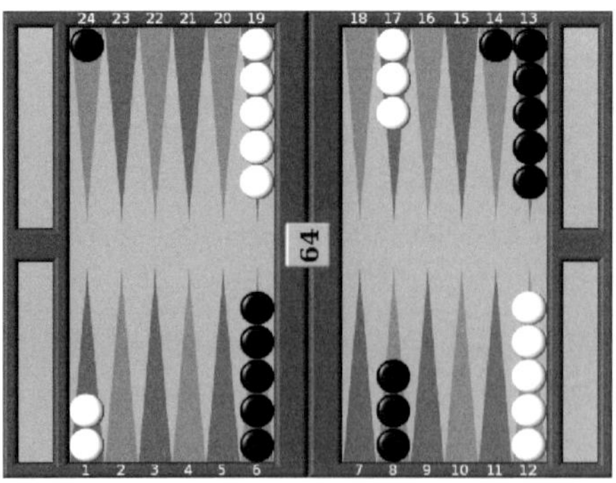

Partie & Analyse

1. S 64: 24/14

Gemäß der gängigen Eröffnungstheorie versucht Schwarz sofort, mit einem seiner Renner zu entkommen

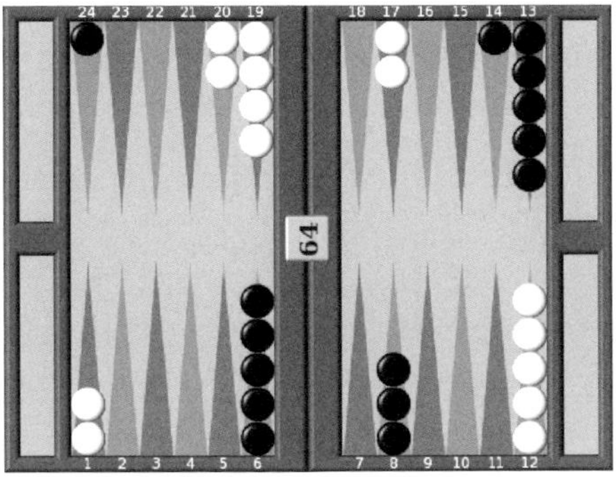

2. W 31: 17/20 19/20

Ein hervorragender Eröffnungswurf. Der Goldene Punkt wird sofort besetzt.

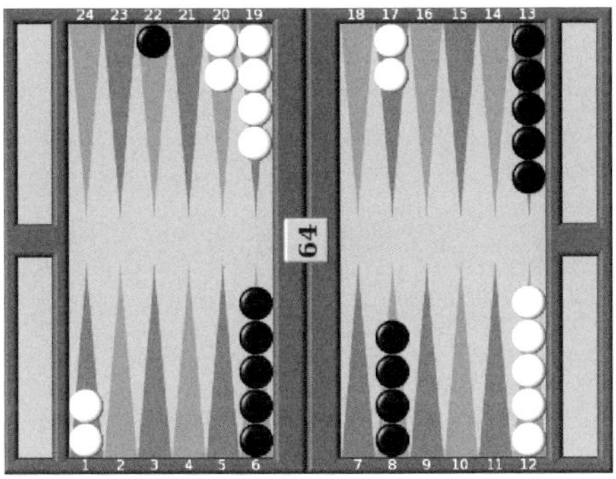

3. S 62: 24/22 14/8

Der Blot im gegnerischen Außenfeld muss sofort in Sicherheit gebracht werden. Statt der Entwicklung des zweiten Renners hätte mit 13/11 aber auch ein weiterer Stein ins Außenfeld gesetzt werden können.

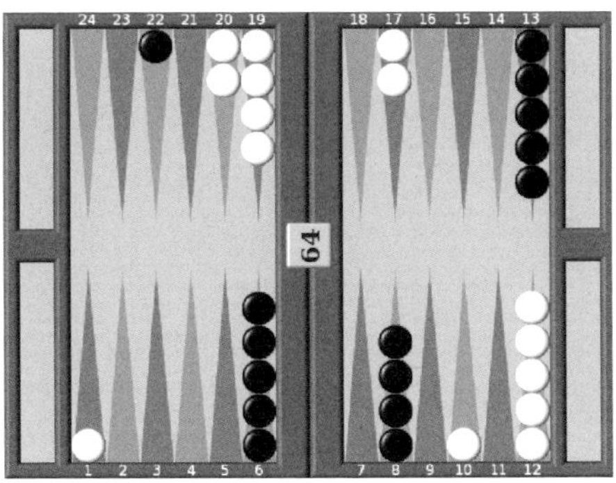

4. W 63: 1/10

Auch Weiß versucht sofort, mit einem Renner zu laufen. Ein Schlagen auf dem 22-Punkt kommt nicht infrage, da bei einem Gegenschlag der eigene Stein auf eine weite Reise geschickt würde.

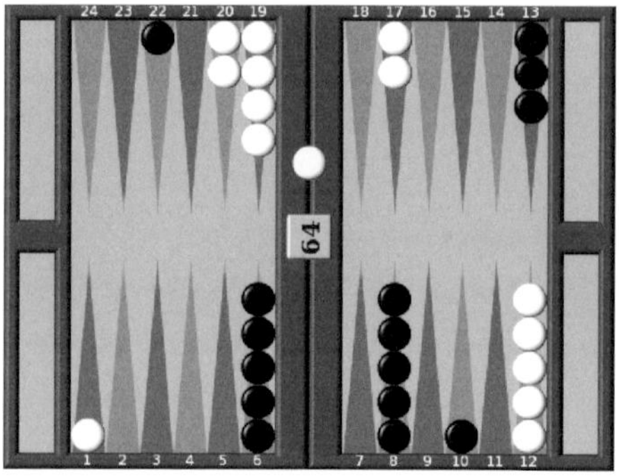

5. S 53: 13/8 13/10*

Selbstverständlich wird sofort geschlagen. Der zweite Wurfteil ist fast erzwungen.

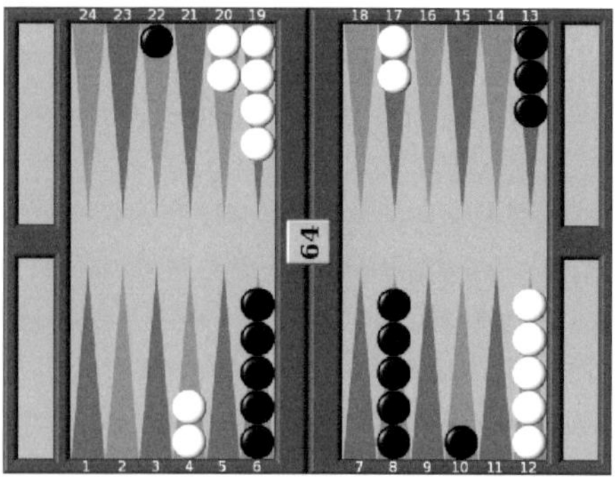

6. W 43: Bar/4 1/4

Der erste vorgerückte Anker in dieser Partie ist Wirklichkeit. Und damit hat Weiß bereits eine starke Position.

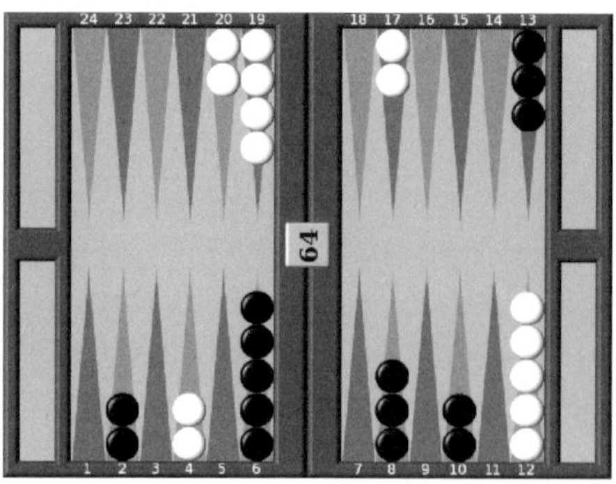

7. S 66: 22/10 8/2 (2)

Schwarz entkommt mit dem zweiten Renner, deckt den Stein im Außenfeld und besetzt einen der Heimfeldpunkte. Was besonders zu beachten ist: Mit dem 10-Punkt hindert Schwarz den Gegner bestmöglich, seine zwei Steine in Sicherheit zu bringen. Die mögliche Alternative 13/7 (2) macht zwar den Bar-Punkt, lässt jedoch einen Blot auf dem Mittelfeld stehen, der mit einem direkten Schuss erreichbar ist.

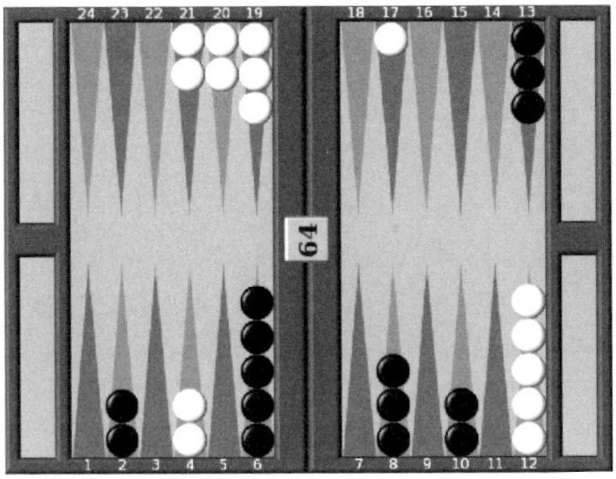

8. W 42: 17/21 19/21

Weiß macht einen weiteren wichtigen Heimfeldpunkt. Sollte ihm bald ein Treffer gelingen, wird Schwarz beim Entkommen stark behindert.

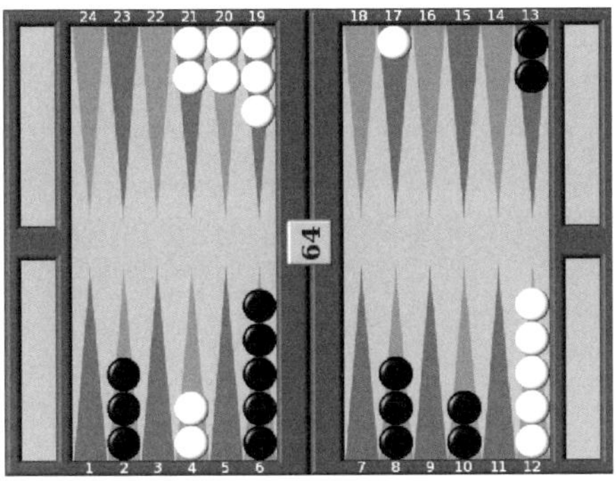

9. S 65: 13/2

Schwarz lässt angesichts des bedrohlichen weißen Heimfelds keinen Blot stehen.

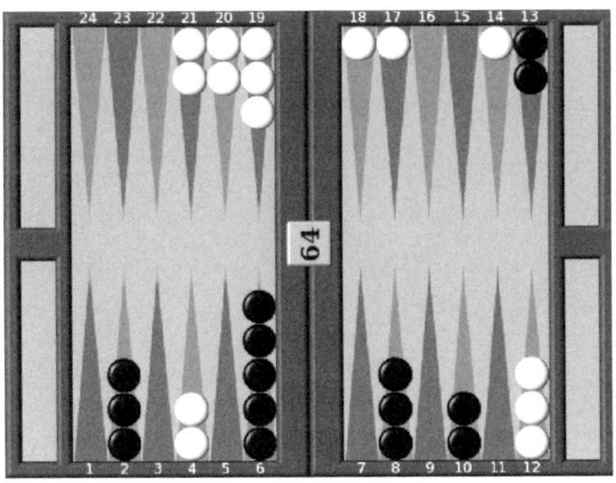

10. W 62: 12/18 12/14

Zwei Bausteine werden als Vorbereitung für weitere Heimfeldpunkte ins Außenfeld gezogen.

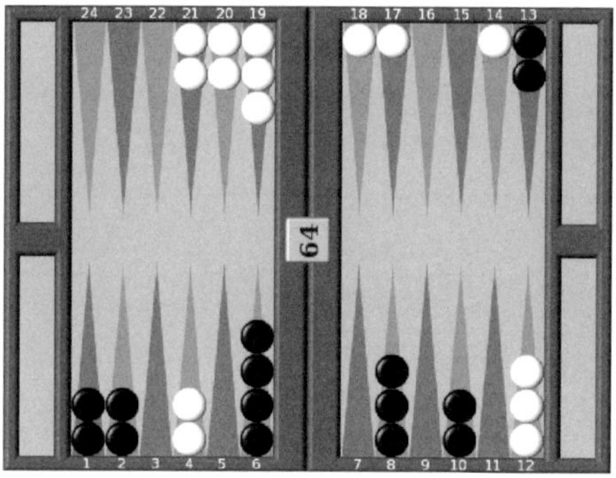

11. S 51: 6/1 2/1

So gut der Bar-Punkt ins Konzept passen würde, so gefährlich wäre es, einen Blot stehen zu lassen. Daher die Sicherheitsentscheidung!

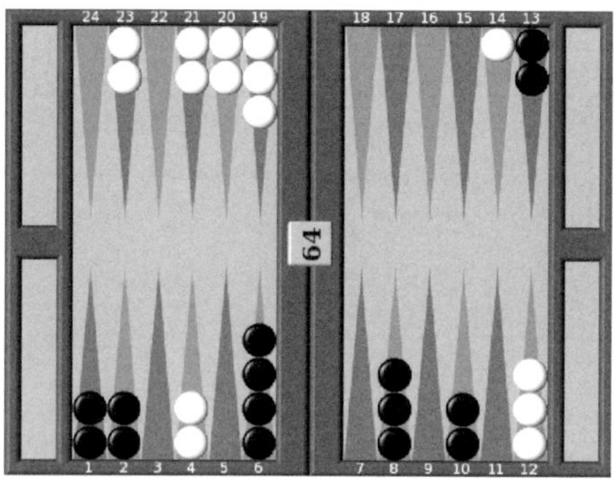

12. W 65: 17/23 18/23

Weiß liegt im Pip Count bereits deutlich zurück, daher muss der Gegner gehindert werden, seine Steine heimzubringen. Ein starkes Heimfeld kann im Schlagfall Wunder wirken. Um die Chance auf einen Treffer zu erhöhen, muss Weiß seinen Anker sowie den Mittelpunkt besetzt halten. Nach 12/18 12/17 steht zwar eine 5er-Prime, doch bleibt der Blot auf dem 12-Punkt exponiert.

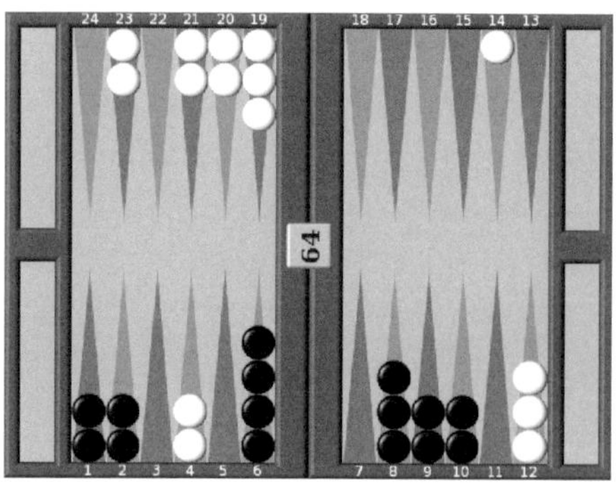

13. S 22: 13/9 (2)

Der Mittelpunkt ist geräumt und die Blockade der weißen Ankersteine verstärkt. Da Schwarz im Rennen vorne liegt, wäre 13/11 (2) 10/8 (2) eine sehr gute Alternative.

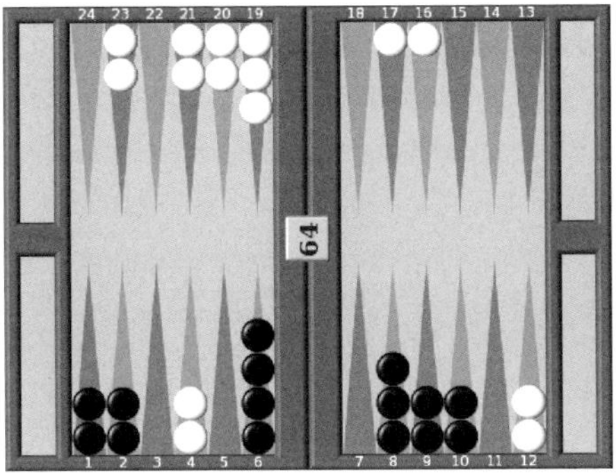

14. W 43: 12/16 14/17

Zwei weitere Bausteine warten darauf, den 22-Punkt zu besetzen.

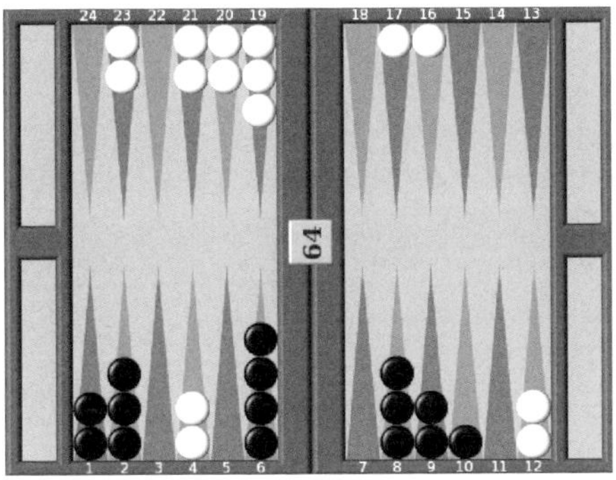

15. S 62: 10/2

Nun bricht das Unglück über Schwarz herein. Es gibt keine Zugmöglichkeit, die einen direkten Schuss des Gegners verhindert. Folgerichtig wählt Schwarz das geringste Übel und beginnt mit dem Räumen des am weitest entfernten Punkts.

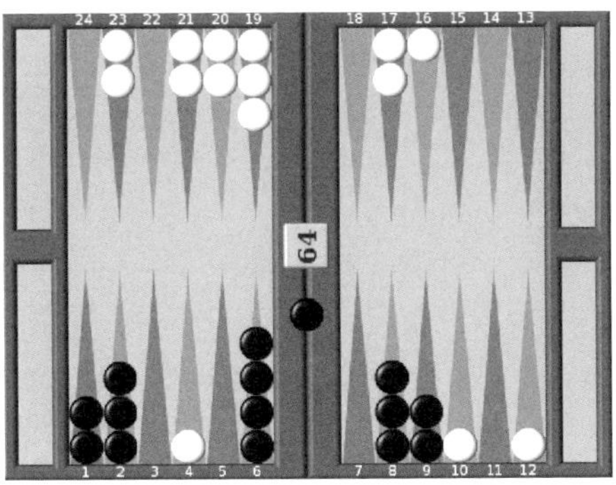

16. W 65: 4/10* 12/17

Treffer! Und auch der 17-Punkt wird gedeckt.

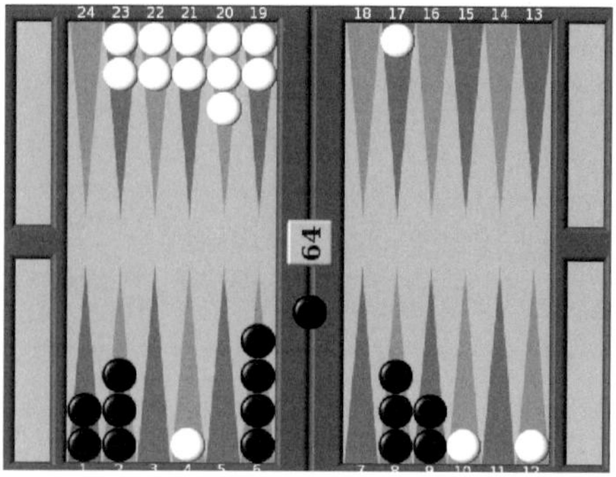

17. S 52: setzt aus

18. W 33: 16/22 19/22 17/20

Keine Frage, der 22-Punkt macht eine 5er-Prime möglich. Ein weiterer Baustein wird ins Heimfeld gebracht. Vielleicht kann es in den nächsten Zügen vollständig geschlossen werden.

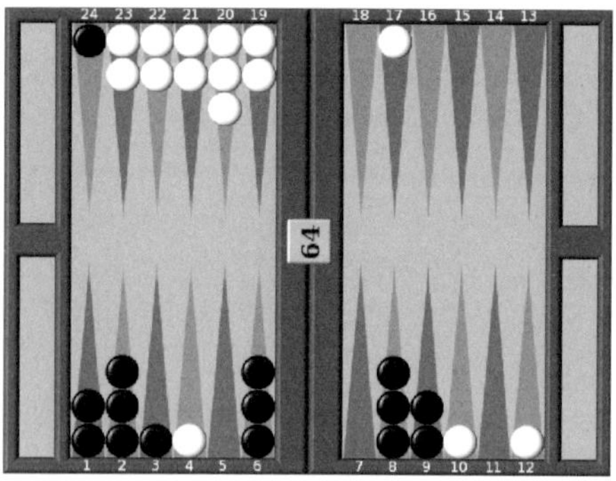

19. S 31: Bar/24 6/3

Optimal in Anbetracht der dramatischen Lage.

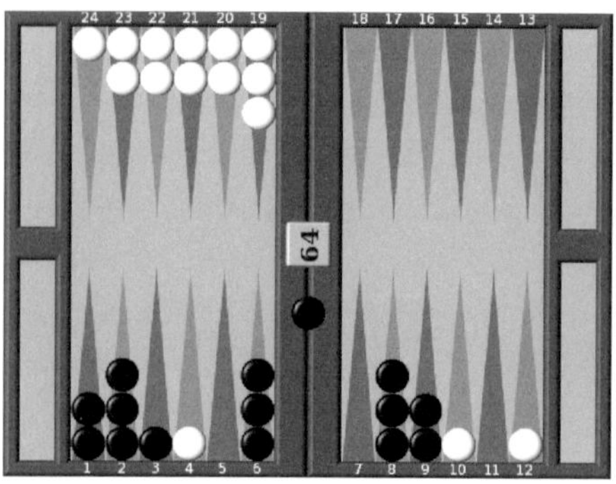

20. W 42: 20/24* 17/19

Kalkuliertes Risiko, sozusagen. Die Chancen auf eine „1“ werden nur bei 11 Würfen erfüllt, und ein Entkommen mit einer „6“ ist ebenfalls nicht mehr möglich. Im nächsten Wurf droht die völlige Schließung des Heimfelds.

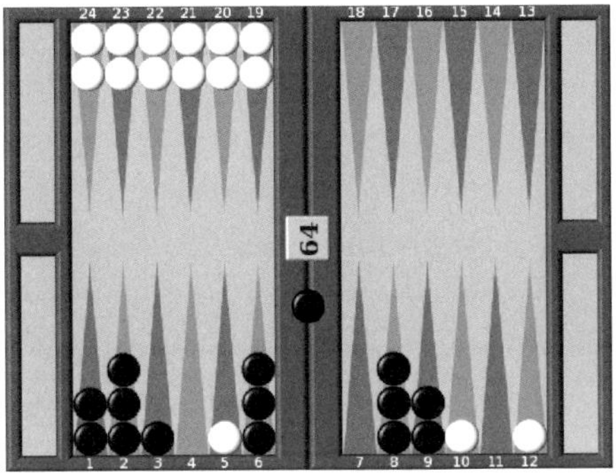

21. S 44: setzt aus

22. W 51: 19/24 4/5
Das Werk ist vollbracht! Schwarz steht vor einer unüberwindlichen Mauer und der letzte weiße Gefangene der Freiheit um ein Feld näher.

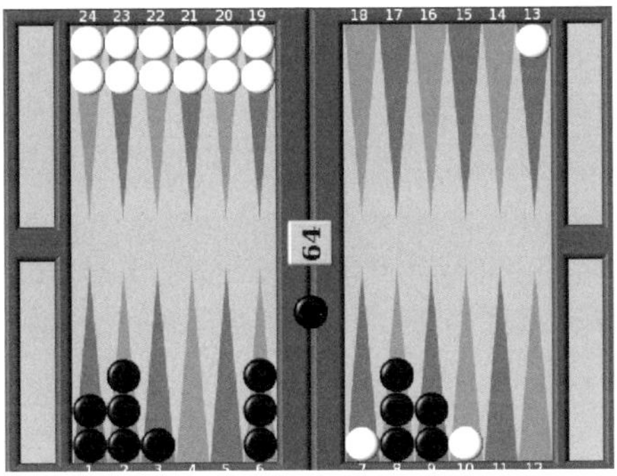

23. W 21: 5/7 12/13
Weiß bringt alles auf den Weg.

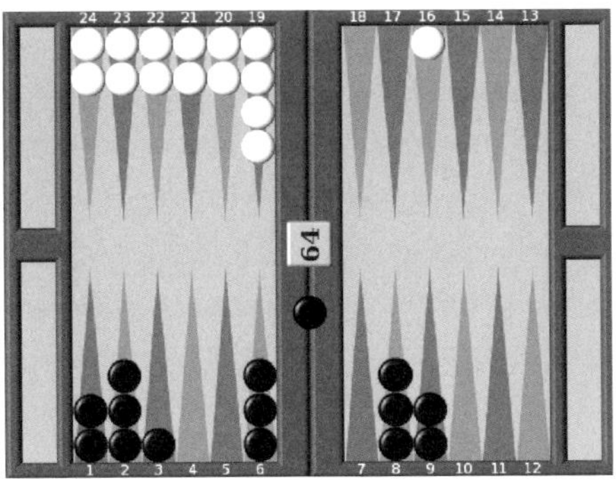

24. W 66: 7/19 13/19 10/16
… weiter rollen die Steine Richtung Heimfeld.

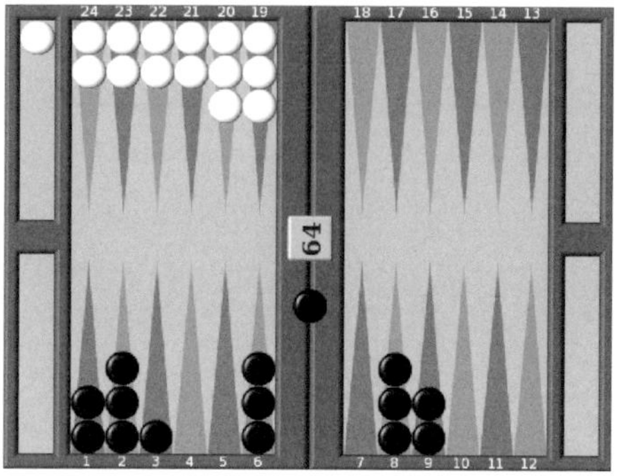

25. W 64: 16/20 19/off

Der sichere Weg, denn nun ist im nächsten Zug kein Blot denkbar.

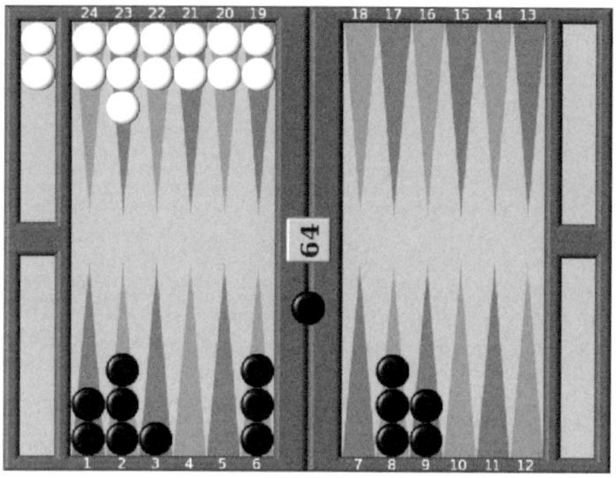

26. W 63: 19/off 20/23

Wieder korrekt gespielt.

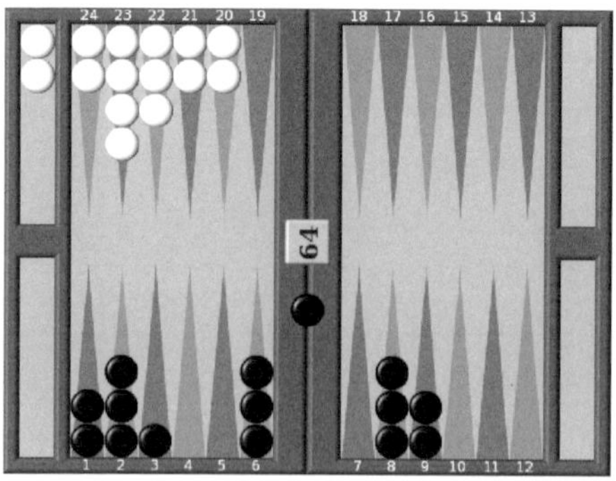

27. W 43: 19/23 19/22

Der am weitesten entfernte Punkt muss zuerst geräumt werden.

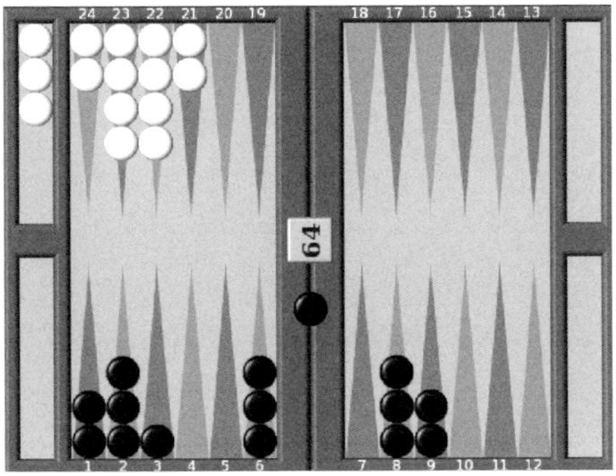

28. S 41: setzt aus

29. W 62: 20/off 20/22

Die Stellung ist sicher, da alle entfernten Punkte mit einer geraden Zahl von Steinen belegt sind.

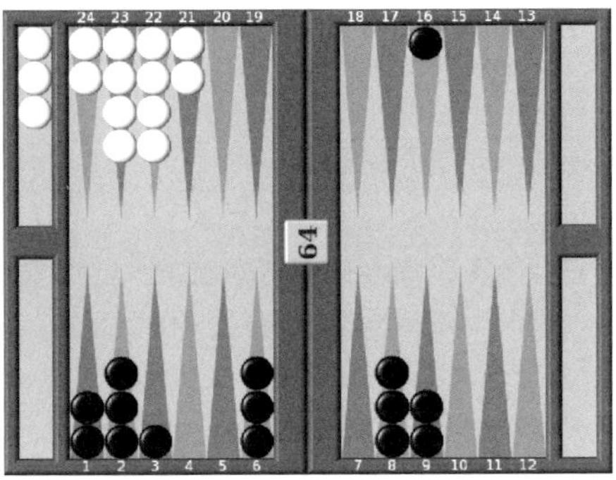

30. S 54: Bar/16

Endlich wieder in Bewegung …

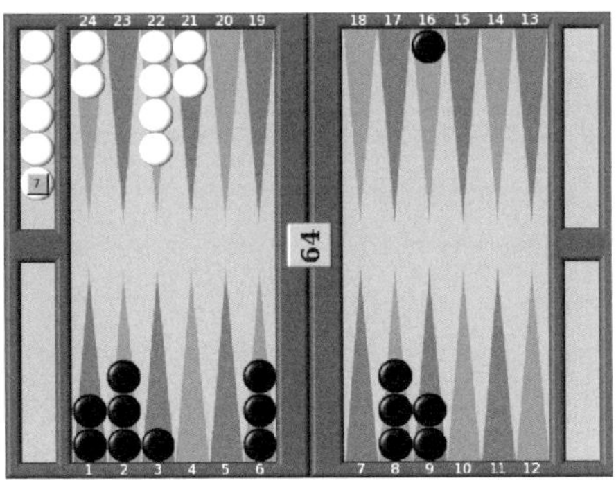

31. W 22: 23/off(4)

Alles klar …

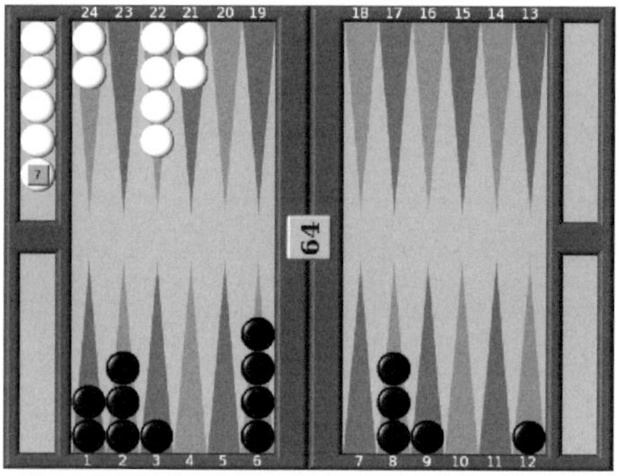

32. S 43: 16/12 9/6

Die Crossovers in einen anderen Quadranten können den Unterschied zwischen einfacher Niederlage und Gammon-Verlust ausmachen.

33. W 31: 22/off 24/off

Weiter geht's …

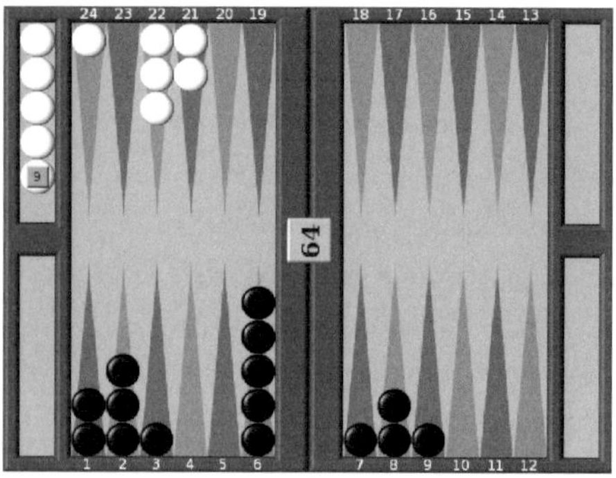

34. S 52: 12/7 8/6

Wettlauf mit der Zeit …

35. W 53: 21/off 22/off

Kein Kommentar!

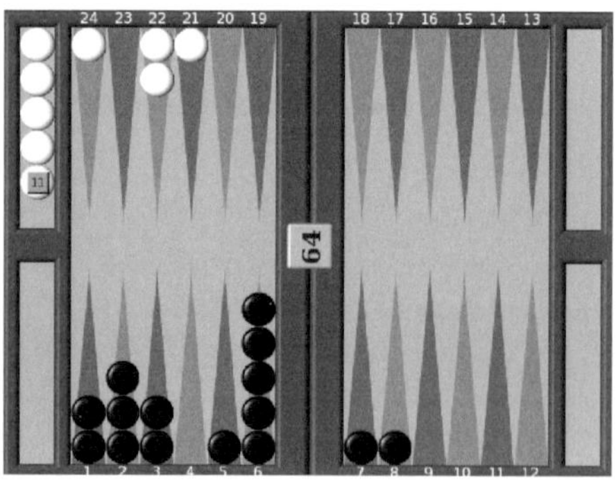

36. S 63: 9/3 8/5

Es wird knapp …

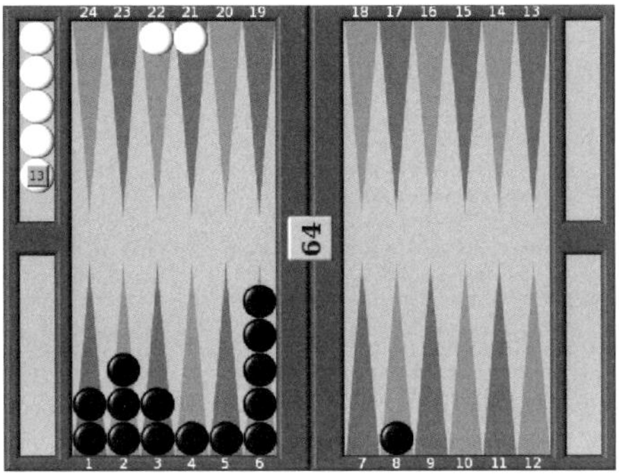

37. W 31: 22/off 24/off
Schon gehabt!

38. S 21: 7/4
Warum werden nicht beide Steine ins Heimfeld gezogen? Simple Antwort: Was geschähe, wenn der nächste Wurf ein 44 brächte? Sehen Sie selbst …

39. W 22: 21/off 22/off – Ende des Wettlaufs und Sieg mit Gammon.

Resultat: 2 Punkte für Weiß

Blockadespiel – Priming Game **

Dem Grundsatz des Backgammons entsprechend, versuchen beide Spieler, gegnerische Steine hinter einer langen Blockade (eng. Prime) gefangen zu halten. Gelingt dies, haben wir den Prototyp des Priming Games vor uns, eigentlich eine Sonderform der Holding Games (siehe dort). Jedenfalls werden hier von beiden Kontrahenten schwierige und feinfühlige Entscheidungen verlangt. Der bessere Spieler wird auch bei den Priming Games in der Regel die Mehrzahl der Partien gewinnen. Daher streben gute Spieler diesen Stellungstyp bewusst an.

GOLDENE REGELN

Welche Grundstrategien gelten für die Blockadespiele?

- Bilden Sie eine möglichst lange Prime: Eine 5er-Prime ist besser als eine 4er-Prime. Verlängern Sie daher bei jeder Gelegenheit.
- Bauen Sie, wenn möglich, eine volle Prime und sperren Sie damit den Gegner aus.

- Bringen Sie Ihre Steine an den Rand der gegnerischen Prime, um diese so bald als möglich zu überspringen. Dies gilt auch bei einer 6-Steine-Prime, denn auch sie muss irgendwann aufgelöst werden.
- Schlagen Sie Steine am Rand der eigenen Prime, auch wenn Sie dabei ein gewisses Risiko eingehen müssen. Dadurch wird der Gegner statt nur einer Aufgabe (Überspringen) zwei (Einbringen des Steins und Überspringen) erfüllen müssen.
- Achten Sie auf Ihr Timing, das heißt auf die Möglichkeit, mit Steinen zu ziehen, die für die Prime nicht benötigt werden.
- Wenn Sie eine Prime aufbrechen müssen, starten Sie mit den vom Heimfeld am weitesten entfernten Punkten. Lassen Sie dabei möglichst keinen Blot stehen.
- Bilden Sie im gegnerischen Heimfeld wenn möglich einen Anker. Dadurch wird die Gammongefahr deutlich reduziert.
- Seien Sie sich der Tatsache bewusst, dass das Rennen bei diesem Stellungstyp eine relativ geringe Rolle spielt. Ausnahme: Das Spiel kippt in eine andere Richtung.
- Springen Sie bei jeder Gelegenheit über die gegnerische Prime und bringen Sie damit Ihren Stein ins Außenfeld.
- Doppeln Sie auch bei besserer Stellung erst dann, wenn Sie einen Stein über die Prime des Gegners bringen oder dieser seine 5er-Prime auf eine 4er-Prime verkürzen muss.
- Schlagen Sie im Normalfall gegnerische Steine, die dann hinter der Prime gehalten werden.
- Schlagen Sie einen gegnerischen Blot nicht, wenn Sie dadurch Ihr Timing verlieren und in der Folge vielleicht frühzeitig die eigene Prime aufgeben müssen.
- Reagieren Sie flexibel und spielen Sie nach dem Zusammenbruch Ihrer Prime zumindest auf Vermeidung eines Gammons, selbst wenn Sie damit den Sieg riskieren.

Tipp: Überlegen Sie jeweils zuerst ohne Ansicht des Diagramms, wie Sie einen Wurf spielen würden. Lesen Sie erst danach die Kommentare und Analysen.

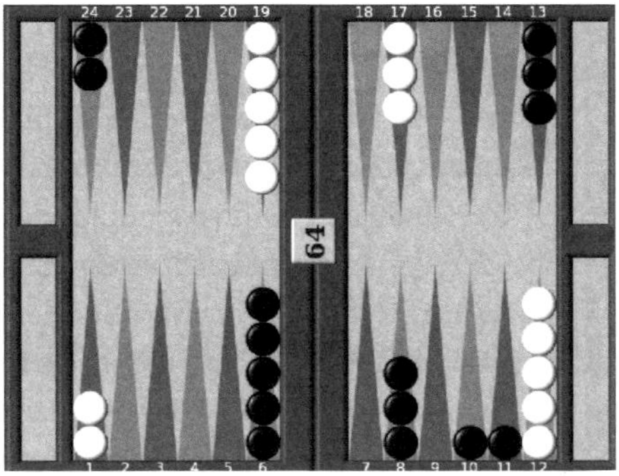

Partie & Analyse

1. S 32: 13/10 13/11

Schwarz bringt sofort zwei Bausteine ins Außenfeld. Das Risiko, geschlagen zu werden, spielt in der Frühphase kaum eine Rolle.

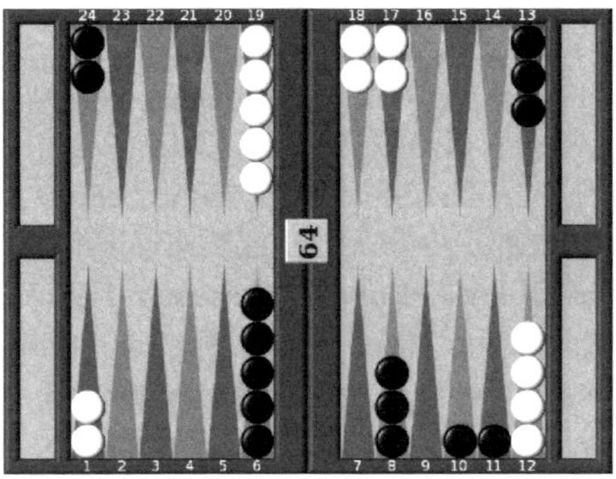

2. W 61: 12/18 17/18

Der Bar-Punkt wird sofort gemacht und damit den Rennern das Entkommen erschwert.

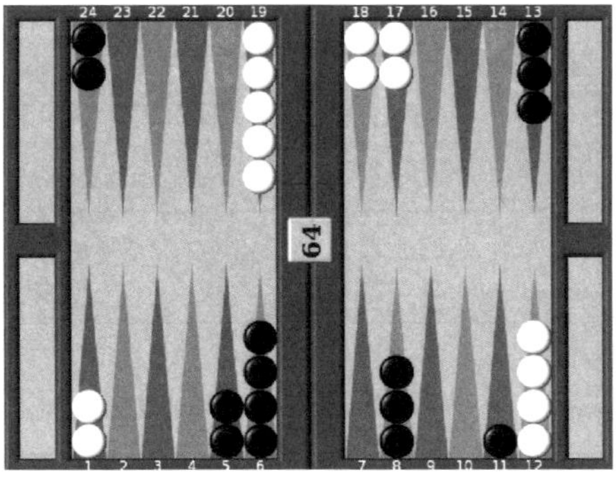

3. S 51: 10/5 6/5

Der Goldene Punkt ist erobert! Strategisch ist damit eines der Eröffnungsziele bereits im zweiten schwarzen Wurf erreicht.

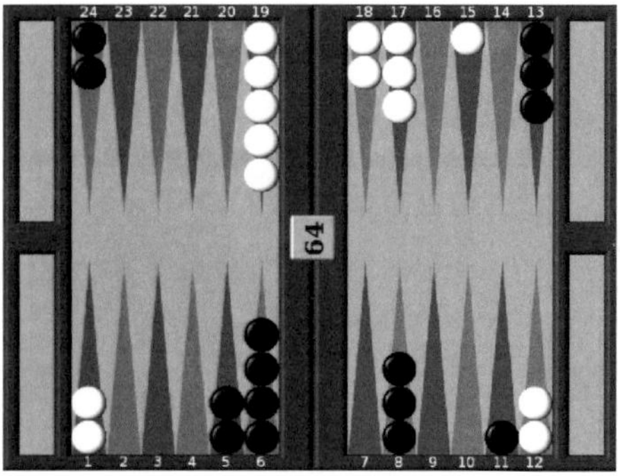

4. W 53: 12/17 12/15

Auch Weiß bringt zwei aktive Bausteine für die wichtigen hohen Heimfeldpunkte. Dies ist hier zweifellos einer Besetzung des 22-Punkts vorzuziehen, da ein Blitz (↑ Glossar) wegen der schwarzen Kontrolle des Goldenen Punkts nicht mehr möglich ist.

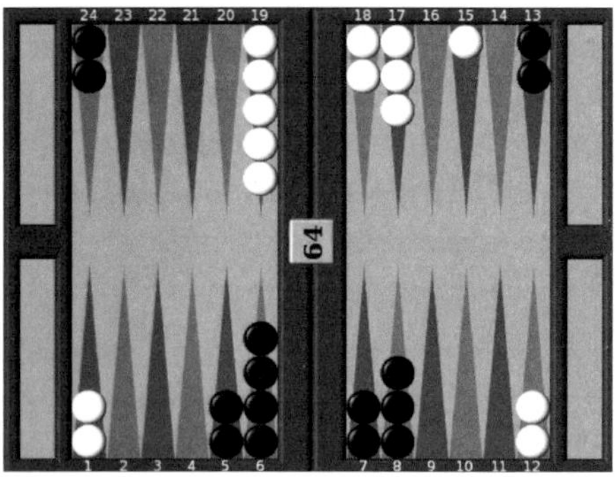

5. S 64: 13/7 11/7

Der Baustein aus dem ersten Zug erweist sich jetzt als goldrichtig gesetzt. Schon ist eine 4-Steine-Prime entstanden!

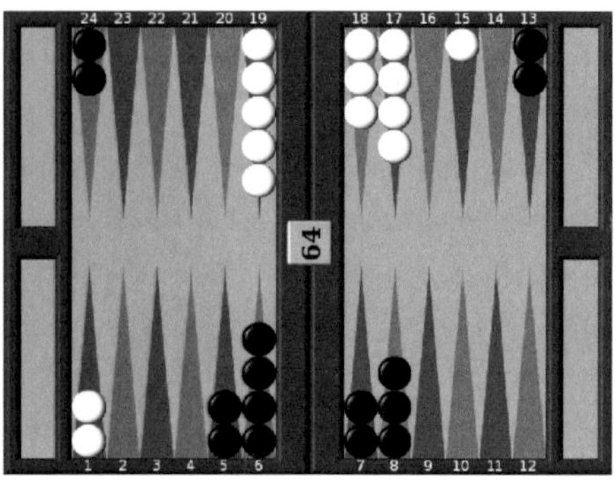

6. W 65: 12/18 12/17

Die einzige Möglichkeit, einen direkten Schuss des Gegners zu unterbinden. Die übliche Flucht eines Renners auf den Mittelpunkt ist hier ja nicht möglich.

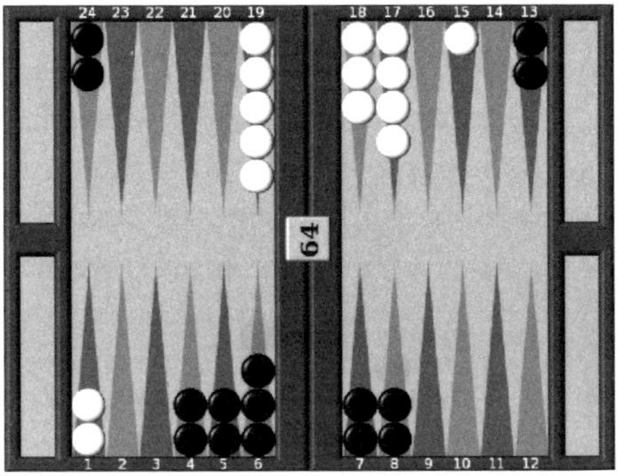

7. S 42: 8/4 6/4

Die Prime wird länger und länger …

8. W 44: 17/21(2) 19/23(2)

Zwei Heimfeldpunkte werden erobert, doch der 23-Punkt ist nur eine Notlösung.

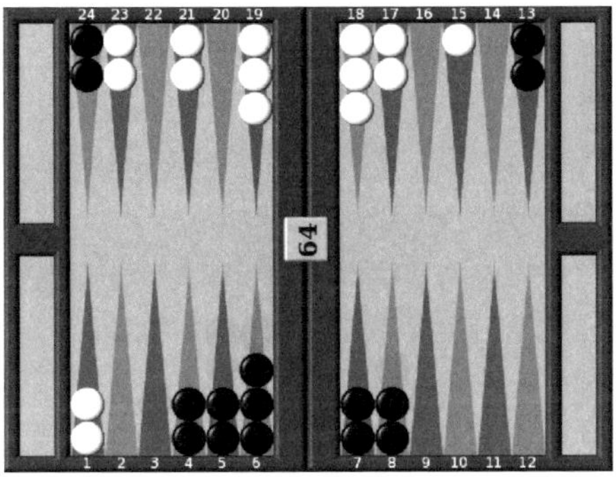

9. S: verdoppelt auf 2

Jetzt ist die Zeit für den Cube gekommen. Die 5er-Prime bringt einen deutlichen strategischen Vorteil.

10. W: nimmt an

Trotzdem ist noch nichts entschieden. Weiß ist Außenseiter, doch steht seine Chance, so zeigt die eingehende Analyse, besser als 1 zu 3.

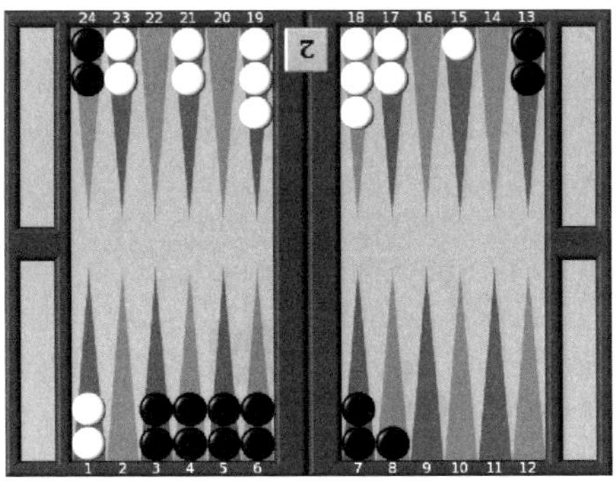

11. S 53: 6/3 8/3

Die Prime rollt und rollt … Auf dem 8-Punkt droht die Falle endgültig zuzuschnappen. Die volle Prime könnte im nächsten Wurf entstehen. Dem steht das geringe Risiko (1 zu 17) eines 61-Wurfs gegenüber.

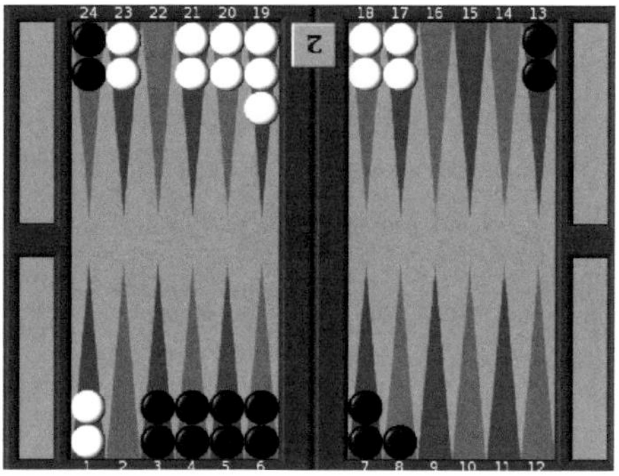

12. W 52: 15/20 18/20

Ein starker Wurf! Jetzt hat auch Weiß eine 5er-Prime auf dem Brett. Dennoch ist die schwarze Position deutlich besser, denn es kommt von nun darauf an, wer seine Prime länger aufrechterhalten kann. Schwarz hat zwei Steine auf dem Mittelpunkt stehen – und damit vorzügliches Timing. Er hat sozusagen den einen oder anderen Freiwurf. Beim Verdoppeln nach dem 8. Wurf musste sich Schwarz bereits dieses Stellungsbild gemacht haben.

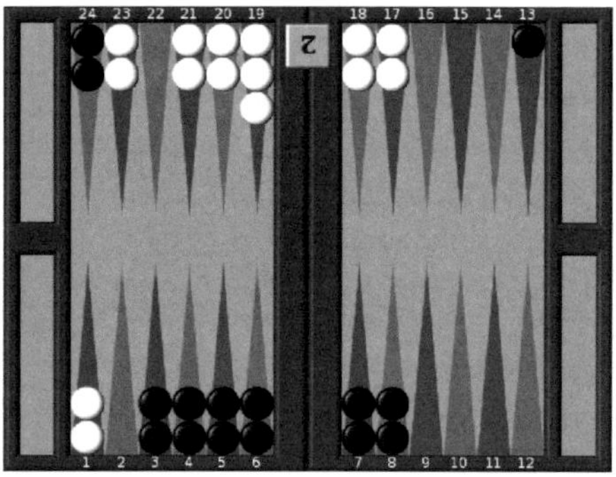

13. S 41: 13/8

Fast wie Zauberei! Schon ist die volle Prime Realität geworden. Weiß hat nun keine Möglichkeit, seine hinteren Steine in Freiheit zu bringen.

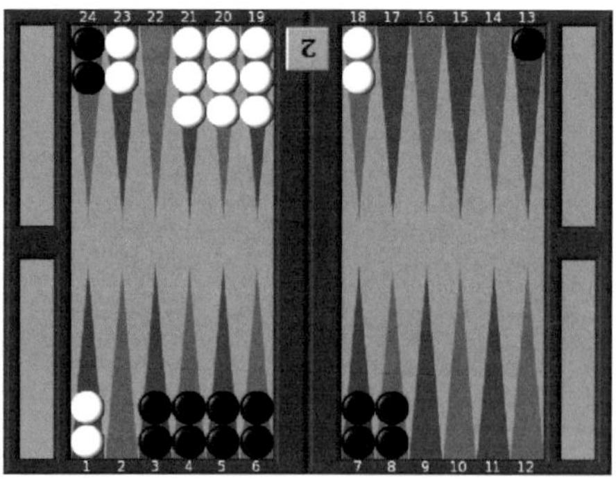

14. W 43: 17/21 17/20

Zugzwang! Schon beginnt die weiße Prime zu zerbrechen.

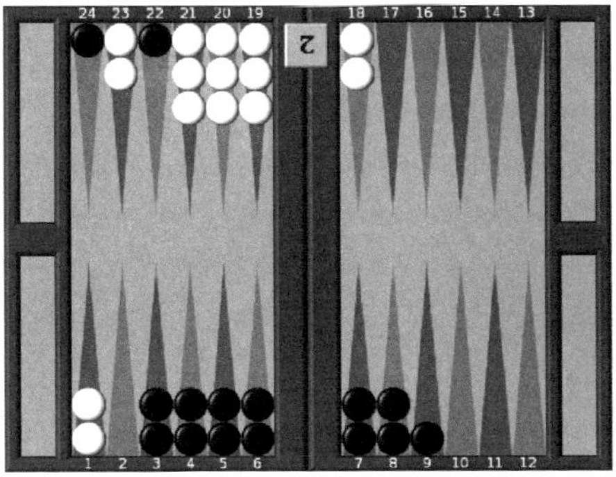

15. S 42: 13/9 24/22

Ohne zu zaudern, splittet Schwarz seine zwei Steine auf dem 24-Punkt. Ohne jedes Risiko, denn Weiß kann die volle Prime nicht überspringen. Werden die schwarzen Blots geschlagen, ziehen sie einfach erneut in die Schlacht. Weiß muss inzwischen wahrscheinlich seine eigene Prime weiter zerstören.

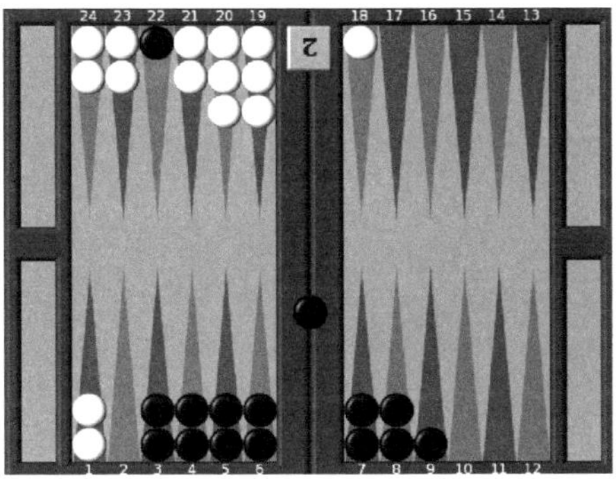

16. W 63: 18/24* 21/24

Schon ist es so weit. Das Ende wird nur verzögert.

17. S 52: setzt aus

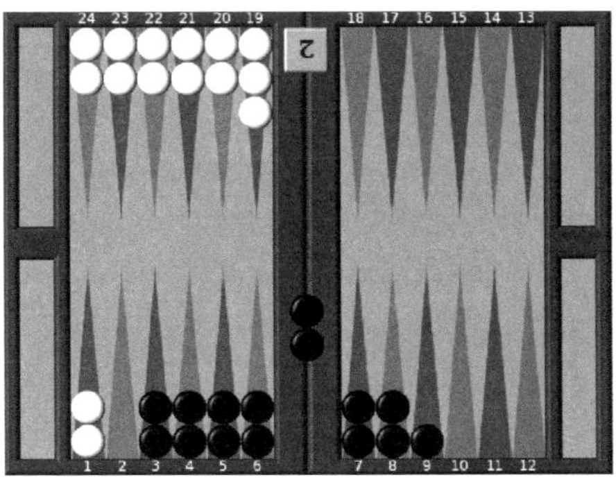

18. W 42: 18/22* 20/22

Eine späte Prime steht nun den zwei schwarzen Bar-Steinen gegenüber. Doch vergebens! Bald wird das Werk zerfallen.

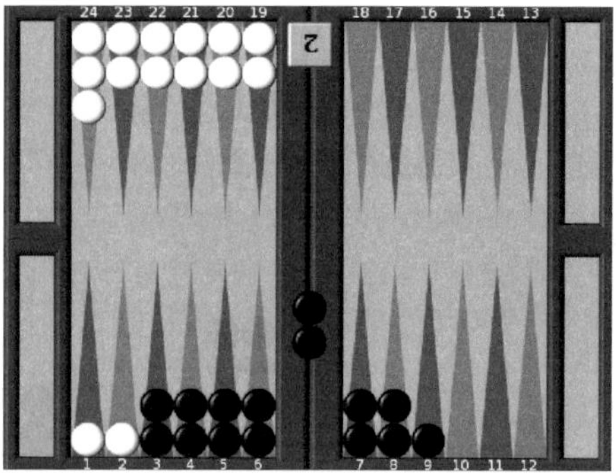

19. W 51: 19/24 1/2

Ein weiterer Blot in der Prime würde, falls getroffen, eine große Gefahr auf ein Gammon bergen. Daher werden die Steine auf dem 1-Punkt gesplittet. Korrekt.

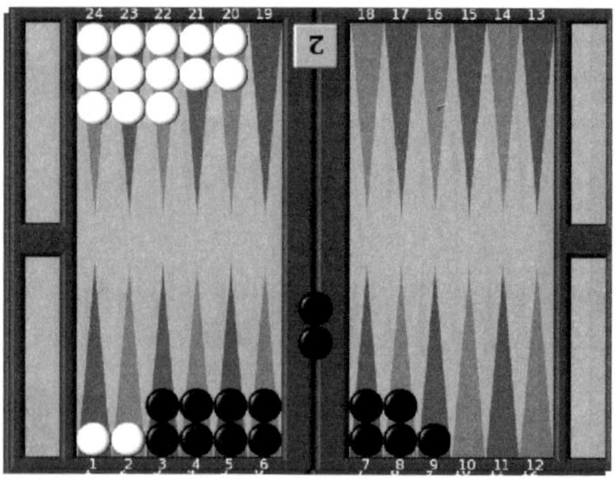

20. W 43: 19/22 19/23

Ein Auflösen der Prime ist nicht zu vermeiden. Dennoch spielt Weiß korrekt vom entfernteren 19-Punkt weg.

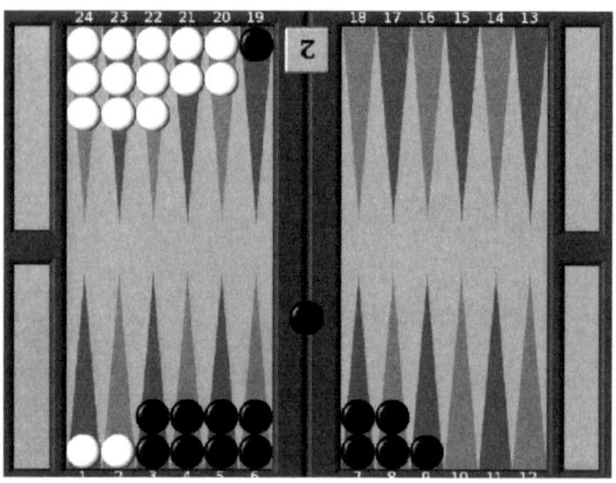

21. S 61: Bar/19

Der erste Stein ist frei.

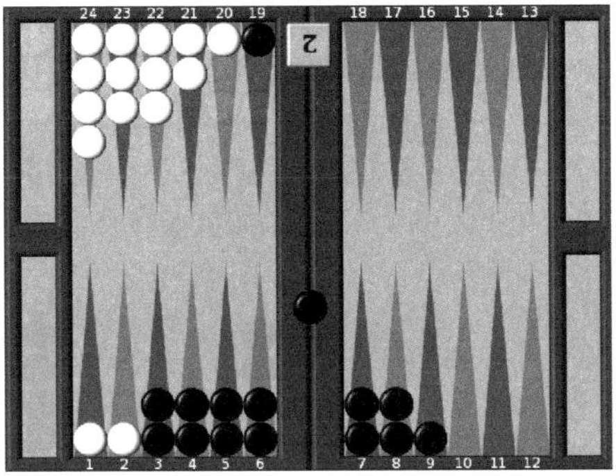

22. W 64: 20/24

Forciert!

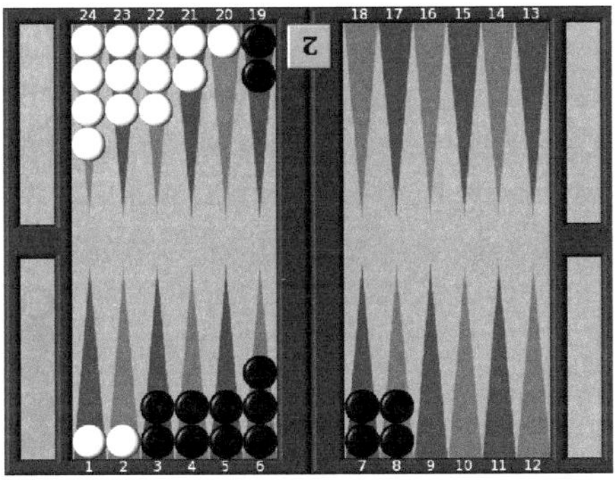

23. S 63: Bar/19 9/6

Schwarz hätte lieber mit einer 5 noch einen Blot abgeschossen. Dann wäre ein Gammon in Reichweite.

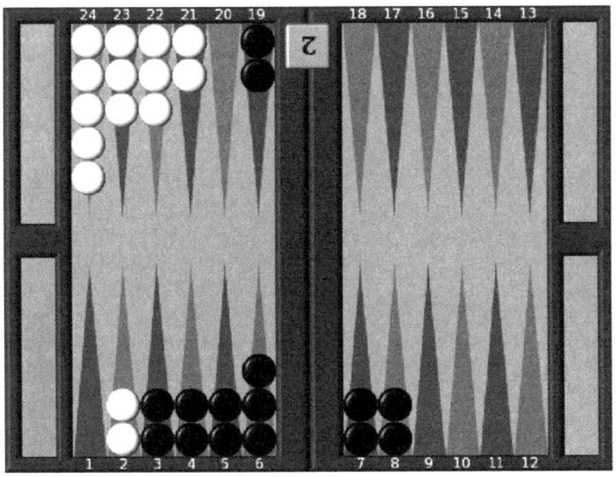

24. W 41: 20/24 1/2

Mit diesem Wurf ist zumindest der 2-Punkt gesichert. Damit wird das Gammon weniger wahrscheinlich.

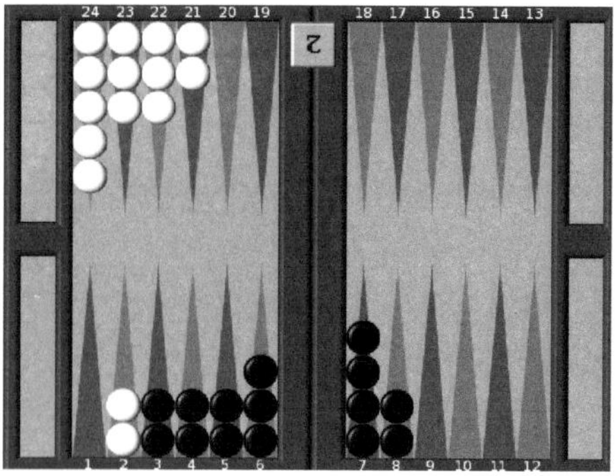

25. S 66: 19/7(2)

Diese großen Zahlen spielen in einem reinen Blockadespiel keine Rolle. Sie sind eher hinderlich, um präzise zu sein. Schwarz vermeidet das gierige 19/13(2) 7/1(2). Zwar stünden nach einem 5er-Wurf beide Blots zum Fressen bereit, mit einer erhöhten Gammon-Chance. Doch dem steht der Dublettenwurf 55 gegenüber. Damit könnte Weiß nicht nur entkommen, sondern in einem Rennen sogar noch den Sieg davontragen.

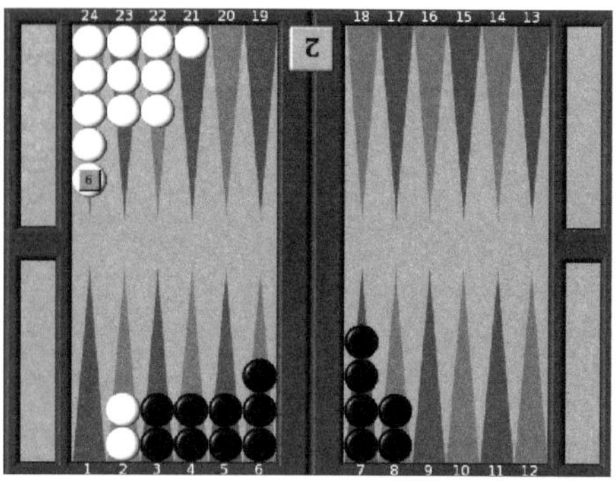

26. W 63: 21/24

Kein Kommentar.

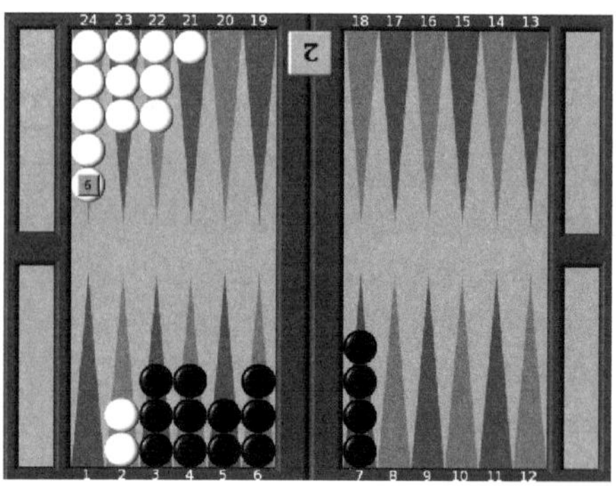

27. S 54: 8/3 8/4

Den Grundprinzipien des Heimführens entsprechend, klärt Schwarz seine Punkte von oben nach unten, ohne einen Blot stehen zu lassen. Das frühe Besetzen der tiefen Punkte mit 6/1 7/3 ist nicht ganz ohne Gefahr. Denn ein Folgewurf 61, 63, 64 oder 65

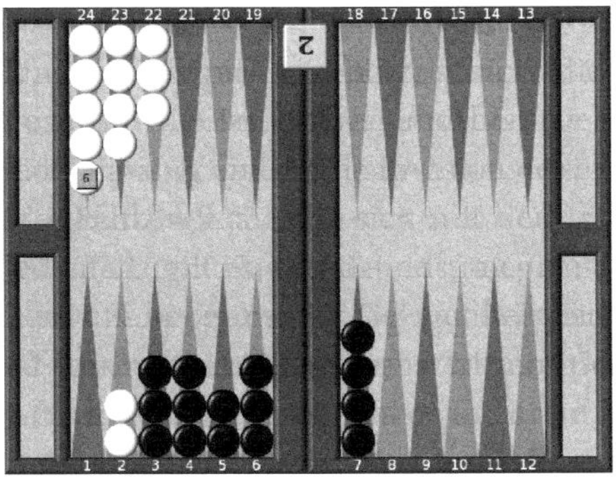

würde plötzlich eine Chance für Weiß auftun.

28. W 52: 21/23

Was sonst.

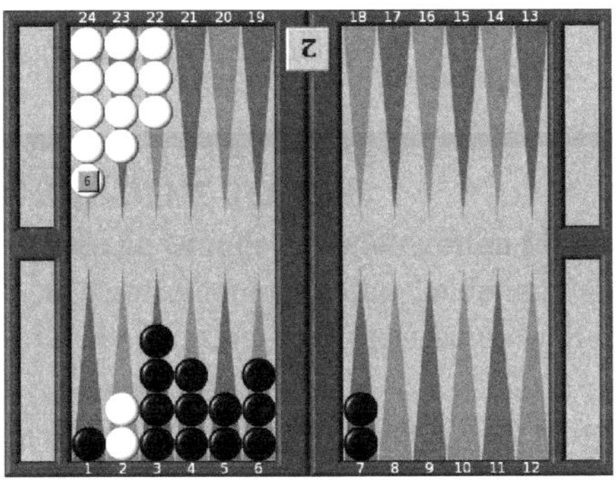

29. S 64: 7/1 7/3

Alles nach Plan.

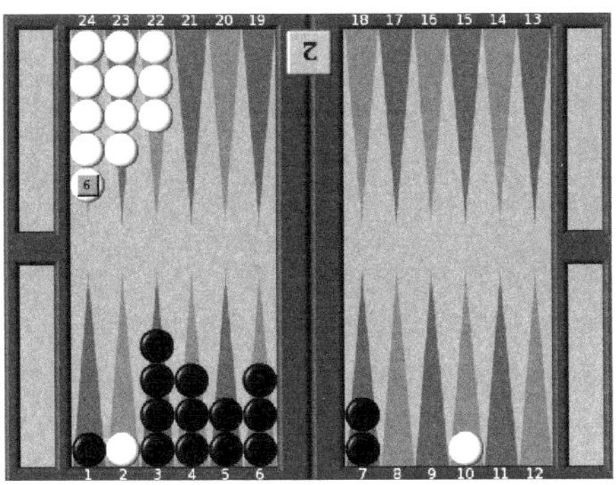

30. W 62: 2/10

Zu spät. Das Rennen ist gelaufen.

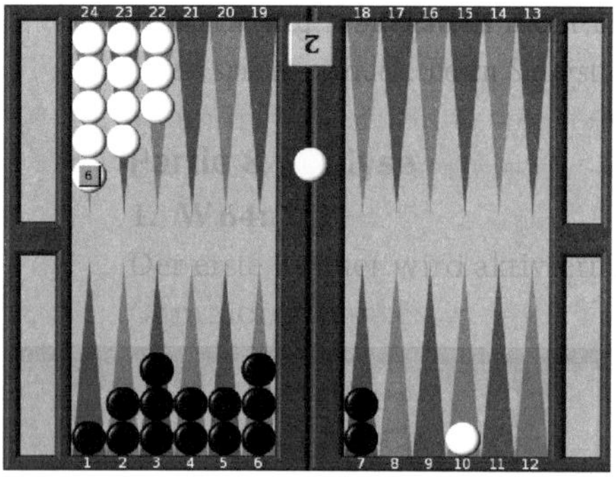

31. S 21: 4/2* 3/2

Hier hätte Schwarz fehlgreifen können. Nach 7/5 7/6 könnte ein glückliches 66 das Spiel drehen. Und nach 4/2*/1, einer brauchbar aussehenden Alternative, gäbe ein 62-Wurf Weiß zumindest eine winzige Chance. So aber steht eisern eine volle Prime!

32. W 55: setzt aus

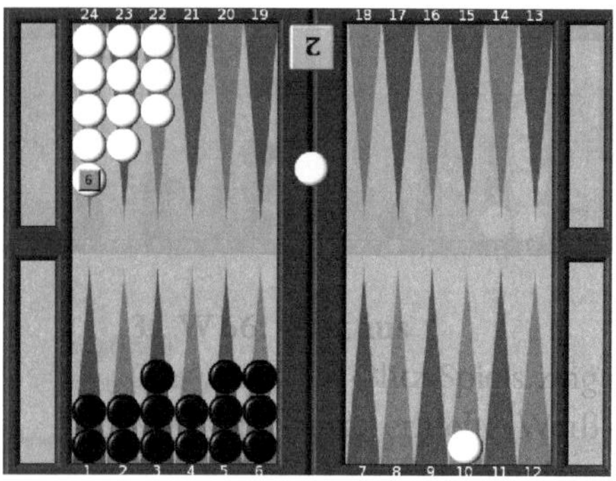

33. S 62: 7/1 7/5

Es spielt sich von selbst.

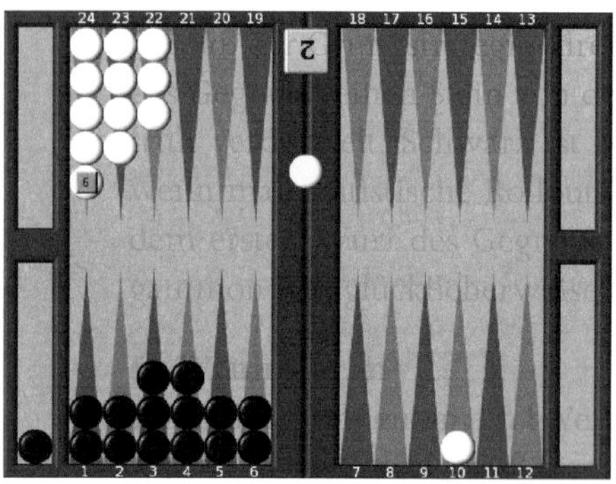

34. S 61: 6/off 5/4

Schwarz spielt auf absolute Sicherheit. Kein Wurf kann nun einen Blot stehen lassen. Hätte Schwarz sich stattdessen für 3/2 entschieden, wäre eine folgende 55- oder 66-Dublette ein Problem.

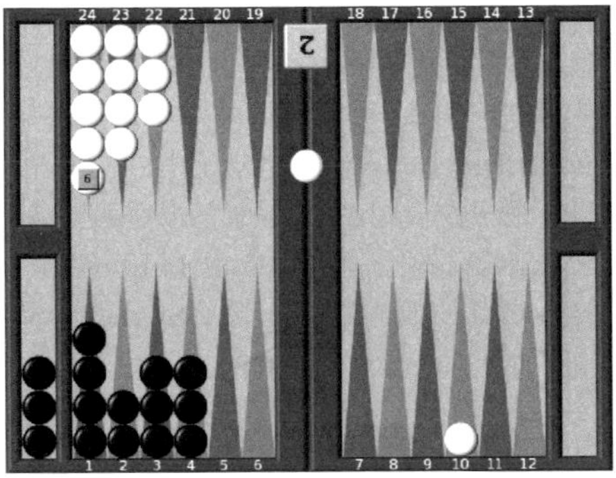

35. S 55: 6/1(2) 5/off (2)
Jetzt wird der Kommentar zum letzten Zug klar.

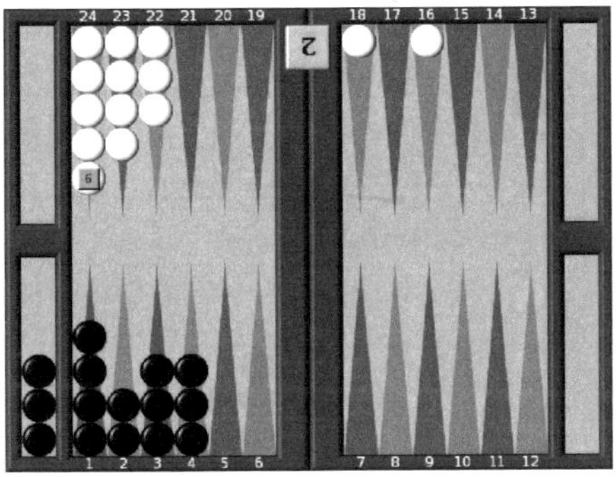

36. W 66: Bar/18 10/16
Das Gammon ist gebannt. Der Rest ist Schweigen. Weiß gibt auf.

Resultat:
2 Punkte für Schwarz

Back Game**

Anders als beim intuitiven Wettlauf gegen die Zeit wird beim Back Game ein Rückstand bewusst und mit Absicht in Kauf genommen. Zwei tiefe Anker im Heimfeld des Gegners lassen selbst bei enormem Rückstand im Rennen die Hoffnung leben, später einen Stein des Gegners zu schlagen und diesen hinter der eigenen Prime gefangen zu halten. Das Back Game ist schwierig zu spielen, denn es verlangt ein gutes Timing beim Vorrücken der eigenen Steine. Jedenfalls ist diese strategische Spielanlage aus der Ausgangsstellung heraus niemals das eigentliche Ziel, sondern quasi eine „aus der Not geborene“ Entscheidung, die sich erst im Verlauf der Partie als unumgänglich herausstellen kann.

GOLDENE REGELN

Welche Grundstrategien gelten für die Back Games?

- Machen Sie zwei Ankerpunkte im gegnerischen Heimfeld. Der 3-Punkt sollte möglichst dabei sein.
- Bauen Sie eine möglichst lange Prime auf den eigenen Feldern.
- Achten Sie vor allem auf das Timing. Werden Ihre Steine zu schnell um das Brett geführt, müssen Sie eventuell Ihre Prime vorzeitig aufgeben.
- Denken Sie daher an das Prinzip der „Recirculation“. Gemeint ist: Ein Stein zieht über die gegnerische Prime hinweg, wird geschlagen, zieht wieder darüber hinweg, ...
- Lassen Sie gegen ein Back Game möglichst keine direkten Schüsse zu.
- Bauen Sie gegen ein Back Game eine möglichst ungebrochene Prime.
- Räumen Sie im Kampf gegen die tiefen Anker Ihre Punkte von „oben nach unten“ (8-Punkt, dann 7-Punkt, ...)
- Doppeln Sie gegen ein Back Game des Gegners erst dann, wenn Sie vor den Ankerpunkten nur mehr drei besetzte Punkte haben.
- Doppeln Sie als Back-Game-Spieler erst dann, wenn Sie tatsächlich einen erfolgreichen Schuss gemacht haben, egal wie die Chancen vor dem Wurf stehen.
- Vermeiden Sie Anker auf dem 1-Punkt. Hier zeigen Rollouts (siehe unten), dass die meisten Punkte verloren werden und ein Verdoppeln des Gegners abgelehnt werden muss.
- Back Games mit mehr als zwei Ankerpunkten machen Sie auf jeden Fall zum Favoriten, falls Sie auch eine gute Prime aufbauen können. Lösen Sie im Spiel zuerst den höchsten Ankerpunkt auf.

Snowie 3-Rollouts

Mit dem Weltklasseprogramm *Snowie* 3 wurden lange Versuchs-Rollouts durchgeführt. Dabei konnten die durchschnittlich verlorenen Punkte des Back-Game-Spielers bei unterschiedlichen Ankerpunkten exakt berechnet werden. Ebenfalls angeführt wird in dieser Tabelle der korrekte Verdopplungswürfeleinsatz.

Tabelle 16: Punkte, die aus Back-Game-Positionen verloren werden (Grundstellung: 0,50)

Back Game	Verlorene Punkte	Verdopplungseinsatz
5-4	0,88	Double, Take
5-3	0,86	Double, Take
5-2	0,80	No Double, Take
5-1	1,24	Double, Pass
4-3	0,56	No Double, Take
4-2	0,71	No Double, Take
4-1	0,94	Double, Take
3-2	0,58	No Double, Take
3-1	0,80	No Double, Take
2-1	1,03	Double, Pass

Kommentar: Sie sehen schon, dass vor allem ein Back Game mit den 4-3- und 3-2-Punkten sehr aussichtsreich ist. Schlecht dagegen stehen die Chancen, wenn Sie den 5-Punkt zusammen mit dem 1-Punkt halten. Überhaupt bringt der 1-Punkt die schlechtesten Optionen.

Achtung: Sollte der Halte-Spieler im Rennen weiter zurückliegen (etwa um die 140 bis 150 Punkte), verbessern sich seine Chancen, da er ein günstigeres Timing findet. Seine Prime muss nicht schon zu früh gebrochen werden.

Tipp: Überlegen Sie jeweils zuerst ohne Ansicht des Diagramms, wie Sie einen Wurf spielen würden. Lesen Sie erst danach die Kommentare und Analysen.

Partie & Analyse

1 S 21: 13/11 6/5

Schwarz wählt die aggressivste Spielweise für diesen Wurf. Der Goldene Punkt wird unmittelbar ins Visier genommen und ein Baustein ins Außenfeld gebracht. 13/11 24/23 oder gar 24/21 ergäben ein wesentlich vorsichtigeres Spiel.

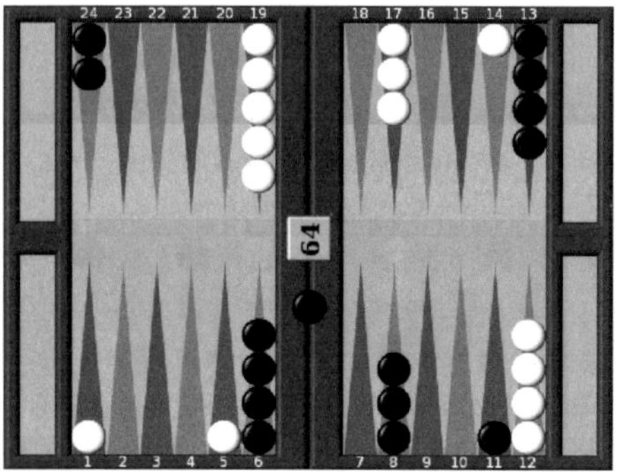

2. W 42: 1/5* 12/14

Weiß hat die Wahl: 19/21 17/21 brächte einen wichtigen Punkt im Heimfeld. Das Schlagen allerdings ist noch besser, besonders, da der Gegner droht, den Goldenen Punkt zu machen. Der zweite Wurf wird als Baustein gesetzt. Schon an diesem ersten weißen Zug wird klar, wie schnell man mitten im Kampfgeschehen steht. Jedenfalls dreht sich alles um den Goldenen Punkt.

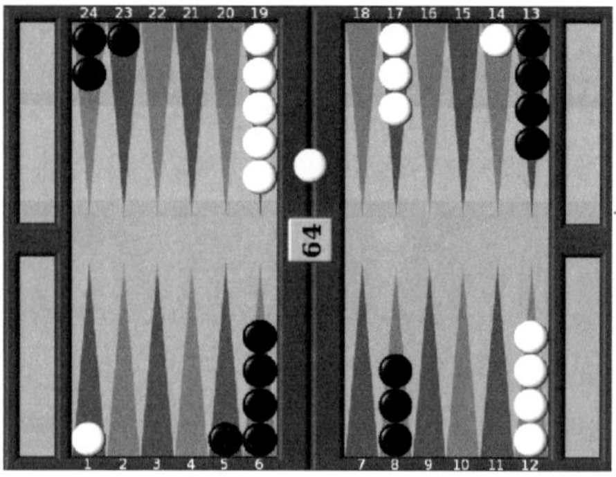

3. S 62: Bar/23 11/5*

Der Kampf um den Goldenen Punkt geht weiter. Schwarz fällt dadurch vielleicht im Rennen weiter zurück, doch spielt dies vergleichsweise kaum eine Rolle. Das Spiel könnte ja zum Back Game werden … Jedes zögerliche Sicherheitsspiel dagegen würde Schwarz auf lange Sicht in Nachteil bringen. Ewig lassen sich die eigenen Steine keinesfalls verstecken. Ein offensives, aggressives Spiel in der Eröffnungsphase ist jedenfalls das Gebot der Stunde. Beide Seiten haben dies klar erkannt.

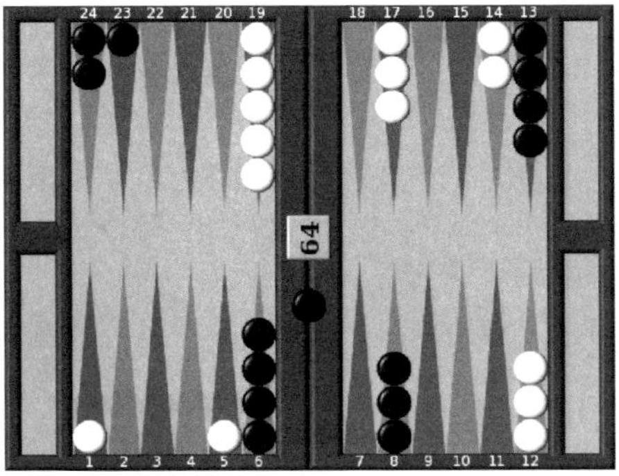

4. W 52: Bar/5* 12/14

Dieser gute Wurf hindert Schwarz am Besetzen des Goldenen Punkts und macht gleichzeitig einen Punkt im Außenfeld.

5. S 31: Bar/22 6/5*

Schwarz bleibt zu Recht aggressiv. Solange Weiß keine Heimfeldpunkte gemacht hat, hat Schwarz kein Problem, die Steine wieder einzusetzen.

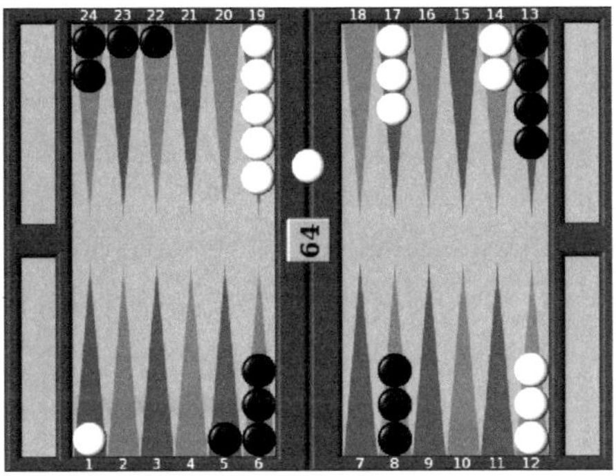

6. W 53: Bar/5* 19/22*

Das Schlagen auf dem 5-Punkt versteht sich wohl von selbst. Doch warum wird auch der 22-Punkt anvisiert? Die Theorie besagt doch, dass dieser tiefe Punkt wesentlich weniger verspricht, solange der 5-Punkt und der 4-Punkt offen sind. Nun, Weiß möchte den vollen nächsten schwarzen Wurf binden. Wird er nicht getroffen, kann er unter Umständen einen weiteren Heimfeldpunkt besetzen.

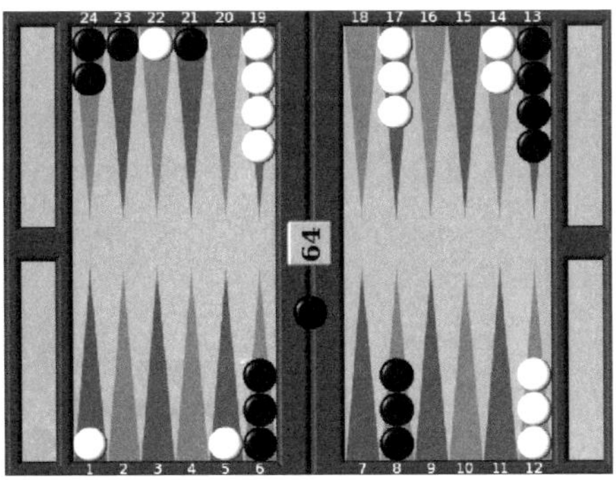

7. S 64: Bar/21

Schwarz bleibt in der Tat mit einem Stein draußen (er „tanzt“, wie es in der Fachsprache heißt).

8. W: verdoppelt auf 2

Angesichts der Position auf dem Brett sowie des ausgesperrten Steins liegt ein Gammon-Gewinn durchaus im Bereich des Möglichen. Also wird Schwarz zu einer frühen Entscheidung gezwungen: einen Punkt aufgeben oder ein Match auf Biegen und Brechen riskieren, mit eher ungewissem Ausgang.

9. S: nimmt an

Warum akzeptiert Schwarz den Fehdehandschuh? Einerseits ist der Weg zum Sieg für Weiß noch weit, andererseits ist es durchaus realistisch, dass Schwarz zwei Punkte im gegnerischen Heimfeld besetzen kann – und damit wäre ein Back Game auf dem Brett. Dem steht das Risiko gegenüber, nie einen Treffer zu landen. Dann wird es wohl eine Gammon-Niederlage geben oder gar ein schreckliches Backgammon gegen Schwarz.

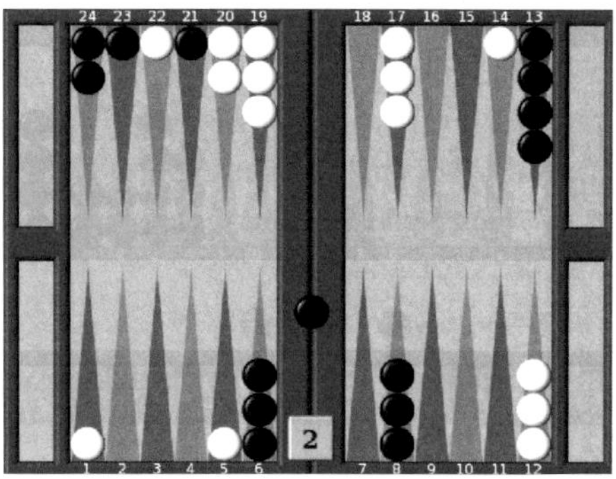

10. W 61: 14/20 19/20

Dieser Wurf ist ungemein vielseitig: 17/23* 22/23 macht – bei gleichzeitigem Schlagen eines Blots – einen tiefen Heimfeldpunkt (könnte zum Blitzspiel werden), 5/12 bringt einen Renner in Sicherheit, 12/18 17/18 besetzt den Bar-Punkt, und das tatsächlich gespielte 14/20 19/20 erobert den Goldenen Punkt. Eine gute Wahl: Stärke, Aggressivität, Drohpotenzial – dieser Zug hat alles, was man sich wünschen kann. Von hier können Primes Richtung 4-Punkt und 3-Punkt ebenso aufgebaut werden wie zum Bar-Punkt und 9-Punkt. Beachten Sie, wie problemlos und scheinbar ohne jede Rücksichtnahme auf das Schlagrisiko beide Seiten in dieser Spielsituation Blots stehen lassen!

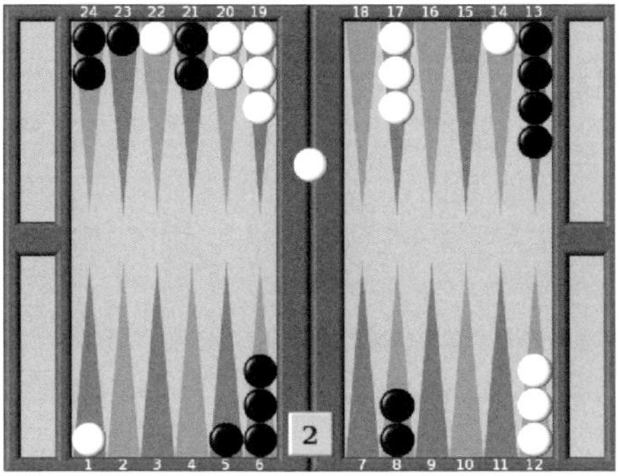

11. S 43: Bar/21 8/5*
Endlich ein guter Wurf von Schwarz. Ohne zu zögern, macht er den zweiten Anker im gegnerischen Heimfeld. Nun steht er zumindest für ein Back Game bereit. Es ist nicht das stärkste Back Game (siehe Tabelle oben), doch die Ankerposition kann vielleicht noch verbessert werden. Hier gilt für einmal das Prinzip „Hoffnung".

12. W 65: Bar/5*/11
Der Blot auf dem 5-Punkt wird automatisch geschlagen. Doch warum die Flucht ins Außenfeld? Alternativ stünde mit 12/18 ein Slotten auf dem Bar-Punkt zur Verfügung bzw. mit 14/20 ein Sicherheitszug aus dem eigenen Außenfeld. Tatsache ist, dass Schwarz den Bar-Punkt mit mehr als zwei Drittel seiner Würfe treffen wird. Das Risiko lohnt sich hier also nicht wirklich. Und einen Baustein für eine Überladung eines Heimfeldpunkts aufzugeben, ist unter starken Spielen keine Option. Ebenso wenig reizvoll ist ein Schlagen durch 17/23*. Ein wertvoller Stein für den Bar-Punkt wäre damit aus dem Spiel, was in der Folge nachteilig sein könnte.

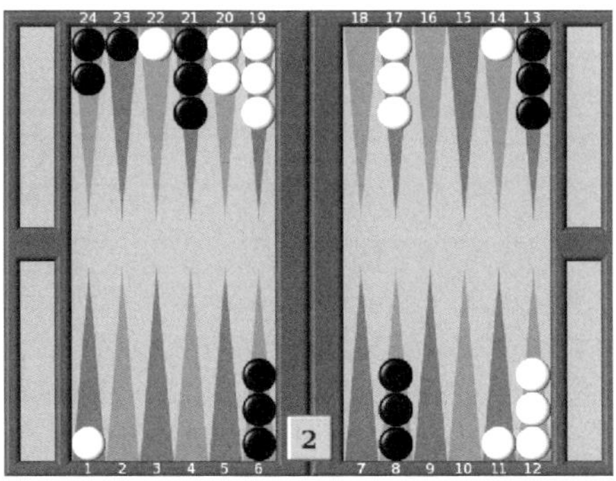

13. S 54: Bar/21 13/8
Einsetzen und einen neuen Baustein bringen – mehr ist im Moment nicht möglich.

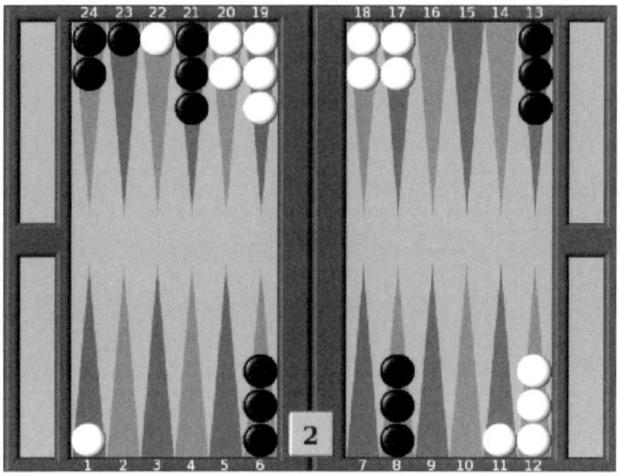

14. W 41: 14/18 17/18
Weiß entschließt sich ohne zu zögern, den Bar-Punkt zu machen. Warum stellt der Heimfeldpunkt 19/23* 22/23 keine brauchbare Alternative dar? Der Grund liegt in der eigenartigen Natur der Back Games. Hier kommt es nicht auf den einen oder anderen frühen Treffer an. Im Gegenteil: Von Schwarz wird vor allem Timing verlangt, das ist die Möglichkeit, seine Steine möglichst lange zur Verfügung zu haben, um nicht zu früh eine etwaige Prime aufbrechen zu müssen. Ein oder zwei Aussetzer auf der Bar sind daher kein Problem, sondern manchmal im Gegenteil sogar ein Vorteil. Schwarz hat ja seine zwei Haltepunkte schon sicher. Über kurz oder lang wird er daher seine Steine von der Bar ins Spiel bringen. Weiß strebt von nun an danach, eine möglichst starke Prime vor den Haltepunkten aufzubauen. Und dafür sind der 18-Punkt und der 16-Punkt absolut notwendig. Weiß versteht offensichtlich das Wesen des Back Games!

15. S 42: 13/9 24/22* Schwarz setzt einen weiteren Baustein ins Außenfeld und schlägt den weißen Stein auf dem 22-Punkt. Warum nicht 13/11*/7 mit Besetzung des eigenen Bar-Punkts oder 8/4 6/4 mit einem Heimfeldpunkt? Beide Optionen haben Sinn, sind jedoch wesentlich konservativer als das tatsächliche Spiel. Der Grund liegt im Plan von Schwarz, seinen Haltepunkt im gegnerischen Heimfeld aufzu-

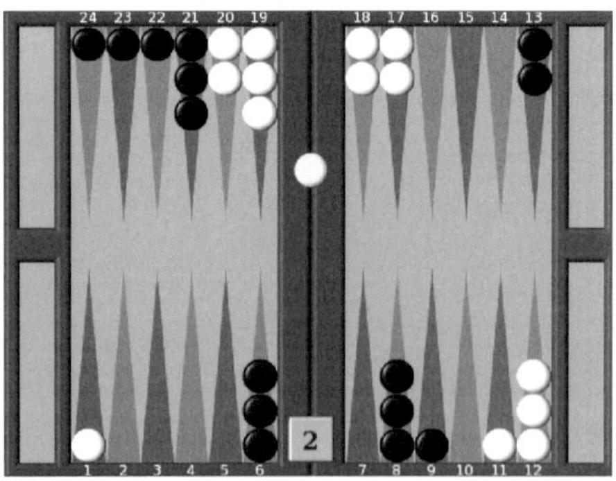

werten. Wie die theoretische Tabelle im Vorspann (Seite 173) zeigt, ist der 3-Punkt (hier: 22-Punkt) der Schlüssel zu einem exzellenten Back Game. Außerdem sollten die beiden Haltepunkte so nah wie möglich beieinander liegen. Der kleine Nachteil dieser Strategie: Dieses Schlagen hilft dem Weißen in seinem Bemühen, nicht zu schnell zu werden. Alles also auch eine Frage des Timings!

16. W 54: Bar/5/9*

Weiß schlägt den Blot, statt wie üblich den Goldenen Punkt zu machen. Der Grund ist einfach einzusehen: Schwarz droht im Moment nicht einmal entfernt, eine Prime zu konstruieren. Fast alle seine Steine sind auf der gegnerischen Bretthälfte festgehalten. Er hat also überhaupt keine Drohungen.

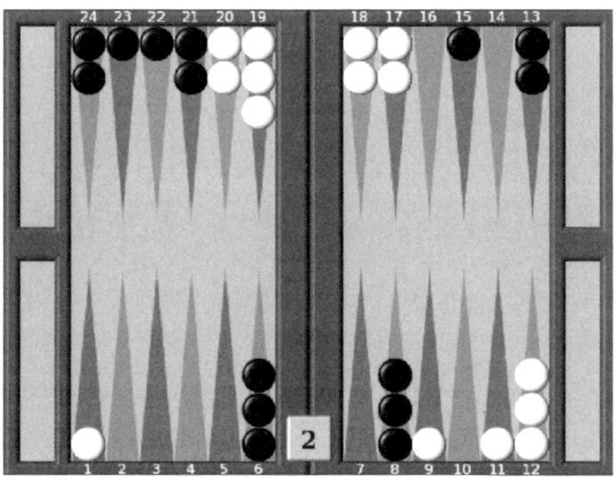

17. S 61: Bar/24 21/15

Wieder macht Schwarz seinen zweiten Ankerpunkt, allerdings auf dem gleichen Punkt wie schon zuvor.

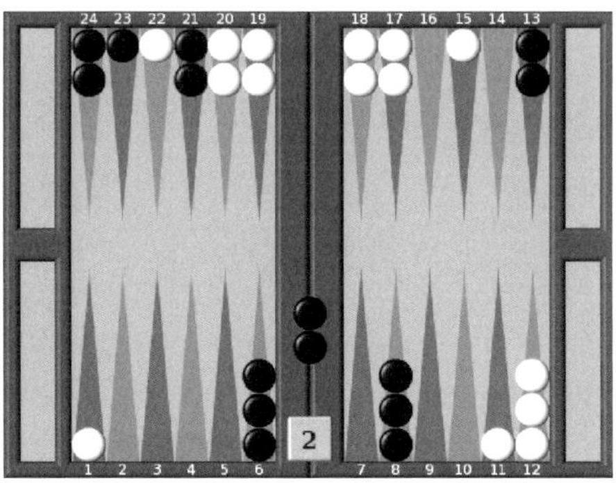

18. W 63: 9/15* 19/22*

Beide Treffer sind gut zu erklären: ein Baustein im Außenfeld und der Kampf um den exzellenten Ankerpunkt.

19. S 51: Bar/24

Kein Kommentar.

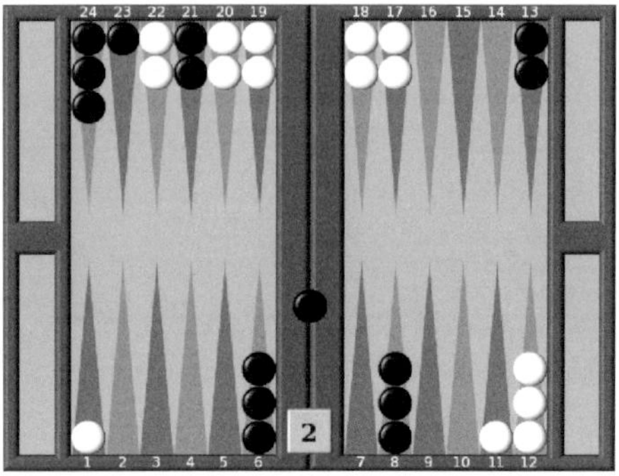

20. W 43: 15/22

Folgerichtig gespielt – Kein weiterer Kommentar notwendig.

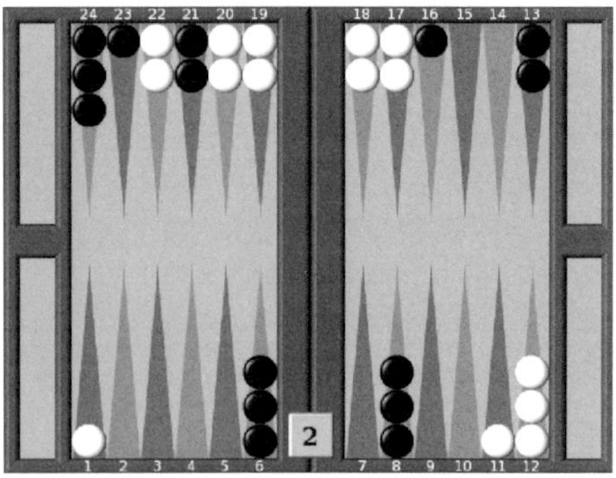

21. S 54: Bar/21/16

13/8, 8/3, 6/1* sind weitere Möglichkeiten. Doch Schwarz weiß um die Notwendigkeit, möglichst viele Steine im Umlauf zu halten (eng. Recirculation). Vom vordersten Punkt werden dabei Steine über die Prime hinweggespielt, geschlagen, wieder über die Prime hinweggespielt ... Der Grund: Es kommt, wie schon gesagt, auf das Timing an. Diese Recirculation ist bei Back Games wichtiger als das Schlagen gegnerischer Steine!

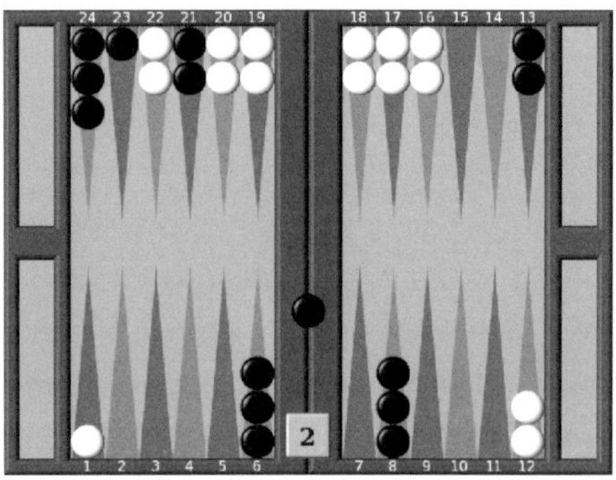

22. W 54: 11/16* 12/16

Weiß kann seine Prime auf 5 Punkte verlängern. Die letzte schwarze Chance auf ein freies Spiel ist damit dahin. Nur pure Back-Game-Strategie verspricht noch Hoffnung.

23. S 53: setzt aus

Einerseits schade, andererseits auch gut! Eine „2“ im Wurf hätte einen dritten Ankerpunkt gebracht, mit exzellenten Chancen auf einen späteren Treffer. Umgekehrt bedeutet der ausgesperrte Stein gutes Timing. Die schwarzen Steine müssen nicht frühzeitig gezogen werden.

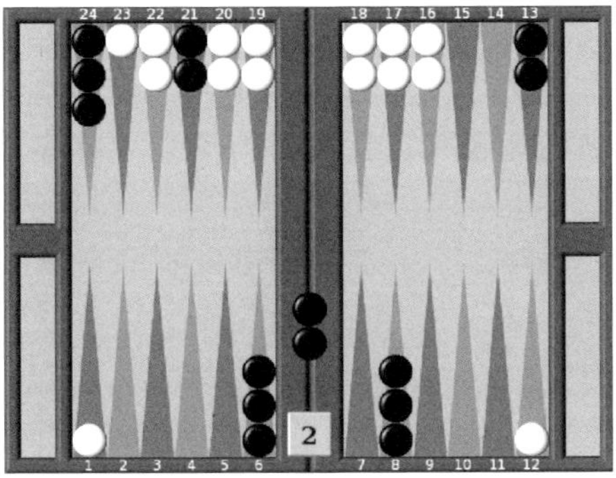

24. W 65: 12/23*

Mit lockerer Hand schlägt Weiß auf dem 23-Punkt, dem Schlüsselpunkt des ganzen Bretts. Drei Ankerpunkte würden für Schwarz mehr als nur einen Hoffnungsschimmer bedeuten, das verhaltene 1/12 dagegen von geringem Strategieverständnis zeugen.

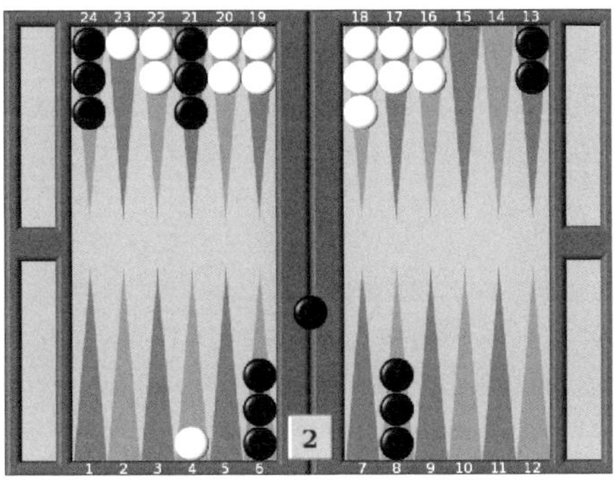

25. S 64: Bar/21

Ein Stein kommt zurück, allerdings nicht auf das Schlüsselfeld. Von nun an droht höchste Gefahr für Schwarz.

26. W 63: 12/18 1/4

Weiß bringt die Kanonen in Stellung: sprich den Stein auf Punkt 18 mit der Drohung, den 23-Punkt endgültig zu machen. Der zweite Wurf bereitet das Entkommen des letzten Renners vor. Ebenfalls möglich gewesen wäre, den Schlüsselpunkt unmittelbar mit 17/23 17/20 zu besetzen, wozu allerdings die 5-Punkte-Prime hätte aufgelöst werden müssen. So weit geht die Freundschaft nicht!

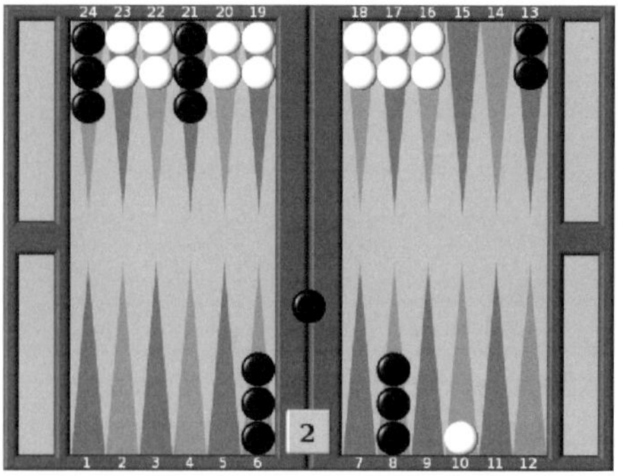

27. S 66: setzt aus

Mit einem Lächeln auf den Lippen. Hätte Schwarz die 6er-Dublette ziehen müssen, wäre sein Timing kaputt gewesen.

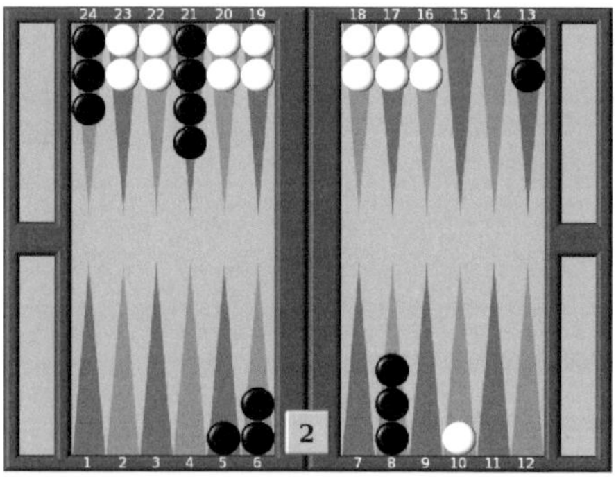

28. W 65: 4/10 18/23

Die Schlacht um den 23-Punkt ist entschieden: Wir haben ein klassisches 4-1-Back Game vor uns.

29. S 41: Bar/21 6/5

Natürlich entscheidet sich Schwarz, seinen Stein auf den 21-Punkt zu setzen. Von hier kann er ins Außenfeld springen, sobald er eine 6 wirft. Mit 6/5 wird die Eroberung des Goldenen Punkts vorbereitet.

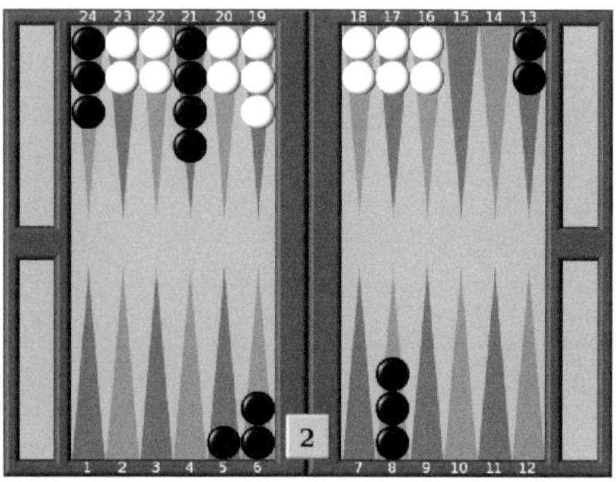

30. W 63: 10/19

Der letzte lose Stein entkommt in sichere Gefilde.

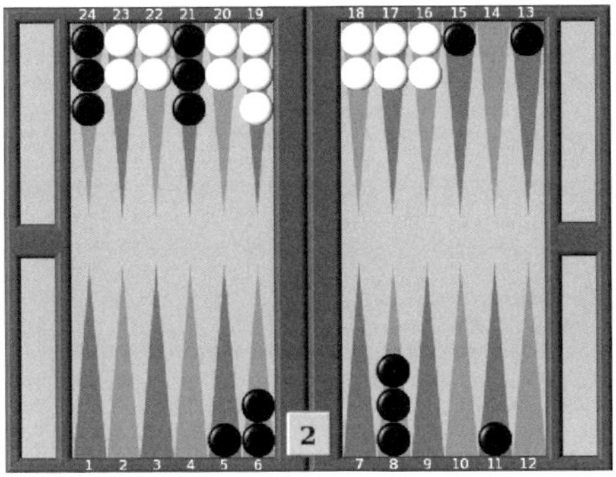

31. S 62: 21/15 13/11

Hervorragend gespielt! Der 5-Punkt (13/7/5) kann warten, da Weiß im Augenblick keine Blots stehen lassen wird. Wichtig ist die Beweglichkeit der schwarzen Steine, das Timing, wie schon an anderer Stelle betont. Jetzt wird Weiß seine Prime auflösen müssen, und damit beginnt eine neue Spielphase. Kaum bleibt ein Blot stehen, könnte Schwarz zuschnappen und das Spiel völlig drehen.

32. W 64: 16/22 16/20

Weiß löst seine Prime von hinten auf – die richtige Vorgehensweise. Keinesfalls darf Weiß nun einen Blot stehen lassen. Das könnte, martialisch gesprochen, tödlich sein.

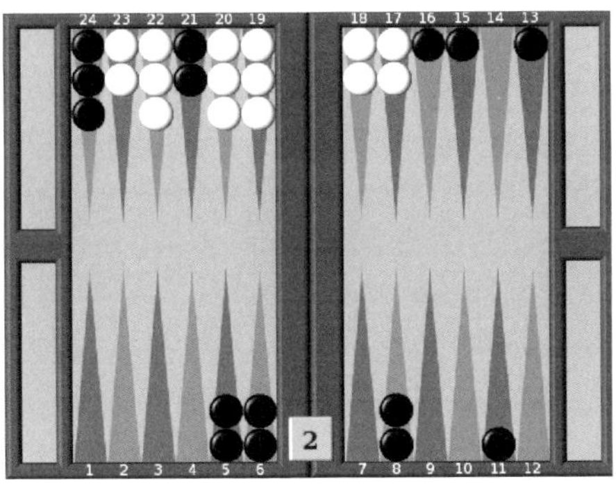

33. S 53: 21/16 8/5

Der nächste eigene Primepunkt wird gemacht, und ein weiterer Stein überspringt die gegnerische Prime.

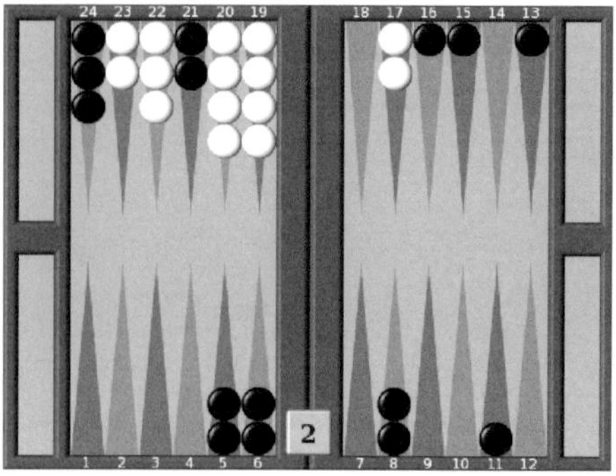

34. W 21: 18/19 18/20

Angesichts des Kommentars zum letzten weißen Zug mag dies für manchen Leser als Überraschung erscheinen. Doch genauer betrachtet ist diese Spielweise geradezu exzellent. Wieso? Nehmen wir an, Weiß lässt nach einem schlechten nächsten Wurf einen Blot stehen. Auf dem 18-Punkt ist dieser nur durch einen gegnerischen Punkt gefährdet, auf dem 17-Punkt dagegen hat der Gegner einen mehr als aussichtsreichen Double Shot! Sie erkennen daraus sicher schon die Voraussicht des Weißen.

35. S 65: 13/7 15/10

Schwarz kann den 4-Punkt und den 7-Punkt anstreben. Er entscheidet sich korrekt für Letzteren, da dieser eine 4er-Prime ermöglicht und zudem leichter machbar ist.

36. W 65: 17/23 17/22

Das Außenfeld ist Geschichte …

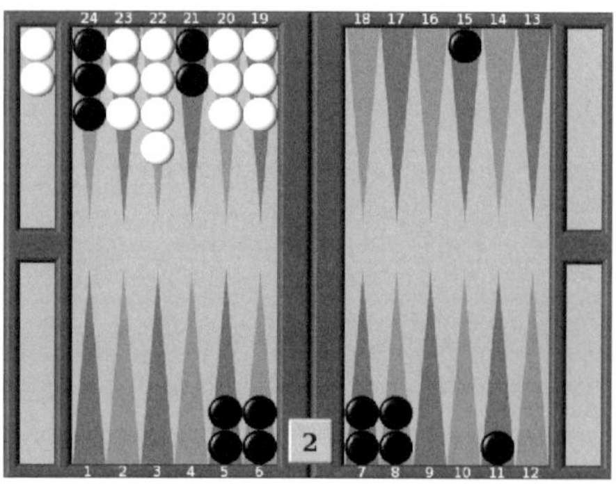

37. S 31: 10/7 16/15

Ein Zwischenziel ist erreicht – nun gilt es, Geduld zu zeigen.

38. W 65: 19/off 20/off

Der erste Schritt im Abtragen …

39. S 52: 15/10 11/9

Vorbereitung auf eine 5er-Prime.

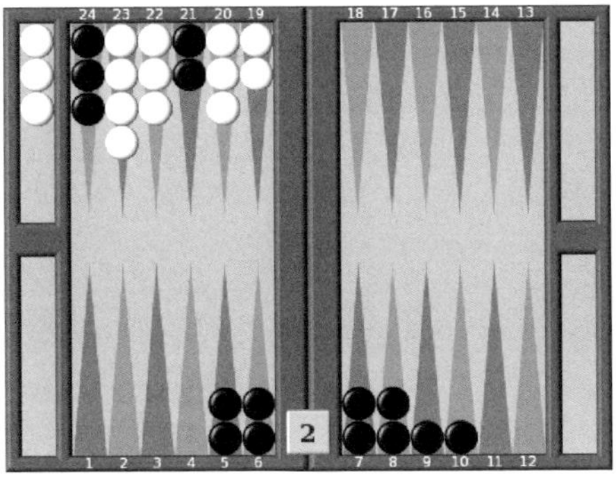

40. W 61: 19/off 22/23

Forciert! Es darf kein Blot stehen bleiben.

41. S 62: 24/18/16

Noch ein im Heimfeld des Gegners unnotwendiger Stein wird ins Spiel gebracht.

42. W 52: 20/off 23/off

Wieder forciert.

43. S 32: 16/11

Noch kann Schwarz keine 5er-Prime machen …

44. W 62: 19/off 23/off

Die Geister werden wach – Weiß muss einen Blot stehen lassen. 20 Würfe des Gegners (alle mit einer 2 oder einer 5) treffen ihr Ziel. (Völliges Chaos hätte übrigens der Wurf 65 gebracht.) Sollte Schwarz nun ans Verdoppeln denken? Keinesfalls, denn selbst wenn er einen Treffer landet, muss er noch nicht das Spiel gewinnen. Vergessen Sie nicht, Weiß hat bereits sieben Steine abgetragen. Selbst gegen eine zeitweilige volle Prime steht Weiß daher nicht ohne Chancen da. Schwarz muss erst einmal treffen, seine Prime vervollständigen, diese Richtung Heimfeld bewegen und schneller abtragen als Weiß. Eine monumentale Aufgabe! Und die Wahrscheinlichkeit für ein Teilziel muss erst einmal mit der Wahrscheinlichkeit für ein anderes multipliziert werden … Nein, kein Verdoppeln!

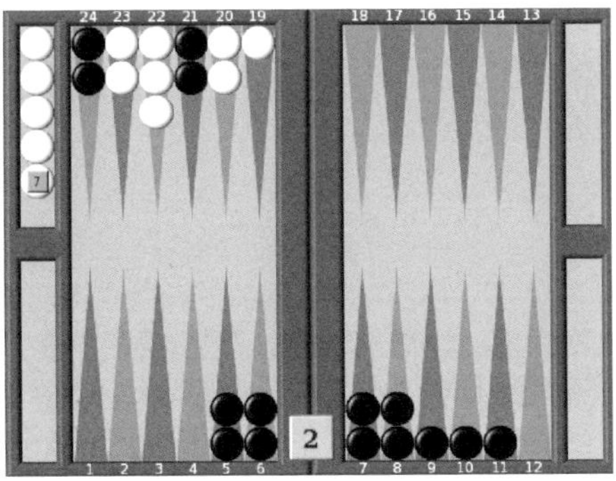

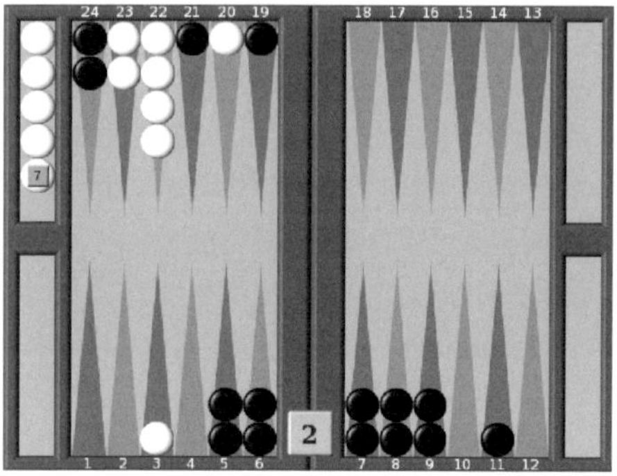

45. S 21: 21/19* 10/9
Super! Treffer und Primeausbau.

46. W 32: Bar/3 20/22
Wieder ein schmerzlicher Wurf. Ein zweiter Blot wartet auf seinen Henker.

47. S: verdoppelt auf 4
Jetzt ist der Zeitpunkt gekommen, den Cube in die Hand zu nehmen. Schwarz ist plötzlich Favorit, denn er muss nur den vereinzelten Stein treffen. Die Wahrscheinlichkeit spricht für ihn.

48. W: nimmt an
Weiß nimmt ohne viel Zögern an. Immerhin könnte Schwarz den Blot verfehlen, oder aber Weiß schafft einen Anker im schwarzen Heimfeld. Nach der Verdopplungsmathematik muss Weiß ja nur eines aus vier Spielen gewinnen.

49. S 63: 19/10
Tatsächlich wird der weiße Stein auf dem 20-Punkt verfehlt. Jetzt muss der letzte Stein hinter der Prime gefangen gehalten bleiben.

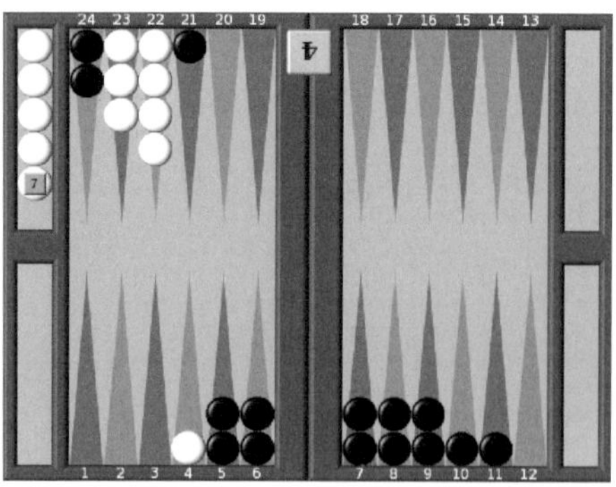

Daher bringt Schwarz einen weiteren Stein ins Außenfeld. Das Risiko eines 61-Wurfs (1 zu 17) muss in Kauf genommen werden.

50. W 31: 3/4 20/23
Der Blot im Heimfeld wird beseitigt und der letzte Stein in Position gebracht. Ein 6er-Wurf, und schon scheint die Sonne.

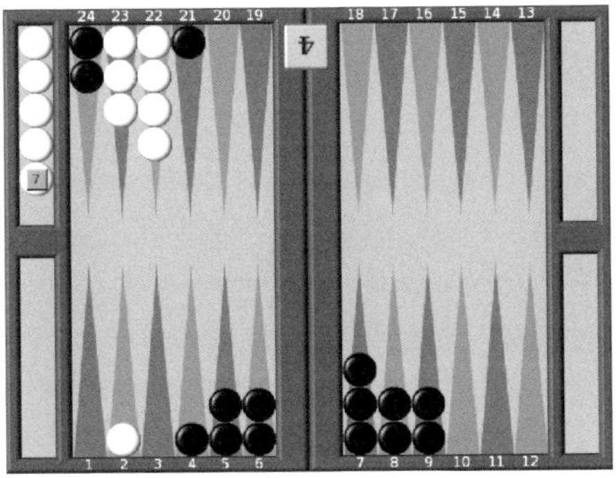

51. S 64: 10/4* 11/7

Wieder kein optimaler Wurf, denn die Prime bleibt ein Fernziel. Auf dem 4-Punkt muss geschlagen werden, denn der letzte weiße Stein darf nicht entkommen. Der Zug auf den Bar-Punkt soll das Vervollständigen der Prime vorbereiten.

52. W 62: Bar/2

Forciert.

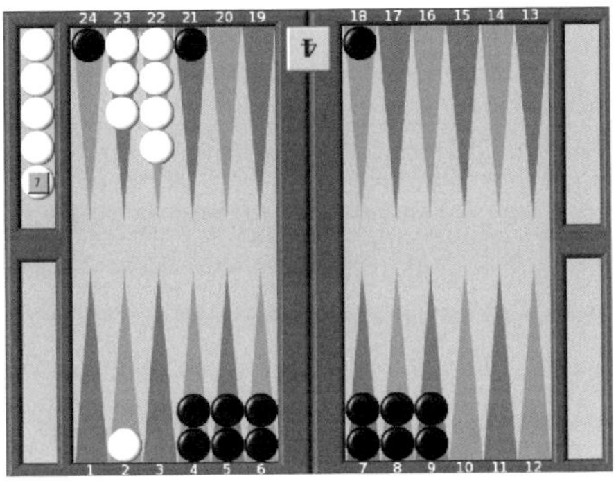

53. S 63: 7/4 24/18

Endlich ist die Prime geschafft. Der zweite Stein wird mit einem kleinen taktischen Hintergedanken gespielt. Wirft Weiß nun 32, 42, 52 oder 62, muss er mit 22/24* schlagen und damit einen zweiten Stein zum Fressen anbieten.

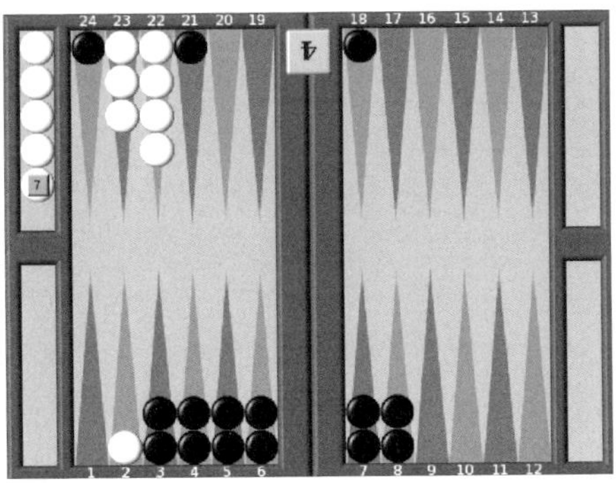

54. W 54: setzt aus

55. S 33: 9/3(2)

Die Dampfwalze setzt sich in Bewegung. Und ein Feld näher zum Ziel zu sein kann den Unterschied ausmachen.

56. W 65: setzt aus

57. S 65: 18/7 Ein weiterer Angriffsstein wird positioniert. Ein schwerer Fehler wäre dagegen 8/2* 7/2 gewesen, denn damit hätte sich für Weiß eine minimale Chance auf einen 61-Wurf geboten. Schwarz kann hier jedes Risiko vermeiden.

58. W 44: setzt aus

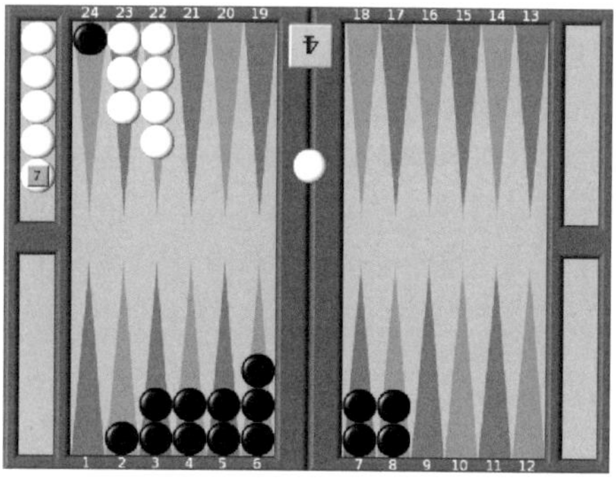

59. S 55: 7/2* 21/6
Jetzt darf ruhig geschlagen werden, denn die Prime bleibt ungebrochen.

60. W 43: setzt aus

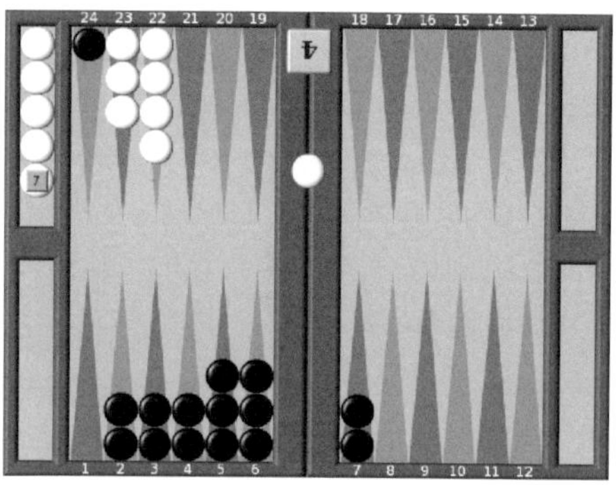

61. S 63: 8/2 8/5
Wieder hervorragend gespielt. Die Prime rollt und rollt, und der letzte Stein wird zum Schlagen serviert. Wird Weiß nach erfolgreichem Einbringen gezwungen, den letzten schwarzen Blot auf dem 24-Punkt zu schlagen, dann könnte im Gegenzug ein zweiter weißer Stein auf die Bar geschickt werden. Mit zwei Steinen auf der Bar wäre Weiß ohne Chance. Sie sehen aus diesem Spielzug, wie Meisterspieler zukünftige Möglichkeiten ausloten.

62. W 32: setzt aus

63. S 53: 24/21 6/1
Der letzte Schritt zu einem geschlossenen Heimfeld …

64. W 62: setzt aus

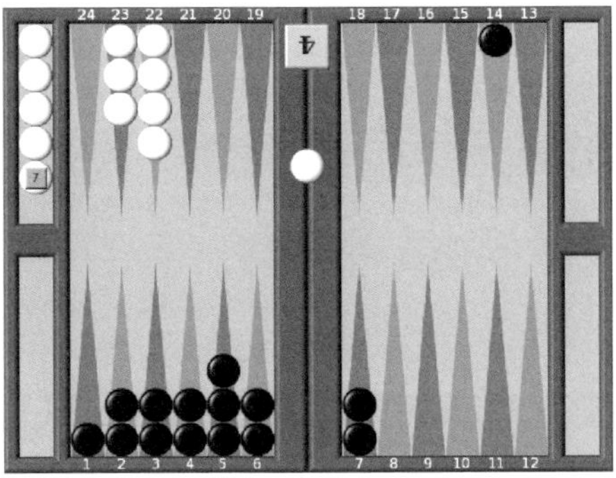

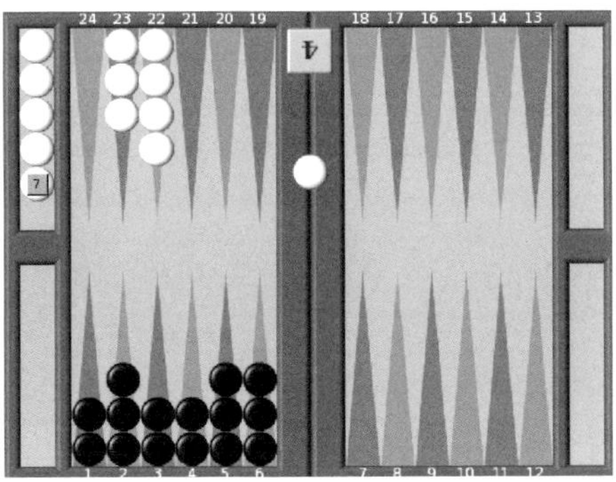

65. S 52: 21/14
Verstärkung wird herangeführt …

66. W 54: setzt aus

67. S 63: 7/1 14/11–
Jetzt darf Weiß nicht einmal mehr würfeln. Schwarz steht vor dem Triumph! Oder doch noch nicht?

68. S 31: 11/8 7/6
Alles nach Plan …

69. S 42: 8/4/2
Bereit für das Abtragen. Wer an dieser Stelle glaubt, das Rennen wäre gelaufen, irrt gewaltig. Ein Feuerwerk der Sonderklasse erzwingt weitere 21 Züge mit einem mehrmaligen Griff nach dem Cube. Bitte unbedingt nachspielen! Partien mit einem derartigen Wechsel der Equity sind wahrlich selten.

70. S 61: 6/off 5/4

Zum Glück hat Schwarz einen Extrastein auf dem 6-Punkt. Damit bleibt das Heimfeld geschlossen.

71.S 63: 6/off 6/3

Jetzt muss der 6-Punkt geräumt werden. Schafft Weiß nun den Sprung, wird es dramatisch. Bleibt Weiß dagegen draußen (und das besagt die Statistik) ist Schwarz Favorit auf den Sieg.

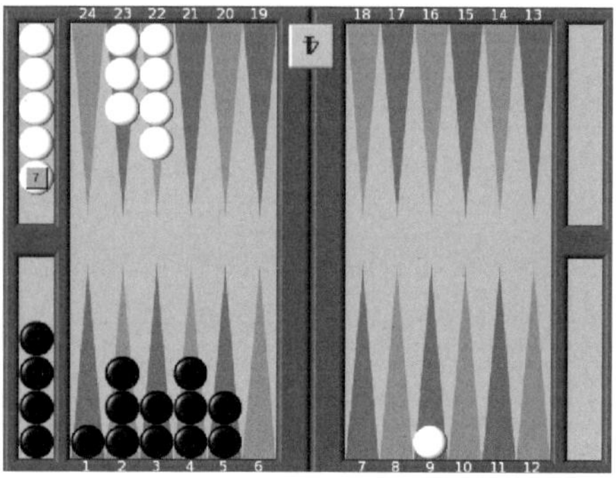

72. W 63: Bar/6/9

Geschafft! Jetzt sind die Rollen wieder vertauscht: Weiß ist der heiße Favorit, zumindest wenn man den Rollouts Glauben schenken darf.

73. S 31: 3/off 1/off

Kein guter Wurf, denn die besetzten hohen Punkte (5-Punkt, 4-Punkt) lassen Leerwürfe erwarten. Jetzt liegt es an Weiß, die Stellung richtig einzuschätzen und die korrekten Schlüsse zu ziehen.

74. W verdoppelt auf 8

Warum verschärft Weiß jetzt das Spiel? Die Antwort: Wir haben ein freies Rennen vor uns. Die notwendigen Augen bis zum kompletten Abtragen können daher gezählt werden. Weiß: 16 Pips für den Stein im Außenfeld, 12 für die vier Steine am 22-Punkt und 6 für die restlichen drei Steine im Heimfeld; total 34 Augen. Schwarz: 10 Pips für die Steine auf dem 5-Punkt, dann 12, 6, 6 und 1 Pip für die weiteren Steine; total 35 Augen. In einem langen Rennen wäre dies nicht genug für ein Verdoppeln, in einem kurzen Wettlauf dagegen ist entscheidend, wer am Wurf ist. Dennoch sollte der Vorsprung für einen sicheren Sieg größer sein. Schwarz wird daher zum Annehmen fast gezwungen.

75. S: nimmt an

Egal, ob der Verdopplungswürfel auf 2, 4, 8 oder eine andere Zahl gedreht wird, entweder ist es richtig zu nehmen, oder es ist eben besser zu passen. Schwarz entscheidet sich für das Nehmen – und das ist an dieser Stelle auch zu empfehlen.

76. W 52: 9/16

Mittelprächtig.

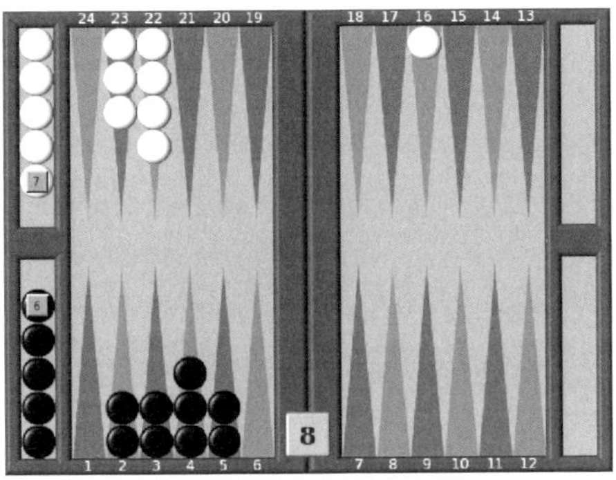

77. S 21: 2/off 1/off

Ein schwacher Wurf, denn auf dem 1-Punkt entsteht die gefürchtete Lücke. Die nächste 1 wird ein vergeudeter Wurf sein, der im nunmehrigen Rennen entscheidend sein kann.

78. W 51: 16/21 23/24

Auch Weiß muss leiden … Die einzige vernünftige Aktion ist, den Ace Point (1-Punkt) zu besetzen und damit die Lücke zu schließen.

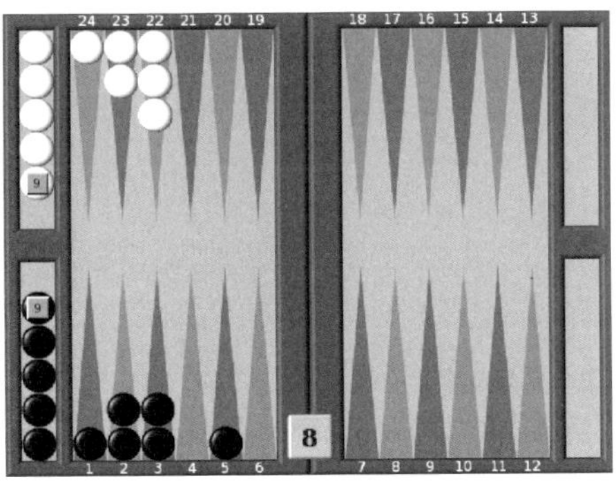

79. S 44: 4/off(3) 5/1

Aufatmen im schwarzen Lager! Drei „off" und nur mehr sechs Steine auf dem Brett – das kann hinkommen.

80. W 65: 21/off 22/off

Auch Weiß hat nur mehr sechs Steine abzutragen.

81. S 31: 3/off 1/off

Warum verdoppelt Schwarz hier nicht? Einfach deshalb, weil er im Pip Count (Restaugenzahl) zurückliegt. Gut entschieden, in Anbetracht dieses schwachen Wurfs.

82. W 65: 22/off (2)

Weiß wird nun zum Favoriten.

83. S 53: 5/off 3/off

Das Glück scheint Schwarz hold, denn nun bleiben nur noch zwei Steine auf tiefen Punkten.

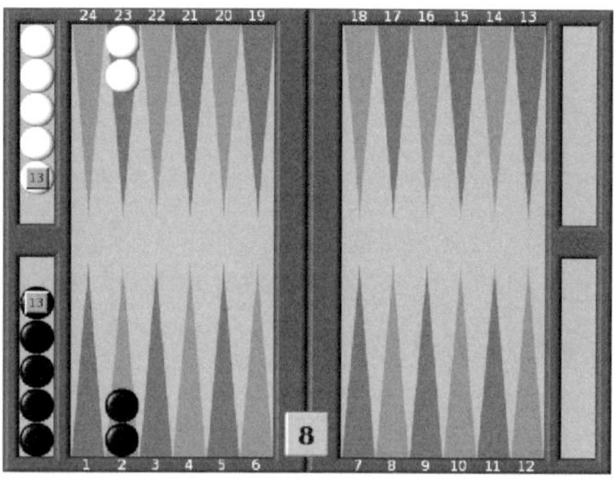

84. W 31: 22/off 24/off

Erzwungen.

85. S: verdoppelt auf 16

Alles ist nun vollständig berechenbar – mit Ausnahme des tatsächlichen Wurfs! 26 der 36 Wurfergebnisse gewinnen für Schwarz unmittelbar (alle außer die Kombinationen mit der 1): eine 72 %-Chance auf den Sieg!

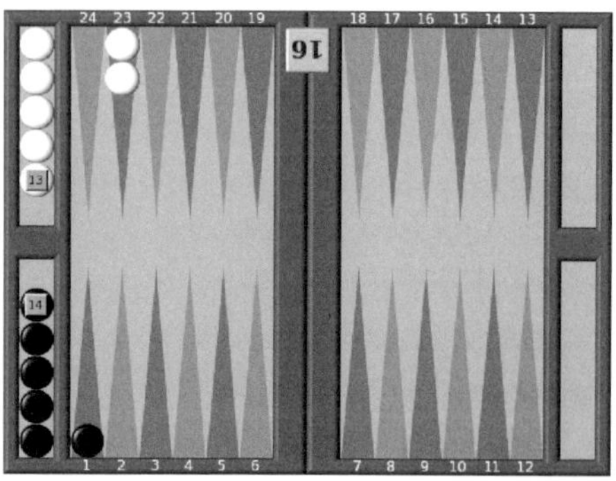

86. W: nimmt an

Immerhin bleibt damit für Weiß eine Gewinnchance von 28 %. Nach der 1-zu-3-Regel ein klares „Take".

87. S 21: 2/off 2/1

Ein Schmerzensschrei!

88. W: verdoppelt auf 32
Wieder ist der Verdopplungswürfel im Einsatz – Berechnungen siehe oben.

89. S: nimmt an
Was sonst?

90. W 61: gibt auf
Siegessicher greift Weiß zu den Würfeln ... dann für den Bruchteil einer Sekunde ungläubiges Staunen ... Entsetzen ... das Spiel ist verloren. Titel: „Die Grausamkeit des Backgammons".

Resultat: 32 Punkte für Schwarz

Meisterzüge & Probleme*/**/***

Einsteigerprobleme*

Wie würden Sie in diesen Einsteigerproblemen ziehen? Welche Überlegungen leiten Ihre Entscheidung? Um Ihnen eine praktische Anwendungsmöglichkeit für das mittlerweile erworbene Wissen zu geben, möchte ich an dieser Stelle mit 12 Einsteigerproblemen ein Testkapitel einleiten. In jedem dieser Probleme werden drei Wurfresultate angeboten, die optimal auf das Brett umgelegt werden sollten. Die Erläuterungen enthalten für jedes Problem alle relevanten Überlegungen über dem Brett, ohne allerdings auf *Equity* oder *Computer-Rollouts* hinzuweisen. Diese für den fortgeschrittenen Spieler wichtigen Wahrscheinlichkeitsdaten finden Sie weiter unten bei den kniffligen Meisterproblemen.

Tipp: Überlegen Sie jeweils zuerst ohne Ansicht der Lösung, wie Sie die drei Wurfergebnisse spielen würden. Sehen Sie sich erst danach die Expertenvorschläge an.

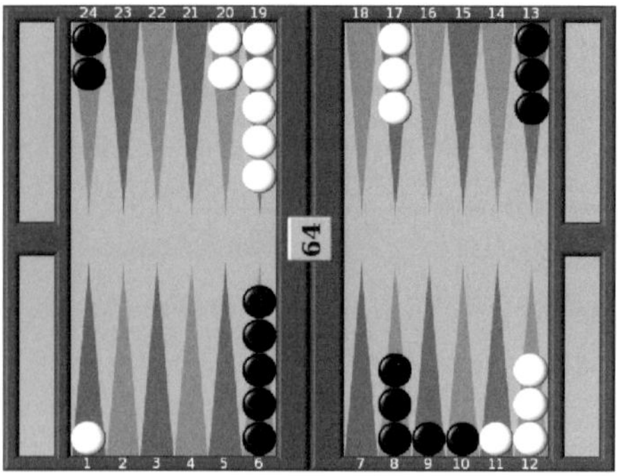

Test 1 – Eröffnung I

A: 53
B: 21
C: 22
Wie sollte Schwarz ziehen?

A: 10/5 8/5 – Der Goldene Punkt (5-Punkt) kann mithilfe der Bausteine im Außenfeld ohne Probleme gemacht werden. Wesentlich schwächer wäre die Besetzung des 3-Punkts mit 8/3 6/3, da nicht nur zwei Blots stehen blieben, sondern auch eine spätere Prime schwerer zu bauen wäre.

B: 13/11* 10/9 – Schlagen und den 9-Punkt sichern, darum geht es jetzt. Weniger gut, aber auch denkbar, wäre 9/7 8/7 und damit die Besetzung des Barpunkts.

C: 13/11*/9 6/4(2) – Schlagen ist auch hier Pflicht! Mit der Kontrolle des 4-Punkts, statt alternativ den Barpunkt zu besetzen, behindert Schwarz seinen Gegner beim Einbringen dieses geschlagenen Steins. Eine taktische Entscheidung.

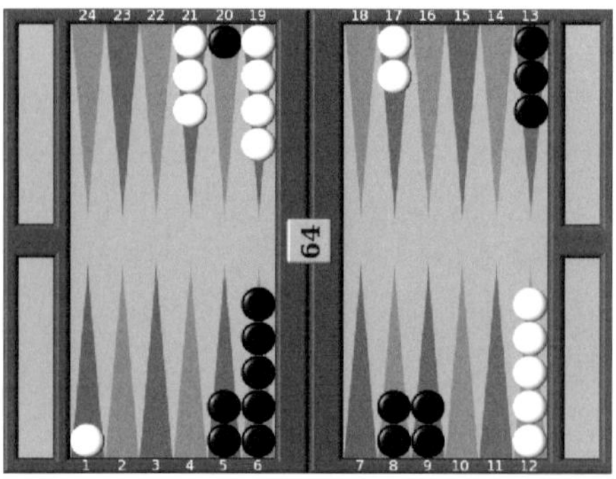

Test 2 – Eröffnung II

A: 52
B: 51
C: 55
Wie sollte Schwarz ziehen?

A: 20/13 – Backgammon ist ein Rennspiel, das darf nie vergessen werden. Und hier kann der letzte Renner bequem in Sicherheit gebracht werden. Warum also zögern? Die Chance kommt vielleicht nie wieder. Eine durchaus reizvolle Alternative wäre die Einnahme des 4-Punkts durch 9/4 6/4, allerdings mit dem Risiko eines weißen Treffers auf dem 9-Punkt.

B: 13/8 6/5 – Ein mittelprächtiger Wurf, der jedoch das Setzen von Bausteinen ermöglicht. Denn nun sind auf beiden Punkten (8-Punkt, 5-Punkt) für den nächsten Wurf Extrasteine verfügbar. Magriel spricht von „aktiven Bausteinen" (↑ Baustein/Builder).

C: 6/1*(2) 9/4 – Dieser Doppel-5-Wurf eröffnet die Chance, einen „Blitz" zu spielen. Ausnahmsweise wird in der Frühphase der 1-Punkt gemacht, zusammen mit einem mächtigen Heimfeld. Die einzige vernünftige Alternative wäre, mit 20/10 den letzten Renner ins eigene Außenfeld zu dirigieren.

Test 3 – Eröffnung III

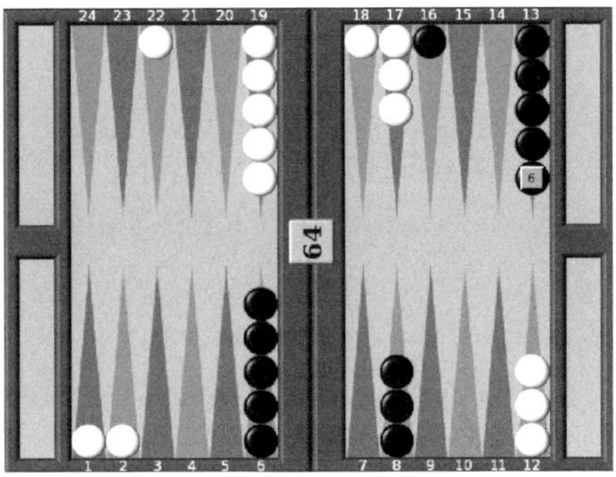

A: 53
B: 61
C: 66
Wie sollte Schwarz ziehen?

A: 16/11 13/10 – Bausteine ins Außenfeld zu bringen ist die Devise. Die Drohung durch die beiden weißen Renner ist gering (11 Würfe), und zudem ist das weiße Heimfeld mehr als löchrig. Wie sagt Goethe: *Das Beste ist gerade gut genug.* Also sollten Sie den vorgeschlagenen Zug ausführen!

B: 13/7 8/7 – Vergessen Sie den Blot auf dem 16-Punkt. Nach einem Treffer wird er ohne Umschweife wiederkehren. Die Chance, den Barpunkt zu machen, darf hier nicht ausgelassen werden. Backgammon ist ein Spiel mit strategischem Charakter.

C: 16/10 13/7(3) – Extra-Bausteine im Außenfeld und eine dichte Blockade sind einem verfrühten Schlagen auf dem 1-Punkt allemal vorzuziehen. Eine Ausnahme wäre ein Blitz-Spiel, wofür hier jedoch die Voraussetzung fehlt.

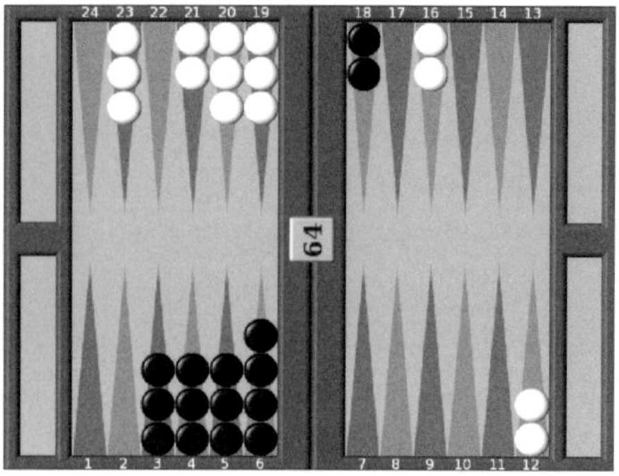

Test 4 – Mittelspiel I

A: 44

B: 43

C: 63

Wie sollte Schwarz ziehen?

A: 18/10(2) – Wie schön, dass Schwarz einfach laufen kann. Schließlich geht es im Rennen exakt um diese Aufgabe. Die gut gemeinte Option, nur bis zum 14-Punkt zu springen und mit dem restlichen Wurf eine 5er-Prime zu bauen, ist nicht wirklich zu empfehlen. Was würde passieren, wenn der nächste eigene Wurf 61 oder 62 zeigte?

B: 6/2 5/2 – Keinesfalls darf ein Blot stehen bleiben. Daher müssen die Heimfeldsteine bewegt werden. Der 2-Punkt ist allemal besser als der 1-Punkt, da bei Letzterem eine Lücke in der Prime entstünde. Niemand kann in die Zukunft sehen!

C: 4/2 – Die 6 kann nicht gezogen werden, und mit der 2 wird ein Stein geslottet (so der Fachausdruck für ein ungeschütztes Hinstellen), um vielleicht im nächsten Wurf eine 5er-Prime zu bauen.

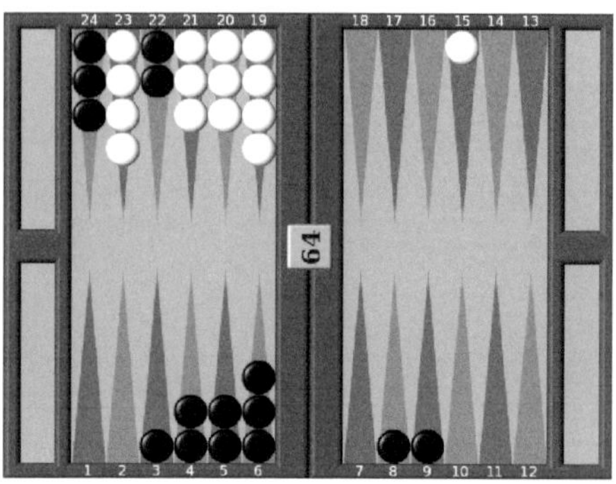

Test 5 – Mittelspiel II

A: 52

B: 22

C: 65

Wie sollte Schwarz ziehen?

A: 8/3 24/22 – Schwarz hat mit dem 24- und 22-Punkt ein starkes Back Game. Vielleicht mag es für manche Leser dennoch überraschend wirken, dass hier nicht der lose weiße

Stein geschlagen wird. Die Erklärung: Das schwarze Heimfeld ist noch nicht fertig aufgebaut. Mit dem Zug 24/22 wird in jedem Fall ein Stein für einen möglichen hohen nächsten Wurf bereitgehalten – ohne die Blockaden im eigenen Heimfeld lösen zu müssen.

B: 9/3(3) 24/22 – Wieder wird das Heimfeld gestärkt und ein Extrastein zum Laufen auf den 22-Punkt gestellt.

C: 8/3 24/18 – Auch hier wird zunächst die Prime gestärkt. Der Extrastein auf dem 18-Punkt darf ruhig geschlagen werden. Das bringt für Schwarz sogar gutes Timing, denn damit wird er nicht in die Verlegenheit gebracht, seine Prime frühzeitig aufzulösen. Die Regel lautet ja: Solange ein letzter Stein auf der Bar steht, darf der betreffende Spieler keinen anderen Stein ziehen.

Test 6 – Mittelspiel III

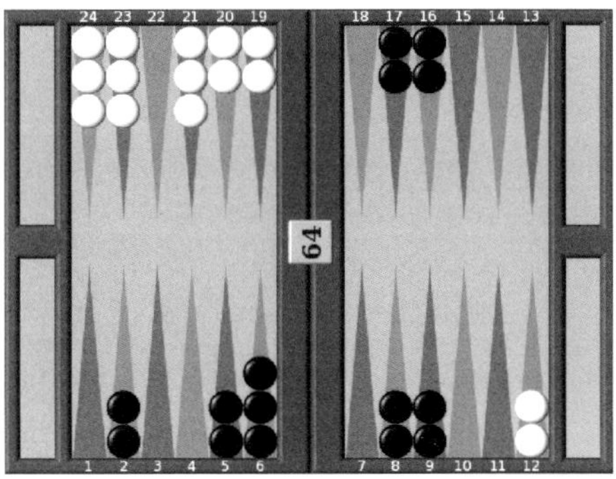

A: 54

B: 61

C: 66

Wie sollte Schwarz ziehen?

A: 9/4 8/4 – Die Blots im Außenfeld stören vergleichsweise wenig angesichts der Besetzung des 4-Punkts. Dieser wird sich als stark erweisen, falls – und das ist sehr wahrscheinlich – einer der beiden weißen Mittelpunktsteine auf die Bar geschickt wird.

B: 9/3 6/5 – Wieder wird eine Stärkung des Heimfelds vorbereitet, denn man weiß ja nie ... Schlecht wäre ein Ziehen von 17/11 17/16, denn damit würden sich die Trefferwahrscheinlichkeiten für Schwarz drastisch verringern.

C: 16/4(2) – Die Theorieweisheit, alle schwarzen Steine in Sicherheit zu bringen, ist hier Schnee von gestern. Denn im Rennen liegt Schwarz hoffnungslos zurück. Sollte der nächste Wurf von Weiß eine einfache 6 zeigen, eröffnet sich die große Chance ...

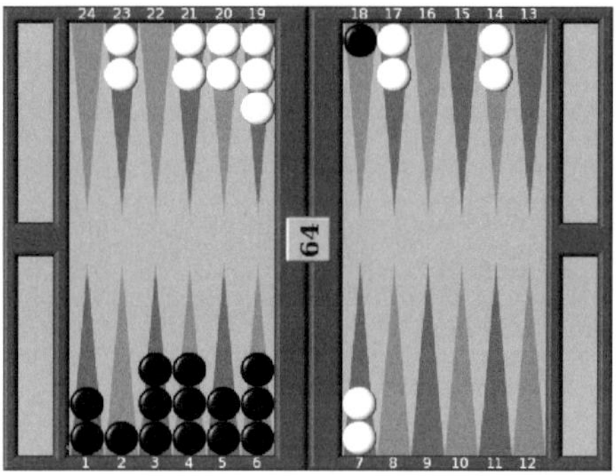

Test 7 – Endspiel I

A: 64

B: 21

C: 42

Wie sollte Schwarz ziehen?

A: 18/8 – Die 6 ist forciert. Was aber mit der 4? Hier hilft die generelle Regel, bei direkten Schüssen so nah am Gegner zu stehen wie möglich. Der Grund liegt einfach darin, dass dies die Trefferwahrscheinlichkeit reduziert (hier auf 11 Würfe).

B: 18/15 – Analog zu obiger Erklärung überlässt auch hier Schwarz dem Gegner nur eine geringe Chance auf Direkttreffer.

C: 18/12 – Auch diese Wurfkombination soll Weiß auf ein Minimum an Chancen reduzieren. Hier sind es 15 Würfe, verglichen mit 17, wenn der Blot auf dem 16-Punkt stünde.

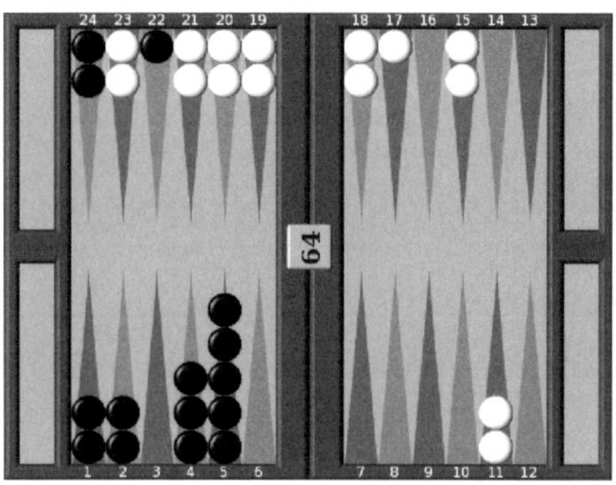

Test 8 – Endspiel II

A: 51

B: 65

C: 21

Wie sollte Schwarz ziehen?

A: 22/17* 5/4 – Der erste Wurfteil ist forciert. Was aber soll mit der „1" geschehen? Vielleicht für manchen Leser überraschend, bleibt der Blot auf dem 17-Punkt stehen. Warum? Der springende Punkt ist der, dass Weiß im Falle eines 6er-Wurfs diese 6 braucht, um seinen Stein ins Feld zu bringen. Damit kann diese weiße Wurfzahl nicht mehr für den schwarzen Blot verwendet werden (Fachjargon: Duplikation).

B: 22/16 – Hier haben wir eine Regelfeinheit in ein Endspielproblem verpackt: Kann ein Spieler nur eine der beiden Wurfzahlen ziehen, muss es, so dies möglich ist, die höhere sein. Schlagen auf dem 17-Punkt verbietet sich daher.

C: 5/3 4/3 – Der 24-Punkt sollte bis zum bitteren Ende besetzt bleiben, keine Frage. Und zudem kann Schwarz mit diesem Wurf sogar noch einen Heimfeldpunkt machen. Alles klar!

Test 9 – Endspiel III

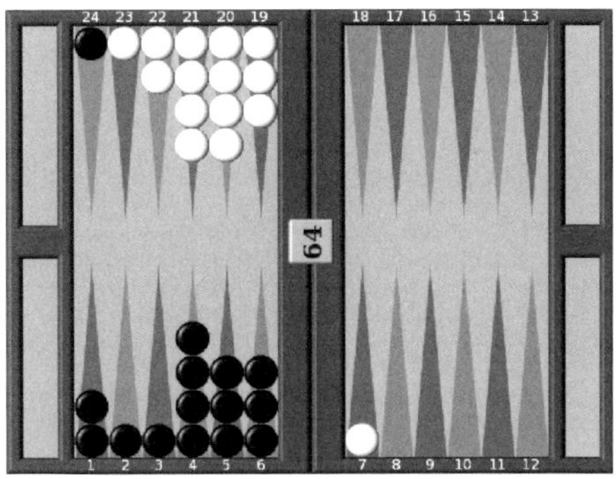

A: 64

B: 62

C: 61

Wie sollte Schwarz ziehen?

A: 24/18 6/2 – Schwarz muss mit seinem vereinsamten Stein entkommen, doch wie weit darf er sich vorwagen? Die Antwort kann der Wahrscheinlichkeitstabelle entnommen werden: Am 18-Punkt ist der Blot nur zwei Treffern ausgesetzt (65 und 56), am 14-Punkt dagegen sechs (61, 52, 43, 34, 25, 16). Außerdem wird die Prime im eigenen Heimfeld entscheidend gestärkt. Noch ein Wurf und Schwarz hat ein geschlossenes Feld. Sollte dann noch ein Treffer auf den letzten weißen Blot gelingen, wird Schwarz zum klaren Favoriten.

B: 24/18 5/3 – Auch hier gelten die grundlegenden statistischen Werte. Der Abstand vom Gegner muss groß bleiben. Und mit der „2" sollte für alle Fälle ein Heimfeldpunkt gemacht werden. Die Erläuterungen sind dieselben wie beim vorigen Zug.

C: 24/18 4/3 – *Träume sind Schäume!* Keinesfalls darf der Blot auf dem 23-Punkt geschlagen werden. Die Rache könnte fürchterlich ausfallen, vor allem bei den zwei losen Steinen im schwarzen Heimfeld. Würde einer davon getroffen, könnte das Spiel sogar mit Gammon verloren gehen. Also Vorsicht!

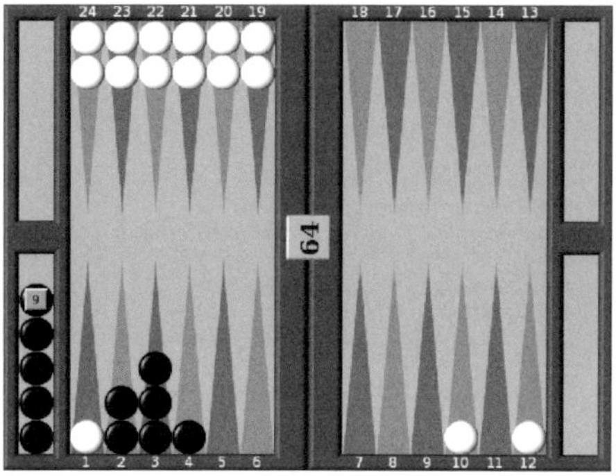

Test 10 – Abtragen I

A: 31

B: 52

C: 22

Wie sollte Schwarz ziehen?

A: 4/1*/off – Es muss geschlagen werden, da nach 4/3 3/off im nächsten Wurf jede Kombination außer 11 oder 21 einen Blot stehen lassen würde.

B: 4/2 3/off – Ganz den Regeln entsprechend gespielt. Zunächst wird die niedrigere Wurfzahl bewegt und erst dann abgetragen. Damit bleibt für den Gegner nichts stehen.

C: 4/2 3/1* (3) – Gut gespielt. Hätte Schwarz mit diesem Zug drei Steine abgetragen, wäre nach dem nächsten Wurf vermutlich ein Blot zum Fraß auf dem Brett geblieben. So aber gibt es für den Gegner keine Hoffnung mehr auf einen Gewinn.

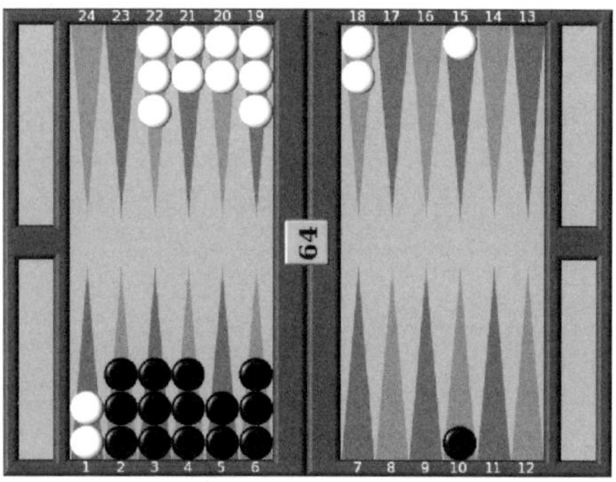

Test 11 – Abtragen II

A: 43

B: 41

C: 44

Wie sollte Schwarz ziehen?

A: 10/6 3/off – Die gerade Zahl von Steinen auf dem 6-Punkt minimiert das Risiko für den nächsten Wurf.

B: 10/5 – Hier ist die Situation ähnlich, doch nicht exakt gleich. Wieso? Wird die 1 vom 4-Punkt oder 3-Punkt weggezogen, wäre ein 54 im nächsten Wurf fatal. Daher spielt Schwarz das umsichtige 10/5, das jeweils drei Steine auf den höchsten Punkten stehen lässt. (Übrigens eine Verteilung, die bei einer 1-Punkt-Drohung immer gut ist.)

C: 10/2 6/2 4/off – Schwarz hätte drei Steine nach Hause bringen können, jedoch um den Preis, eine Lücke in seiner Aufstellung zu lassen. Das, so zeigt die Theorie, ist für das weitere Abtragen mit hohem Risiko behaftet. Hier ist also die kürzeste Linie einmal nicht die Gerade, um es mit einem Bild zu sagen.

Test 12 – Abtragen III

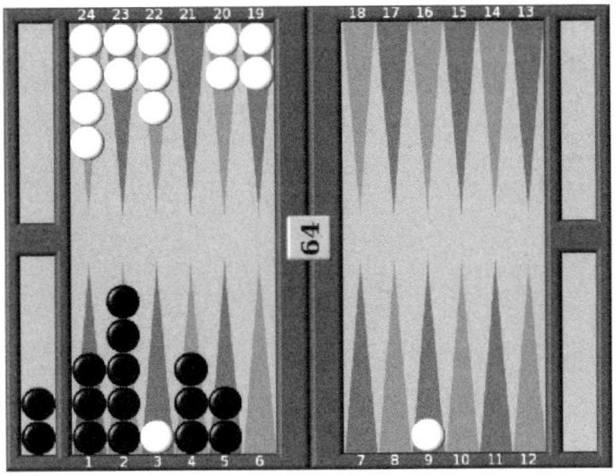

A: 41
B: 44
C: 11
Wie sollte Schwarz ziehen?

A: 5/1 5/4 – Statt zwei Steine abzutragen, spielt Schwarz auf Sicherheit und zieht einen Stein vom 5-Punkt zum 4-Punkt.

B: 5/1(2) 4/off(2) – Ein Blot bleibt in jedem Fall stehen, auf dem 5-Punkt oder auf dem 4-Punkt. Im ersten Fall würde Schwarz zwar drei Steine abtragen, gegenüber zwei in der hier vorgeschlagenen Spielweise, doch hätte Weiß im Gegenzug 12 Trefferchancen (gegenüber den nunmehrigen 11). Bei dem knappen Rennen kann selbst diese Kleinigkeit entscheiden.

C: 5/4 5/3*/2 – Hit and Run, wie die Backgammon-Profis sagen. Schwarz lässt zwar eine Lücke, doch hat er sichere vier Steine auf dem 4-Punkt stehen. Wirft Weiß eine 5 oder 6, sind ohnehin alle Sorgen vorüber. Gut gespielt!

Probleme für Fortgeschrittene**

Welche Überlegungen liegen Ihren Zügen zugrunde? Auch bei den Testfragen für Fortgeschrittene biete ich Ihnen pro Diagramm drei Wurfresultate an, die Sie auf dem Brett in möglichst optimale Züge umsetzen sollten. Wieder verzichte ich bei den Erklärungen bewusst auf technische Hilfen wie *Equity-Berechnungen* und statistische Daten zu *Computer-Rollouts*. Dafür soll in einfachen Worten das Wesen der Stellung mit allen ihren Facetten erfasst werden. Für den fortgeschrittenen Problemlöser weise ich auf die im nächsten Abschnitt folgenden „Meisterprobleme" hin.

Tipp: Versuchen Sie die Lösung zu den Fragen selbständig – wenn möglich über dem Brett – zu finden. Erst danach sollten Sie auf die Expertenvorschläge blicken.

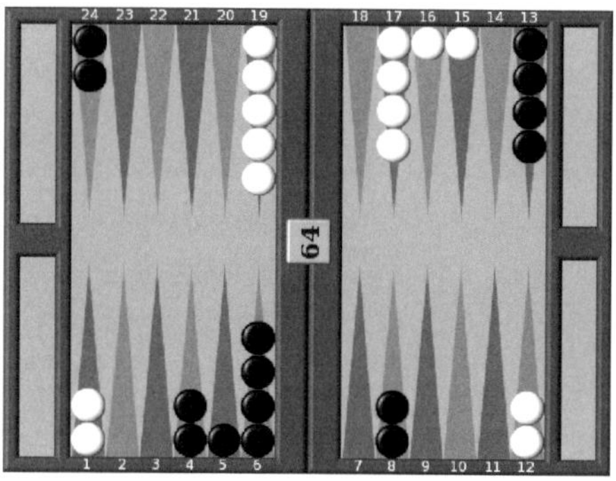

Test 13 – Eröffnung I

A: 44
B: 31
C: 43

Wie sollte Schwarz ziehen?

A: 24/16* 13/5 – Der Goldene Punkt (5-Punkt) im gegnerischen Heimfeld wäre nicht zu verachten, keine Frage. Doch das Schlagen sowie die Eroberung der Top-3 Punkte im eigenen Heimfeld sind, strategisch betrachtet, nachhaltiger. Schafft Weiß mit dem geschlagenen Stein nicht sofort den Wiedereintritt, droht sogar ein Gammonspiel.

B: 13/10 6/5 – Selbstverständlich wird der eigene 5-Punkt gemacht. Ein Splitten der Renner dagegen ist wegen der Übermacht der gegnerischen Außenfeldsteine nicht zu empfehlen. Dafür aber kann Schwarz bequem einen eigenen Baustein in Lauerstellung platzieren. Weiß hat ja nur eine indirekte Schlagchance.

C: 13/9 8/5 – Ähnliche Überlegungen wie bei Wurf B leiten auch hier die Zugentscheidung. Der Goldene Punkt und ein Außenfeld-Baustein verbinden das Angenehme mit dem Nützlichen. Das verbleibende Risiko bei zwei Außenfeld-Blots kann Schwarz in Kauf nehmen, da Weiß sein Heimfeld noch nicht bedrohlich aufbauen konnte.

Test 14 – Eröffnung II

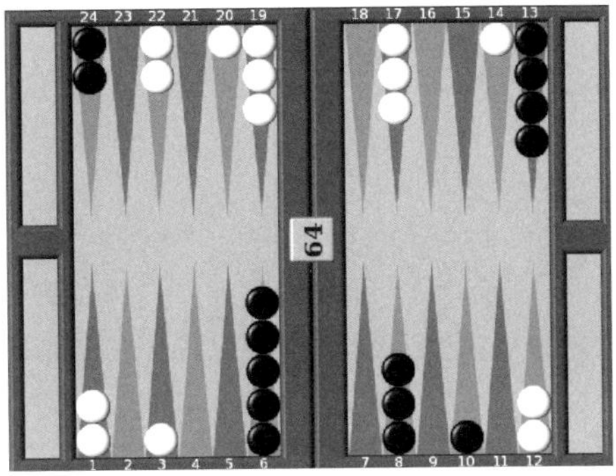

A: 42

B: 43

C: 53

Wie sollte Schwarz ziehen?

A: 24/20* 13/11 – In der Frühphase des Spiels muss ein gegnerischer Blot auf dem Goldenen Punkt einfach geschlagen werden, selbst wenn dadurch auf einen wertvollen eigenen Heimfeldpunkt verzichtet wird. Nur damit wird das Zusammenspiel der Steine optimal. Der zweite Baustein im Außenfeld könnte zusätzlich große Wirkung entwickeln. Bei Backgammon gilt (auf die Steine bezogen) der schöne Gedanke: Niemand ist eine Insel.

B: 24/20* 6/3* – Ein gewaltiger Doppelschlag! Vielleicht sogar der erste Schritt zu einem Blitz. Schon ein einziger schwacher gegnerischer Wurf kann zur Katastrophe führen. So dynamisch ist Backgammon!

C: 10/5 8/5 – Viel besser noch als das Schlagen auf dem 3-Punkt ist die Kontrolle des Goldenen Punkts. Wir erfreuen uns ja an einem strategischen Spiel und sollten daher schon ein wenig vorausschauend planen.

Test 15 – Eröffnung III

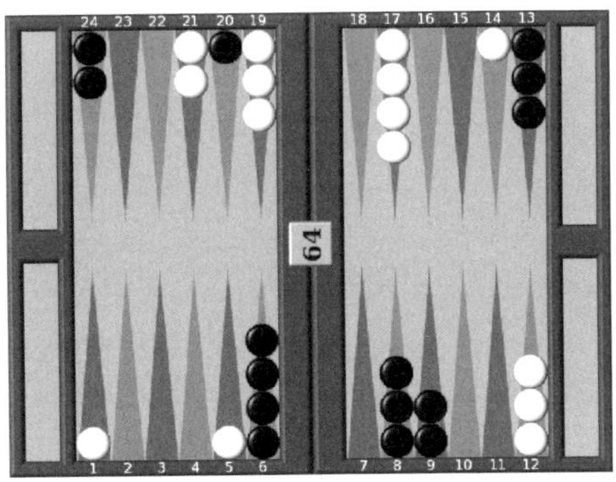

A: 54

B: 31

C: 62

Wie sollte Schwarz ziehen?

A: 24/20 13/8 – Lehrbuchartig wird der Goldene Ankerpunkt erobert. Der zweite Zugteil dagegen ist nicht mehr als eine pure Verlegenheit.

B: 8/5* 6/5 – Noch stärker als der Anker im gegnerischen Heimfeld ist der 5-Punkt in der eigenen Bretthälfte, kombiniert zumindest mit einem Schlagen. Nun ist Weiß in seiner Entwicklung bereits deutlich eingeschränkt.
C: 24/18 20/18 – Der Barpunkt stärkt den gegnerischen Außen-Quadranten ungemein. Dagegen wäre 13/7 9/7 als sorglos zu bezeichnen, bliebe doch ein Blot auf dem 9-Punkt in direkter Reichweite des Gegners. Wird dieser getroffen, ist ein deutlicher Rückstand im Rennen die Folge.

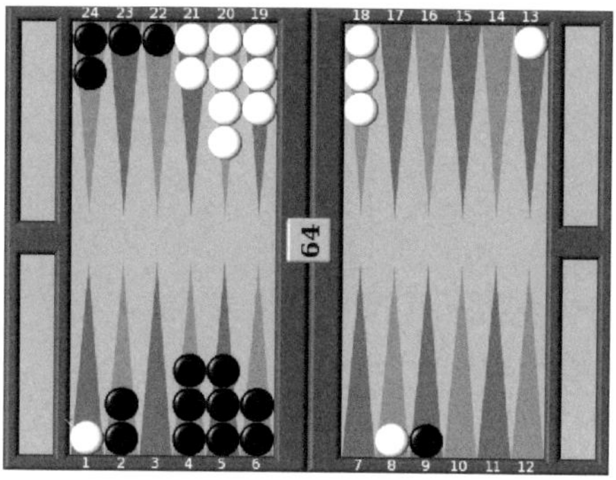

Test 16 – Mittelspiel I

A: 62
B: 43
C: 31
Wie sollte Schwarz ziehen?
A: 24/22 23/17 – Vielleicht ein wenig überraschend, verzichtet Schwarz auf ein Schlagen auf dem 1-Punkt. Warum? Seine Blots im gegnerischen Heimfeld sind einfach zu exponiert und es droht ein Aussperren hinter einer starken Prime. Das Timing für ein Back Game ist wegen der bereits zu weit vorwärts gezogenen Steine ebenfalls nicht ideal. Die Gefahr ist groß, dass das schwarze Heimfeld frühzeitig aufgebrochen werden muss.
B: 5/1* 4/1 – Der ideale Wurf, denn eine 5er-Prime gibt Schwarz plötzlich gute Chancen, vorausgesetzt, er wirft beim nächsten Versuch eine 5 oder 6, um mit einem hinteren Stein zu entkommen. Andernfalls wird die Prime sofort in sich zusammenbrechen, und Weiß wird damit zum Favoriten.
C: 9/8* 2/1* – Dieser Doppelschlag kann Weiß vor Probleme stellen. Selbst bei erfolgreichem Gegenzug besteht für Schwarz in der Folge eine gute Möglichkeit, ein starkes Back Game aufzuziehen.

Test 17 – Mittelspiel II

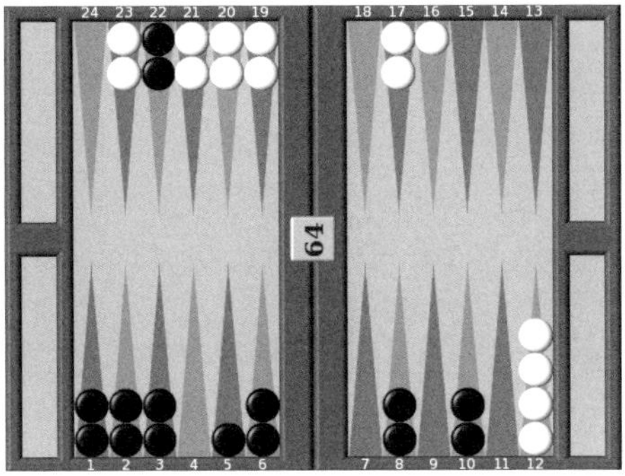

A: 62

B: 44

C: 61

Wie sollte Schwarz ziehen?

A: 22/16* 10/8 – Schlagen ist angezeigt, so viel ist klar. Schwarz könnte ängstlich seinen Stein auf dem 5-Punkt in Sicherheit bringen, allerdings um den Preis, ihn damit aus dem Spiel zu nehmen und vielleicht keine 5er-Prime mehr zu schaffen. Mit 10/8 dagegen droht genau dies, da ein weiterer Baustein auf den Goldenen Punkt drückt.

B: 22/14(2) – Laufen, laufen, laufen ... Schwarz ist im Pip Count vorne!

C: 22/16* 5/4 – Der Schlagzug ist selbstverständlich, aber wie sieht es mit dem Vorrücken im Heimfeld aus? Hier kommt das Prinzip der Duplikation zur Anwendung: Weiß benötigt sowohl für den Blot auf dem 16-Punkt wie auch für das Einbringen seines Steins auf der Bar die gleiche Zahl, nämlich die 4. Exakt gespielt!

Test 18 – Mittelspiel III

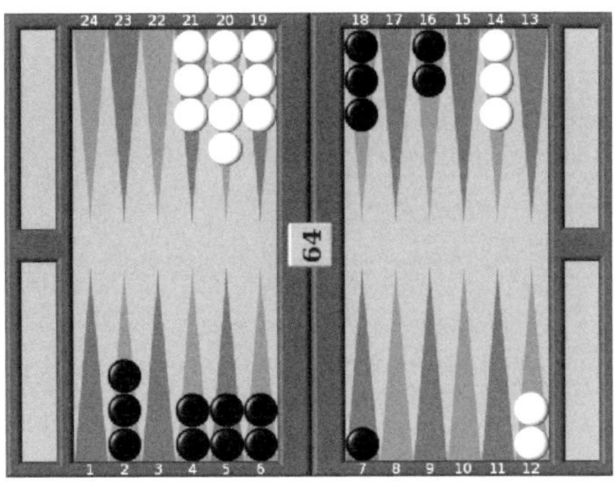

A: 65

B: 21

C: 55

Wie sollte Schwarz ziehen?

A: 16/10 16/11 – Im Backgammon sind die Möglichkeiten nahezu unbegrenzt. Es bleibt allerdings den Spielern überlassen, die Optionen abzuwägen und die Chancen zu ergreifen. Hier könnte

Schwarz auch mit 18/7 sofort den Barpunkt machen und ein starkes Heimfeld stützen. Doch was weiter? Weiß hat gute Chancen, den Gegner auszumanövrieren und ihn zu zwingen, als Erster einen Blot stehen zu lassen. Mit dem Doppelsprung in die sichere Außenzone kann Schwarz exakt diese Zwangslage vermeiden.

B: 18/16 2/1 – Die Brettsituation bleibt so weit intakt, und auf dem 1-Punkt wird eine Stärkung der Prime vorbereitet.

C: 18/13(3) 13/8 – Das Rennen wird in jedem Fall eng, doch nun besteht eine gute Chance, dass Schwarz keinen Blot mehr für den Gegner stehen lassen wird.

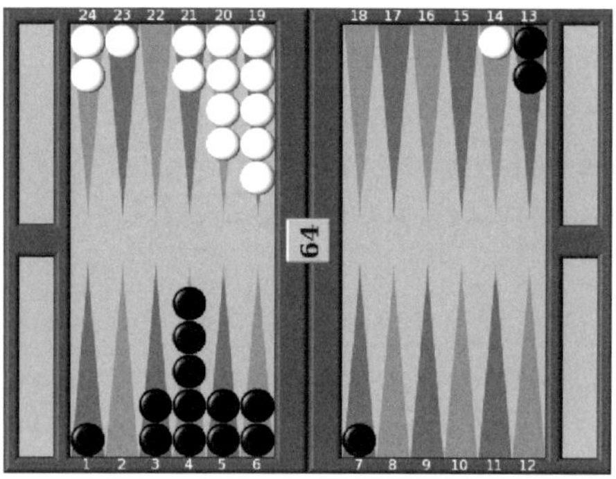

Test 19 – Endspiel I

A: 55

B: 11

C: 52

Wie sollte Schwarz ziehen?

A: 13/8(2) 8/3 7/2 – Das Rennen steht auf des Messers Schneide, da beide Spieler fast den gleichen Pip Count haben. Daher ist es gut, alle Heimfeldpunkte zu besetzen, um beim Abtragen möglichst keinen Wurf zu vergeuden. Dies ist der Grund für den Zug 7/2 (statt eines weiteren 8/3).

B: 13/12(2) 12/11 7/6 – Analog zu obiger Erklärung werden hier die schwarzen Steine im Außenfeld gestreut. Damit wird die Chance auf ein Crossover im nächsten Wurf drastisch erhöht. Die optimale Verteilung im Heimfeld, durch 3/2 erreichbar, ist in diesem Fall nachrangig. Gut gespielt!

C: 13/6 – Absolut ökonomisch gespielt, denn beide Augenzahlen haben ein Crossover zur Folge, noch dazu ohne auch nur einen Pip zu verschwenden. Der bewegte Stein landet exakt auf dem höchsten Heimfeldpunkt.

Test 20 – Endspiel II

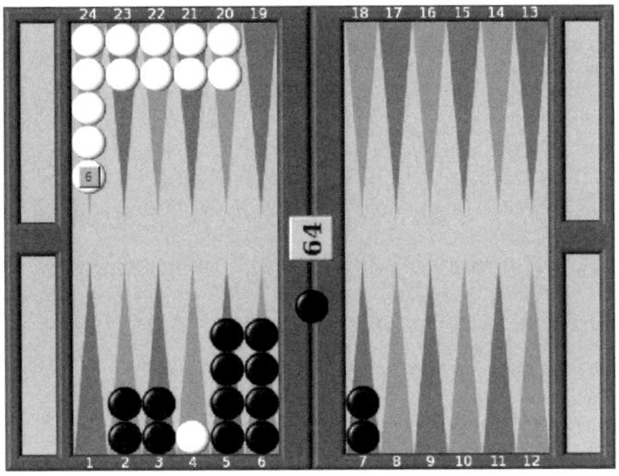

A: 62
B: 64
C: 66
Wie sollte Schwarz ziehen?

A: Bar/19 6/4* – Die „6" muss für den Bar-Stein verwendet werden. Doch ist auch das Risiko des Schlagens auf dem 4-Punkt gerechtfertigt? Genau betrachtet durchaus, denn nur fünf Würfe des Gegners (64, 46, 54, 45 und 44) stellen ein ernsthaftes Problem dar. Bei allen anderen 4er-Kombinationen muss Weiß das Heimfeld aufbrechen. Und sollte er mit dem Einbringen des Bar-Steins scheitern, droht Schwarz gar mit einer 5er-Prime. Wie so oft, gilt es hier einen vorausschauenden Blick zu zeigen, denn es wird auf jeden Fall ein sehr knappes Rennen.

B: Bar/15 – Hier gilt es zu laufen, statt mit 5/1 einen weiteren Heimfeldpunkt vorzubereiten. Der Grund: Der letzte gegnerische Langläufer muss, wenn möglich, mit einem Direktschuss in Empfang genommen werden. Gelingt dieser „lebensnotwendige" Treffer, erhöhen sich die Chancen des Schwarzen ganz beträchtlich. Und in einem reinen Rennen sieht der gespielte Zug auch nicht schlecht aus.

C: Bar/13 7/1(2) – Warum nicht gleich den ganzen langen Weg mit dem Bar-Stein gehen, damit würden auch im Rennen keine Würfelaugen vergeudet? Ganz einfach, Schwarz lässt die Hoffnung auf einen späten Treffer nicht fahren. Und das ist gut so, denn sonst hätte er sich vielleicht hinterher Vorwürfe machen müssen. Er wird in der momentanen Situation höchstens ein einfaches Spiel verlieren, kann also völlig ohne Risiko einen etwaigen späten Treffer des Gegners zulassen. Umgekehrt würde ein Schlagen des letzten weißen Blots im nächsten Zug einen Spielgewinn fast garantieren. Schwarz stellt sich daher mit der angezeigten Zugausführung optimal auf.

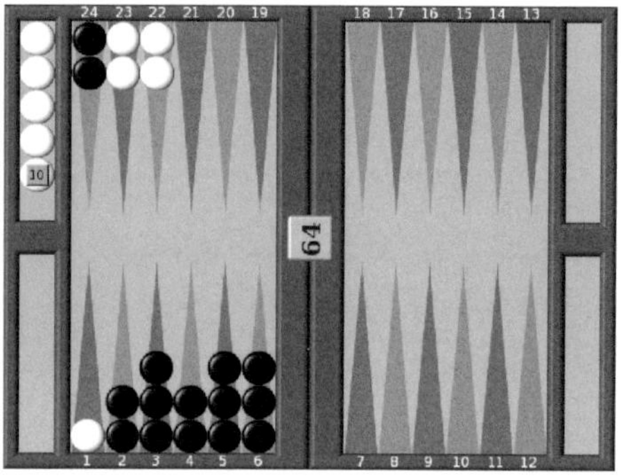

Test 21 – Endspiel III

A: 55

B: 42

C: 21

Wie sollte Schwarz ziehen?

A: 24/9 6/1* – Es ist noch nicht aller Tage Abend, auch wenn eine Gammon-Niederlage droht. Schwarz macht es jedenfalls mit diesem Zug für den Gegner möglichst schwer, sein Nahziel zu erreichen. Der Blot auf dem 1-Punkt spielt dabei schon keine Rolle mehr.

B: 24/20 3/1*: Ein schwerer Fehler wäre es, mit 5/1* 3/1 das Heimfeld zu schließen. Weiß dürfte nicht ziehen, und damit wäre die Chance auf ein aus seiner Sicht unglückliches 21 oder 11 dahin. Gerade diese beiden „kleinen" Würfe zwingen Weiß, einen zweiten Stein zum Aufpicken stehen zu lassen. Hier sehen Sie ganz deutlich die feine Spielanlage von Schwarz!

C: 3/1* 2/1 – Auch dieser feine Zug kann einem wenig erfahrenen Spieler leicht entgehen. Stände der schwarze Einzelstein auf dem 1-Punkt, könnte Weiß im Falle eines 21-Wurfs die 1 dazu verwenden, seinen Stein von der Bar einzubringen. Nun aber müsste er mit der niedrigeren Zahl selbst einen Blot übrig lassen. Der Tür zur Meisterklasse steht bereits weit offen!

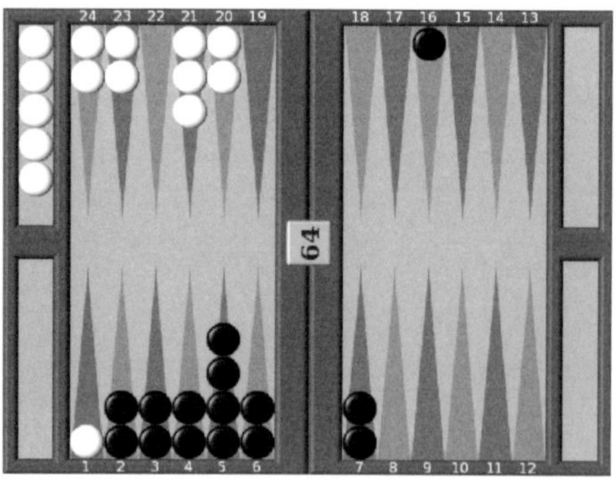

Test 22 – Prime I

A: 51

B: 31

C: 64

Wie sollte Schwarz ziehen?

A: 16/11 5/4 – Sofort den gegnerischen Stein zu schlagen wäre nicht gut, denn dadurch müsste Schwarz seine volle Prime auflösen, und ein 61 im Gegenschlag hätte vernichtende Folgen. Richtig ist es, zu warten, bis man den Gegner zwingt, gleichzeitig mit dem Hereinbringen des Steins von der Bar einen weiteren Blot im Heimfeld stehen zu lassen. Gelingt es dann auch noch, diesen aufzulesen, ist alles möglich.

B: 5/1* – Vor einer vollen Prime darf man gelassen Opfer bringen. Der Gegner kann ohnehin nicht fliehen, und bei einem aus eigener Sicht glücklichen 41-Wurf des Gegners, könnte sogar ein zweiter Blot im feindlichen Lager stehen bleiben.

C: 16/10 5/1* – Warum ist dies besser, als mit 7/1* 5/1 das Heimfeld zu schließen? Ganz einfach, Schwarz soll ruhig seinen Bar-Stein in einem Schlagzug vor die 6er-Prime stellen und vielleicht gleichzeitig im eigenen Heimfeld einen Stein exponieren. Die Folgewirkung könnte wie im vorigen Zug aussehen: Dieser Stein wird später vielleicht erbeutet werden.

Test 23 – Prime II

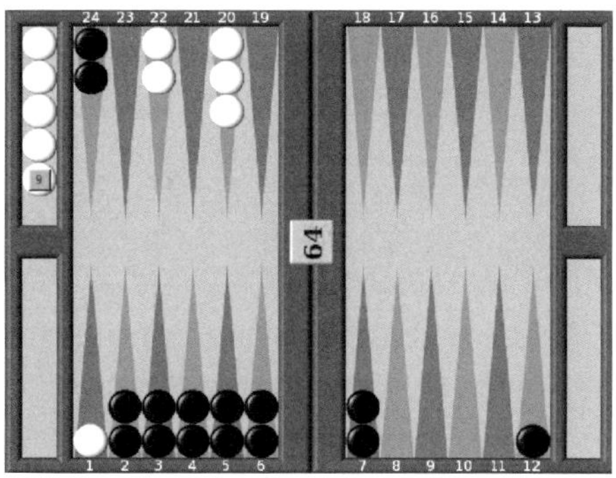

A: 43

B: 54

C: 66

Wie sollte Schwarz ziehen?

A: 24/21 12/8 – Genussvoll, nach allen Regeln der Kunst, splittet Schwarz hier seine beiden hinten liegenden Steine. Warum? Weiß kann ohnehin nicht entkommen, und mit einem 32 lässt er einen bequemen Doppelschuss stehen. Sollte gar eine unglückliche 41- oder 43-Kombination fallen, darf sich Schwarz über einen raren Dreifachschuss freuen. Fast schon ein Garantieschein zum Erfolg!

B: 24/19 12/8 – Wie oben ist auch hier ein Öffnen des 24-Punkts die taktisch und strategisch richtige Entscheidung. Ein weißer Treffer ermöglicht neue Optionen.

C: 24/6 12/6 – Auch bei dieser hohen Wurfkombination bleibt der strategische Gehalt der Stellung gleich. Weiß muss zur Bewegung im Heimfeld gezwungen werden, um dabei möglicherweise einen Blot stehen zu lassen.

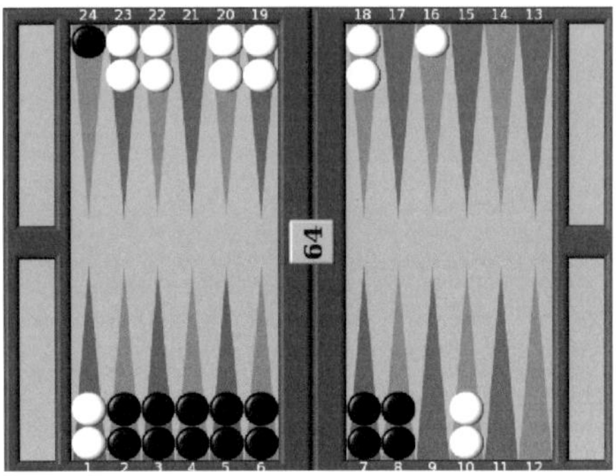

Test 24 – Prime III

A: 54

B: 43

C: 63

Wie sollte Schwarz ziehen?

A: 7/2 7/3 – Statt vom höchsten Punkt werden die zwei Steine vom nächsthöchsten bewegt. Warum dies? Die Überlegung ist im Grunde genommen einfach: Fällt im nächsten schwarzen Wurf eine 65 oder eine 64, bliebe für den Gegner ein Blot stehen. Bei der hier gewählten Zuganlage dagegen kann nicht viel passieren. Sehr umsichtig gespielt.

B: 24/17 – Durch Flucht mit dem letzten losen Stein sollte Schwarz versuchen, sich dem Aufbrechen seiner eindrucksvollen Prime zu entziehen. Selbst wenn er getroffen wird, bleibt alles beim Alten. Und vielleicht eröffnet sich dann sogar eine Chance, einen gegnerischen Blot abzuräumen.

C: 24/15 – Kommentar analog zum vorigen Zug!

Meisterprobleme***

Wie muss ein Spitzenspieler ziehen? Wann muss er verdoppeln?

Diese Fragen werden immer wieder gestellt, und diese Fragen lassen sich heute mit modernster Computeranalyse und tausenden Rollouts ziemlich gut beantworten. Für jede Position gibt es einen bestimmten Erwartungswert auf einfachen Sieg, Gammon oder Backgammon, abhängig auch vom Verdopplungswürfel und dem Matchstand. Ähnlich wie bei anderen Logikspielen können daher auch beim Backgammon knifflige Problemstellungen eine große Herausforderung bringen. Anders allerdings als etwa bei einem Schachproblem gibt sich die gedankliche Tiefe eines Zuges nicht unmittelbar am Brett zu erkennen, sondern verlangt nach einem statistischen Durchchecken mithilfe von Rollouts. In allen hier angeführten Beispielen, die ich dankenswerterweise Weise von Jens Göring zur Verfügung gestellt bekam, wurden diese Checks mithilfe des exzellenten Programms GNU-Backgammon gemacht. (Einstellungen: 1296 Rollouts, Mersenne twister, Ply-2.). So viel zur Einleitung. Jetzt sind Sie dran! [www.blotblog.com]

Tipp: Überlegen Sie jeweils zuerst ohne Ansicht der Lösung, wie Sie den Wurf spielen bzw. wie Sie den Cube verwenden würden. Lesen Sie erst danach die Kommentare, Equity-Werte, Rollout-Ergebnisse und Analysen.

Abkürzungen:

M5, M9 etc.	= Match auf X Punkte
W5, S7 etc.	= Punktestand im Match
CR	= Crawford Game
PCr	= Post Crawford Game
W	= Weiß
S	= Schwarz
PC	= Pip Count
▶	= Top-Zug/Empfehlung beim Doppeln
EQU	= Equity
CuEQU	= Cubeless Equity (ohne den Doppler einzuberechnen)

Zugprobleme

Hier folgen zunächst einige typische Probleme, einen Wurf optimal umzusetzen. Versuchen Sie jedenfalls zunächst, den besten Zug gleichsam zu erspüren.

Zugproblem 1 – Sicherheit zuerst?

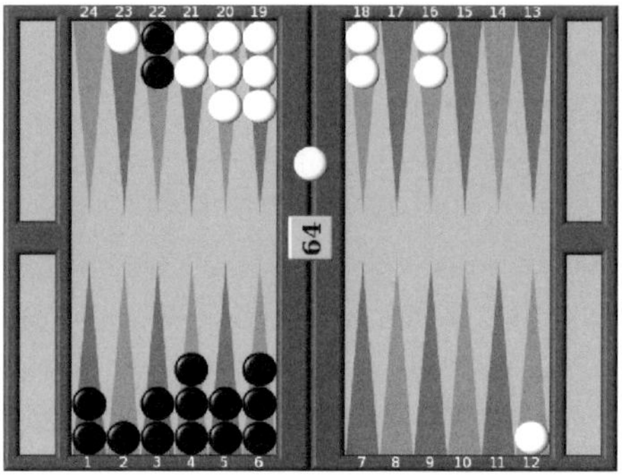

M9: W5 – S5
PC: W119/S94
S 55
Was ist der Top-Zug?

▶ **22/12*/7 22/17:** EQU +1,514 Schwarz entkommt mit beiden Steinen und schlägt zudem einen Blot des Gegners. Auf dem Bar-Punkt steht ein Stein in Reichweite des Heimfelds, bereit für einen direkten Schuss, sollte Weiß seinen Stein sofort einbringen.

22/12*(2): EQU +1,475 – Schwarz bringt beide Steine in Sicherheit und lässt zudem keinen Blot stehen. Allerdings kann ein etwaiger Treffer auf dem 2-Punkt nicht unmittelbar gekontert werden.

22/12*/2: EQU +1,280 – Ein Stein entkommt, schlägt einen Blot und schließt das Heimfeld. Warum ist hier die Equity deutlich schlechter? Nun, was passiert, wenn Schwarz im nächsten Wurf 4er wirft? Er wird sofort gezwungen sein, sein geschlossenes Feld aufzulösen. Sehen Sie den Unterschied?

Zugproblem 2 – Schlaglust?

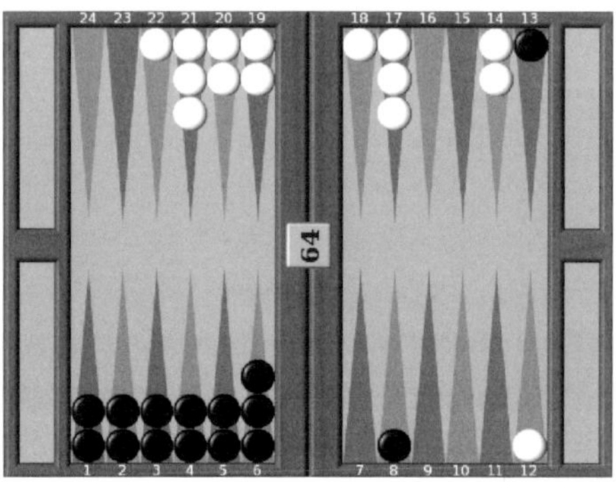

M9: W4 – S8/CR
PC: W103/S69
S 31
Was ist der Top-Zug?

▶ **13/10 8/7:** EQU +0,935 Schwarz sollte nicht schlagen. Verblüfft? Der Spielstand zeigt, dass nur noch ein winziger Punkt zum Sieg nötig ist. Es handelt sich zu-

dem um das Crawford-Spiel, wo keine Verdopplungen möglich sind. Schwarz liegt im Rennen nahezu uneinholbar vorne und braucht auch kein Gammon mehr. Wozu also ein Schlagrisiko eingehen? Der letzte weiße Krieger könnte einen zufälligen späten Treffer landen. Übrigens haben alle anderen Zugkombinationen mit 13/10 eine nahezu gleiche Equity wie das von GNU Backgammon top-bewertete 8/7.
13/12* 8/5: EQU +0,922/+0.511 für Gammon. Wie Sie sehen, wäre das Schlagen nicht nur lustvoll, sondern auch für ein etwaiges Gammon unumgänglich. Allein, in diesem Match wird kein Gammon verlangt. Sie sehen schon, die Züge müssen immer in Relation zum Matchstand eingeschätzt werden. Das macht Backgammon so reizvoll.

Zugproblem 3 – Wohin mit der 5?

M9: W4 – S3
PC: W44/S82
S 51
Was ist der Top-Zug?

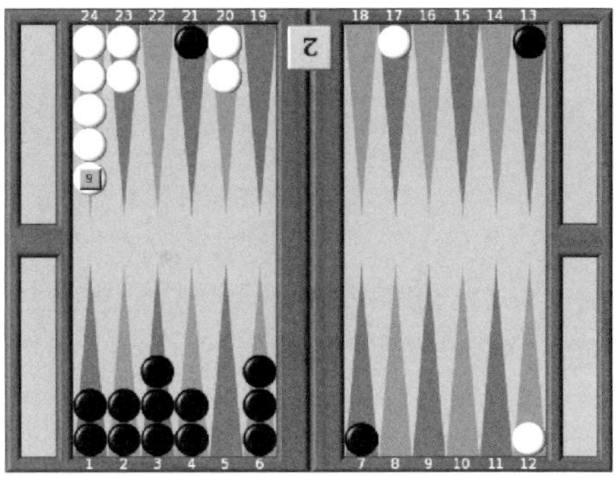

▶ **13/12*/7:** EQU +0,728
Der klar beste Zug verbindet zwei Ziele: Schlagen und Sichern eines Bausteins für den 5-Punkt. Dies muss jetzt geschehen, sonst ist es zu spät.
13/12* 7/2: EQU +0,662 – Diese Alternative ist schwach, denn außer dem Absichern eines Blots erfüllt sie keine Funktion.
13/12* 6/1: EQU +0,596 – Schmerzlich, denn damit ist ein weiterer Stein aus dem Spiel. Wie soll nun der 5-Punkt bedeckt werden?
21/16 13/12*: EQU +0,429 – Ganz zu vergessen! Schwarz liegt im Rennen weit zurück. Um eine realistische Chance zu haben, muss ein zweiter weißer Blot aufgeschnappt werden. Dies ist die Aufgabe des Steins auf dem 21-Punkt.

Zugproblem 4 – Risikominimierung!

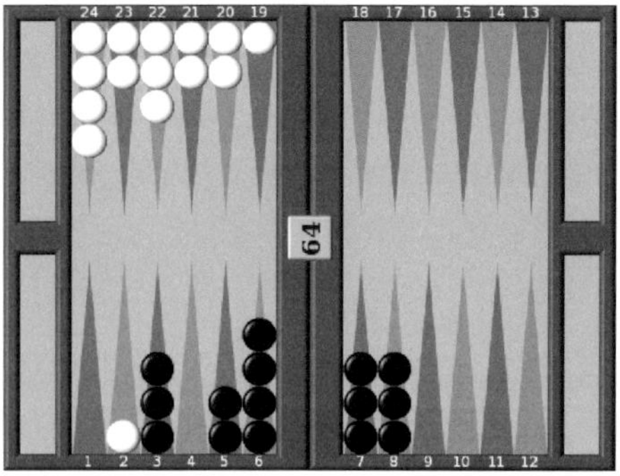

M9: W8 – S8
PC: W64/S88
S 62
Was ist der Top-Zug?

▶ **7/1 3/1:** EQU +0,295
Schwarz steht schlechter. Ihm bleibt nur die Hoffnung, dass keine 2er-Kombination mit einer hohen Zusatzzahl im nächsten Wurf fällt. Jedenfalls ist Schwarz nun optimal für den Blotangriff oder die Besetzung des 4-Punkts gewappnet. 7/1 6/4: EQU +0,266 – Eine Überraschung, ganz gegen die Intuition! Wieso sollte dies besser sein, als den weißen Blot auf die Bar zu schicken. Nun, immerhin wäre dann ein Einbringen mit 2er- und 4er-Würfen (bei gleichzeitigem Schlagen) möglich.
8/2* 7/5: EQU +0,235 – Kommentar siehe vorige Variante. Immerhin ein beträchtlicher Unterschied in der Equity.
8/6 7/1: EQU +0,175 – Ein ängstlicher Sicherheitszug, der seine Schwächen im nächsten Wurf offenbaren wird. Dann bricht die schwarze Prime wohl endgültig zusammen.

Zugproblem 5 – Priming ist alles!

M9: W8 – S8/PCr
PC: W121/S144
S 62
Was ist der Top-Zug?

▶ **13/7 9/7:** EQU +0,504 – Schwarz liegt im Pip Count zurück. Er muss daher versuchen, den weißen Rennern das Entkommen so schwer wie möglich zu machen. Momentan hilft jeder 5er-Wurf, nach 13/7 9/7 nur noch die Wurfkombination 1 und 6. Außerdem hat

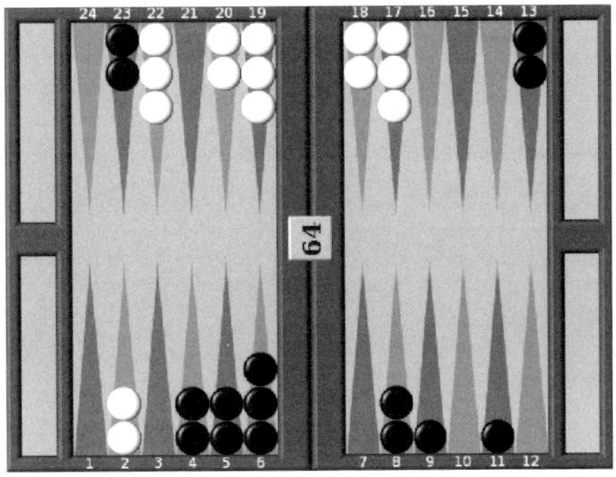

Schwarz das weitaus bessere Timing, ist also kaum in Gefahr, dass seine Prime frühzeitig zusammenbrechen könnte. Das erklärt auch den guten Equitywert.
13/7 11/9: EQU +0,202 – Hier bleibt, wie gesagt, ein Schlupfloch für die Renner. Keine gute Sache!
23/15: EQU +0,098 – Sollte der letzte Renner vom nächsten weißen Wurf getroffen werden, stehen die Chancen katastrophal. Die schwarze Prime ist einfach zu löchrig, um Weiß auf Dauer unter Kontrolle zu halten. Man sieht hier wieder, wie wichtig eine gut Blockade wäre!

Zugproblem 6 – Wurftrauma!

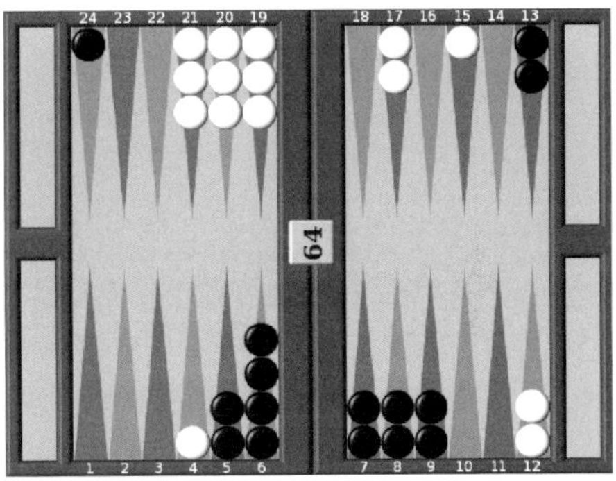

M9: W2 – S4
PC: W118/S132
S 41
Was ist der Top-Zug?

▶ **9/4*:** EQU –0,324
Weiß droht am ganzen Brett mit Aktionen: Entkommen des letzten Renners, Verstärkung der Prime, Besetzung des Bar-Punkts oder Schlagen des schwarzen Blots auf dem 1-Punkt. Daher muss Schwarz mit vollem Risiko den Blot auf dem 5-Punkt beseitigen. Die Chancen stehen nach diesem unglücklichen Wurf in jedem Fall schlecht.
9/8 9/5: EQU –0,567 – Dieser so natürlich aussehende Zug ist schrecklich, da er die Prime bei schlechter Rennsituation entscheidend verkürzt. Übrigens hätte sogar der „hässliche" Zug 6/5 6/2 eine bessere Equity.

Zugproblem 7 – Doppelschlag gefällig?

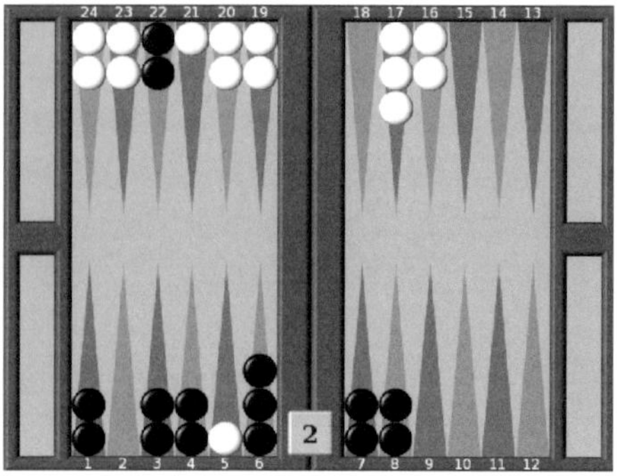

M9: W1 – S2
PC: W94/S108
S 31
Was ist der Top-Zug?

▶ **8/5* 6/5:** EQU +0,778
Klar, der 5-Punkt-Stein wird auf die Bar geschickt. Die große Frage ist jedoch: Sollte vielleicht gar ein Doppelschlag 8/5* 22/21* riskiert werden? Die Chance auf ein Gammon wäre groß, aber ...? Kommt der Gegner mit einem Gegenschlag von der Bar, ist das Spiel praktisch ausgeglichen. Da Schwarz den Dopplerwürfel unter Kontrolle hat, sollte er wohl einfach zwei Punkte einfahren. Das zeigt jedenfalls auch die vom Computer errechnete Equity.
22/21* 8/5*: EQU +0,641 – So gut dieser Doppelschlag auch aussehen mag, das Risiko ist statistisch gesehen zu hoch.

Zugproblem 8 – Das Ende der Prime!

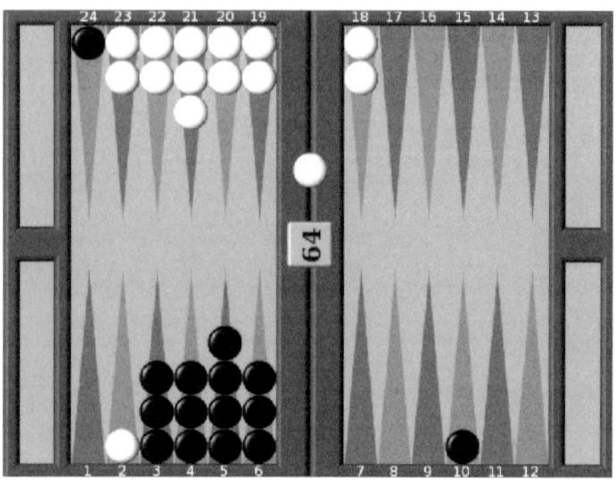

M9: W7 – S2
PC: W106/S93
S 31
Was ist der Top-Zug?

▶ **10/6:** EQU –0,504
Schwarz ist stellungsmäßig klar unterlegen. Und er hat nur eine einzige Chance: nämlich Weiß dazu zu zwingen, die Prime aufzubrechen. Daher dieser scheinbar konservative Zug.

10/9 6/3: EQU −0,536 – Wie leicht zu sehen ist, kann mit einem weiteren Blot auf dem 9-Punkt der Druck auf Weiß keinesfalls erhöht werden. Daher: weniger zu empfehlen!
5/2* 3/2: EQU −0,579 – Ganz schwach wäre das „lustvolle“ Schlagen auf dem 2-Punkt. Denn nun wird Weiß vermutlich seine Prime halten können, während Schwarz Zeuge des Zusammenbruchs des eigenen Heimfelds werden wird, bevor Weiß wieder ins Spiel kommt. Nur Steine zu „fressen“ ist im Backgammon nicht das große Ziel. Der strategische Hintergrund muss schon stimmen.

Zugproblem 9 – Den Anker lichten?

M9: W8 – S2 PCr
PC: W143/S150
S 53
Was ist der Top-Zug?

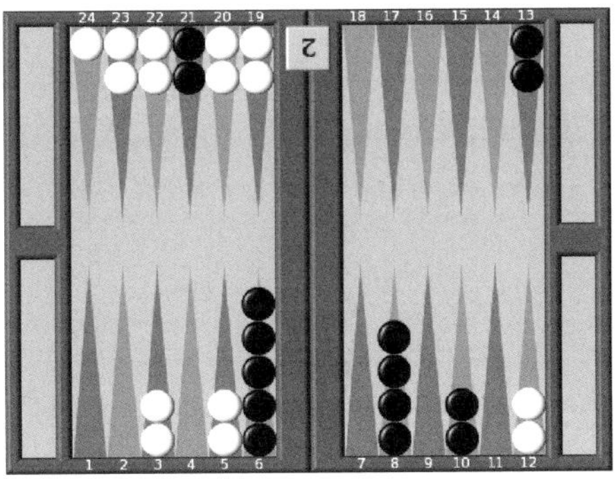

▶ **21/13:** EQU +0,209/+0,193 Gammon für Weiß
Vielleicht mag diese Zugentscheidung für manchen Leser überraschend kommen, vor allem in Anbetracht der drastisch erhöhten Gammongefahr, in die sich Schwarz mit dem Blot auf dem 4-Punkt begibt. Doch halt: Hier zeigt ein Blick auf den Spielstand, dass das Gammon ja gar keine Rolle mehr spielt. Jetzt gilt es, die Gelegenheit beim Schopf zu fassen.
13/10 13/8: EQU +0,197/+0,155 Gammon für Weiß – Normalerweise der richtige Zug, in Anbetracht der Gammon-Drohung. Doch wie gesagt, ist diese hier nur von theoretischem Interesse. In dieser Stellung kann man wirklich leicht fehlgreifen, selbst als guter Spieler. Jedenfalls zeigen Computer-Rollouts auch in solch kritischen Stellungen den optimalen Erwartungswert.

Zugproblem 10 – Schlagen obligatorisch!

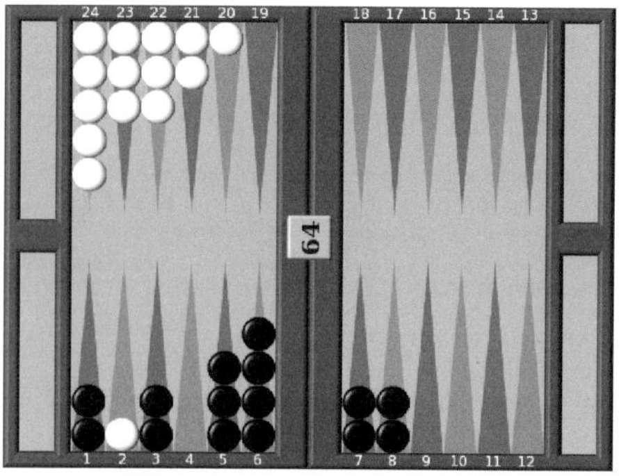

M9: W8 – S8 PCr
PC: W56 / S77
S 61
Was ist der Top-Zug?

▶**8/2*/1:** EQU +0,312
Das pure Rennen ist verloren, daher muss der letzte weiße Blot geschlagen werden – in allen Varianten. Dann aber sollte der kleine Schritt in die Sicherheit gewählt werden. Vielleicht wird Weiß ja für zumindest einen Zug im Gefängnis festgehalten. Wie gut, dass es Computer-Rollouts gibt!

8 / 2* 6 / 5: EQU +0,233 – Warum ein unnötiges Risiko eingehen?
8 / 7 8 / 2*: EQU +0,182 – Auch dies sieht nicht besser aus.
8 / 2* 5/4: EQU +0,176 – Augenscheinlich eine zu lose Spielanlage.
8 / 2* 3/ 2: EQU +0,138 – Wir wollen doch keine unnötigen Opfer bringen!

Zugproblem 11 – Zielpunkt „Volle Prime“?

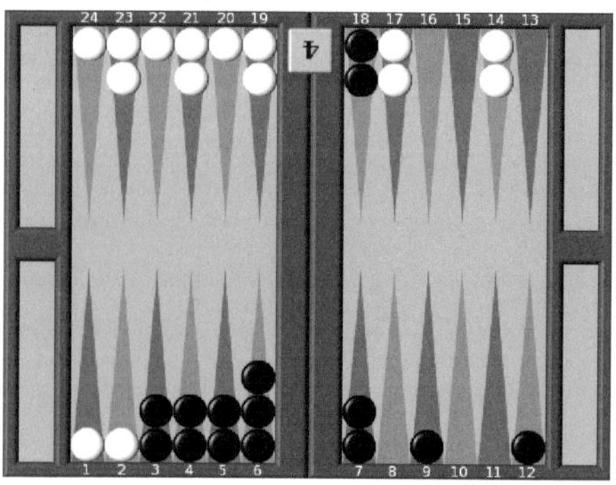

M7: W5 – S4
PC: W118 /S113
S 55
Was ist der Top-Zug?

▶ **12/2* 7/2 6/1*:**
EQU +0,855/+0,762 für Gammon
Weiß steht ziemlich hoffnungslos, keine Frage. Schwarz kann fast nur gute Züge machen. Dennoch ist die volle Prime nicht der unmittelbar empfehlenswerte Zug. Schlagen ist angezeigt, und zwar

auf allen Punkten. Wäre das Gammon von Nutzen, (was es wegen des Dopplerwürfels auf „4“ nicht ist) fiele der Equity-Sprung beim Vergleich zur unten stehenden Strategie noch drastischer aus. Risiko gibt es jedenfalls keines, man muss nur einen Blick auf das schüttere weiße Heimfeld werfen.
18/8(2): EQU +0,798/+0,330 für Gammon – Wie schon oben gesagt, ist die volle Prime hier zweitrangig. Es gilt, auf Angriff zu spielen.

Zugproblem 12 – Doppelsprung in die Freiheit?

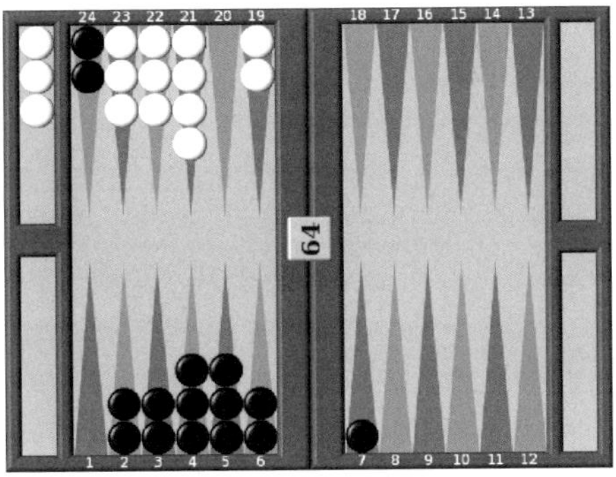

M5: W0 – S1
PC: W43/S104
S 64
Was ist der Top-Zug?

▶ **24/14:** EQU –0,878/+0,112 Gammon für Weiß
Alle Zugausführungen sind nur ein Tropfen auf den heißen Stein: Einen rückständigen Renner bewegen ebenso wie das Heimfeld schließen. Doch das kleinere Übel ist zweifellos der Sprung in die Freiheit mit nur einem Stein. Dadurch bleibt die Schlaghoffnung wach und gleichzeitig die Gefahr einer Gammon-Niederlage im Rahmen.
24/18 7/3: EQU –0,930/+0,151 Gammon für Weiß – Etwas schwächer ist das frühzeitige Heimbringen des Außenfeldsteins vom Barpunkt.
24/20 7/1: EQU –0,982/+0,200 Gammon für Weiß – Die Gammonchancen des Gegners würden weiter wachsen …
24/20 24/18: EQU –1,023/+0,084 Gammon für Weiß – Warum sollte Schwarz seine späten Trefferchancen mutwillig verringern?
7/1 5/1: EQU –1,059/+0,212 Gammon für Weiß – Mit beiden Steinen in Wartestellung bleiben, ist wohl das größte Übel. Die Gefahr, eine Gammonniederlage einzustecken, wächst deutlich an.

Doppler-Probleme

Beim Backgammon kommt, wie bei kaum einem anderen Spiel, dem korrekten Dopplerverhalten (eng. Cube Action) große Bedeutung zu. Dem Anfänger scheint es eher ein Nebenschauplatz dieses Würfelspiels zu sein, und der Cube wird in seiner vollen Wucht nicht richtig genutzt. Hier finden Sie einige nachdenkenswerte Fragen zur Verdopplung. Die vom Computer errechnete Equity bestimmt die Reihenfolge der Empfehlungen. Angeführt wird auch die „cubeless equity", das heißt der pure Erwartungswert der Stellung, wenn eben ohne den Dopplerwürfel gespielt würde. Da auch der Matchstand in die Berechnung der Equity eingeht, unterscheidet sich der Erwartungswert von dem eines Money Games (das ja unabhängig von den vorangegangenen Partien ist). Daher wird die Equity auch für Letzteres angeführt.

Doppler-Problem 1 – Jetzt oder nie?

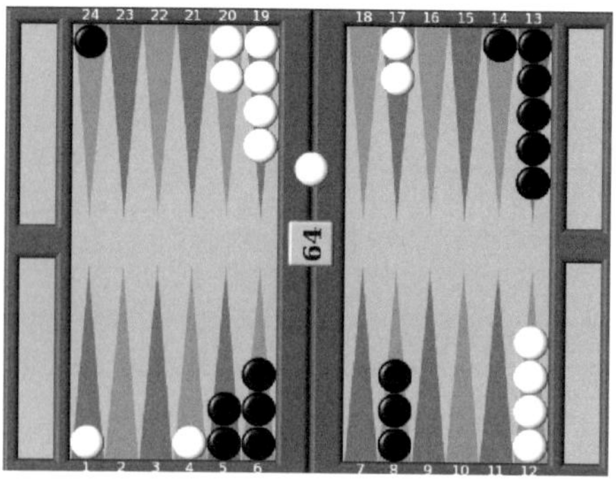

M7: W5 – S1

PC: W172/S155

Soll Schwarz verdoppeln?

Beim Matchstand 1:5 aus Sicht des Schwarzen (auf 7 gewonnene Punkte) ist bei der vorhandenen Equity der Griff zum Cube fast zwingend. Noch dazu, wo beiderseits sogar Gammon-Resultate im Bereich des Möglichen liegen. Verzögert Schwarz die Entscheidung – um auf bessere Tage zu warten – wird Weiß vielleicht ohne zu zögern aussteigen. Hier gilt es jedoch anzunehmen.

CuEQU: +0,407 (Money: +0,356)

1. Doppeln, annehmen: +0,884
2. Doppeln, ablehnen: +1,000 (+0,116)
3. Kein Doppeln: +0,781 (–0,103)

▶ Empfohlene Dopplerentscheidung: **Doppeln, annehmen**

Doppler-Problem 2 – Zeit zum Redouble?

M9: W0 – S2

PC: W93/S50

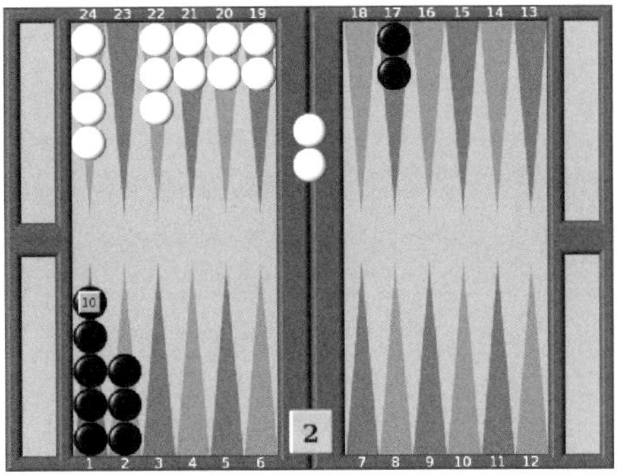

Soll Schwarz verdoppeln?

Schwarz besitzt den Verdopplungswürfel, da Weiß bei starkem Heimfeld zwei Blots stehen lassen musste, die vom 2-Punkt-Anker aus getroffen wurden. Ist es nun Zeit zum Redouble? Die klare Antwort: nein! Noch sind zwei Steine nach Hause zu bringen, und jeder weiße Treffer wäre eine Katastrophe. Anders sähe die Sache aus, wenn der 6-Punkt im weißen Heimfeld offen wäre oder sich nur mehr ein loser Stein von Schwarz im Außenfeld befände. Momentan ist Schwarz nicht einmal Favorit auf den Sieg.

CuEQU: + 0,169 (Money: + 0,178)

1. Kein Doppeln: + 0,309
2. Doppeln, ablehnen: + 1,000 (+ 0,691)
3. Doppeln, annehmen: – 0,137 (– 0,446)

▶ Empfohlene Dopplerentscheidung: **Kein Redouble, annehmen**

Doppler-Problem 3 – Schwer einzuschätzen!

M3: W1 – S0

PC: W143/S135

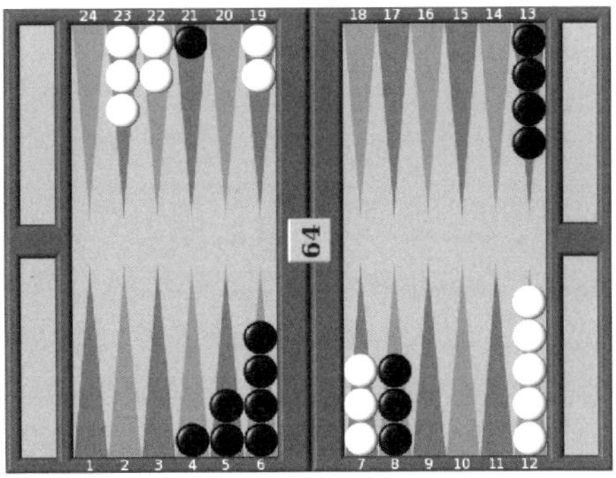

Soll Schwarz verdoppeln?

Die spezielle Gefahr, die in dieser Stellung lauert, sind etwaige Gammons, die beim 2away/3-away-Spielstand Weiß ungemein schmerzen würden. Mögen auch die Stellungen auf den ersten Blick annähernd gleich aussehen, so hat

Schwarz doch deutliche Vorteile. Zum einen wird er demnächst ein starkes Heimfeld aufgebaut haben, wohingegen Weiß erst einmal Bausteine ins Außenfeld hieven muss, die noch dazu dem letzten schwarzen Stein ausgesetzt sein werden. Zum anderen ist die weiße Verteilung sehr unflexibel, mit nur zwei Punkten, von denen gut weggezogen werden kann. Weiß wird daher bei korrekter Analyse passen müssen. Ganz anders sähe die Sache in einem Money Game aus. Hier wäre sogar das Verdopplungsangebot des Schwarzen problematisch.

CuEQU: +0,459 (Money: +0,400)

1. Doppeln, ablehnen: +1,000
2. Doppeln, annehmen: +1,032 (+0,032)
3. Kein Doppeln: +0,916 (–0,084)

▶ Empfohlene Dopplerentscheidung: **Doppeln, ablehnen**

Doppler-Problem 4 – Ins offene Messer?

M3: W0 – S1

PC: W64/S89

Soll Schwarz verdoppeln?

Läuft Schwarz mit dem Doppeln ins offene Messer? Immerhin kann Weiß bei einem Redouble sofort ums Match spielen. Nein, ganz so heiß wird hier nicht gegessen. Passt Weiß, muss er die nächsten beiden Partien gewinnen, zunächst das Crawford-Spiel. Chance: 25 %, so besagt es die Equity-Tabelle (↑ Equity). Daher sollte Weiß nur annehmen, wenn sein Erwartungswert höher liegt als dieser Prozentsatz. Und dies ist hier nicht der Fall.

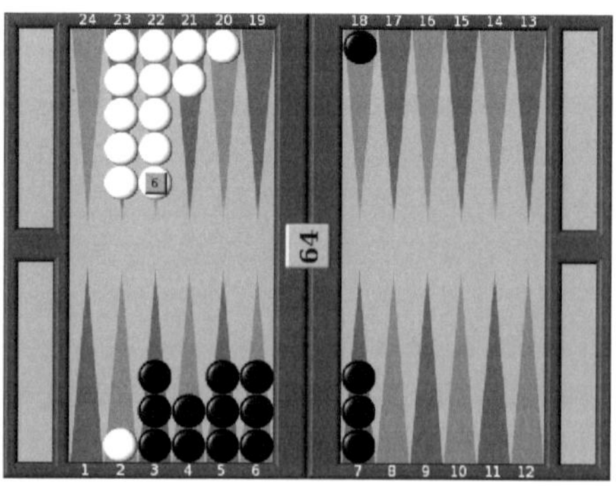

Aber es geht bei diesem Diagramm noch um eine zweite Frage: Ist es für Schwarz lohnenswert, auf Gammon zu spielen, also die Verdopplungsentschei-

dung hinauszuzögern. Die knappe Antwort lautet: Nicht wirklich, denn dazu bräuchte er eine geschlossene Prime. Selbst der eine lose Stein auf dem 2-Punkt gibt, wie Rollouts zeigen, dem weißen Spieler eine ca. 10 %-Chance. Das Risiko ist für Schwarz zu hoch, daher sollte er sofort zum Cube greifen.
CuEQU: +0,903 (Money: +0,836)
1. Doppeln, ablehnen: +1,000
2. Doppeln, annehmen: +2,153 (+1,153)
3. Kein Doppeln: +0,994 (−0,006)
▶ Empfohlene Dopplerentscheidung: **Doppeln, ablehnen**

Doppler-Problem 5 – Enge Entscheidung

M9: W6 – S3
PC: W80 / S184
Soll Schwarz verdoppeln?
Das enge Zusammenspiel von Dopplerentscheidung und Matchstand wird an dieser Position deutlich. Im Money Game braucht Schwarz in seiner unterlegenen Position gar nicht erst an ein Verdoppeln zu denken. Doch beim Matchstand 3 zu 6 auf 9 Punkte wird diese Back-Game-Stellung interessant, noch dazu mit dem Cube in „Schwarzer Hand“. Welche Gedanken hat Schwarz? (1) Führt Schwarz die Cube-Action jetzt nicht durch, gibt die Stellung vielleicht schon beim nächsten Wurf kein Doppeln mehr her (die Backgammon-Profis sprechen von „losing the market“, ↑ Glossar). Gewinnt Schwarz einfach, steht es danach 5 zu 6, verliert er jedoch, gerät er beim Matchstand von 3 zu 8 klar in Nachteil. (2) Doppelt Schwarz sofort und macht das Spiel, kann er viel gewinnen: neuer Spielstand 7 zu 6. Die Wahrscheinlichkeit ist bei einem Back

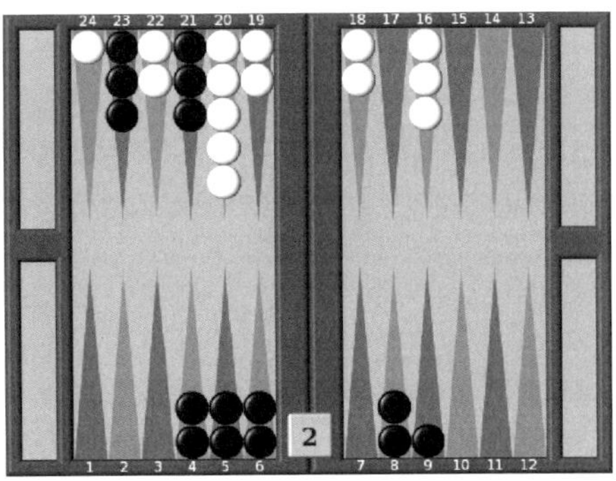

Game mit dieser Verteilung (2-Punkt, 4-Punkt) gar nicht schlecht. Verliert Schwarz aber dieses gedoppelte Spiel, ist das Match unmittelbar entschieden. Nun, das klingt dramatisch, ist aber genau besehen kaum schlechter als der Spielstand 3 zu 8! Die Entscheidung ist wahrlich eng. Sie haben also fast die freie Wahl, könnte man sagen. GNU Backgammon gibt folgende Equity:

CuEQU: –0,329 (Money: –0,457)

1. Kein Doppeln: +0,030
2. Doppeln, ablehnen: +1,000 (+0,970)
3. Doppeln, annehmen: +0,027 (–0,003)

▶ Empfohlene Dopplerentscheidung: **Kein Redouble, annehmen**

Doppler-Problem 6 – Motto: Risikominimierung

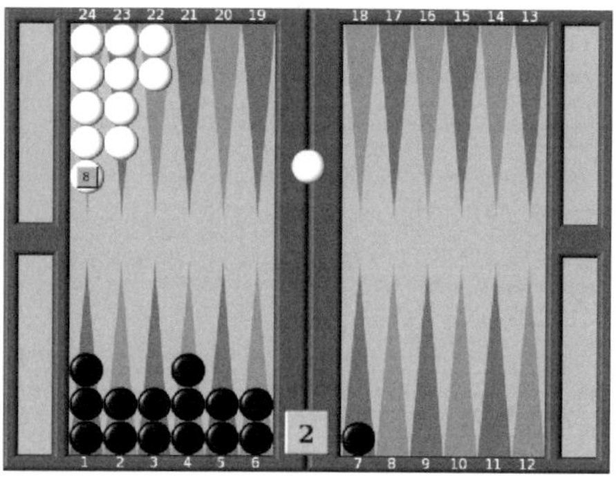

M9: W0 – S0

PC: W47/S54

Soll Schwarz verdoppeln?

Eine enge Entscheidung, keine Frage. Fast könnte man daher meinen: Jeder nach seinem Geschmack. Doch objektiv betrachtet hat Schwarz kaum eine realistische Gammonchance. Dagegen würde ein folgender Katastrophenwurf à la 66 plötzlich den Spieß umdrehen. Sehen Sie selbst. Schwarz würde unvermittelt einen Blot zum Fressen überlassen. Daher sollte das Spiel an dieser Stelle unmittelbar mit einem „Redouble, pass" beendet werden. Zwei Punkte sind zwei Punkte!

CuEQU: +0,927 (Money: +0,925)

1. Doppeln, ablehnen: +1,000
2. Doppeln, annehmen: +1,892 (+0,892)
3. Kein Doppeln: +0,988 (–0,012)

▶ Empfohlene Dopplerentscheidung: **Redouble, ablehnen**

Doppler-Problem 7 – Wer wagt, gewinnt!

M7: W0 – S5

PC: W64/S57

Soll Schwarz verdoppeln?

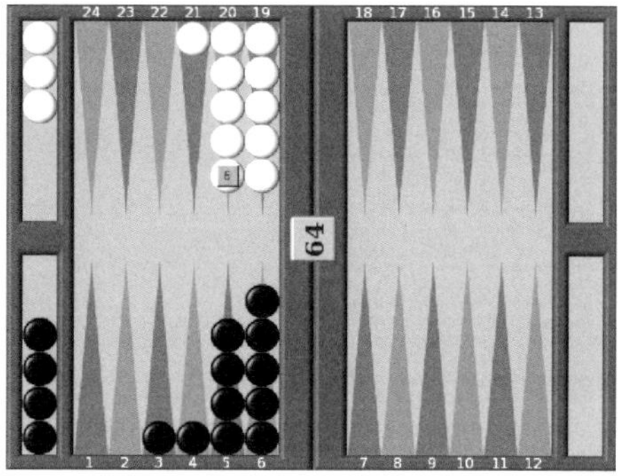

In Anbetracht des Spielstandes mag die Entscheidungsfreude des Lesers schon getrübt sein: die berühmte Angst vor dem Redouble! Wem ist es noch nie so ergangen? Doch hier machen Rollouts deutlich, dass Weiß nur knapp 22,6 % der Partien für sich entscheiden kann. Daher …CuEQU: +0,549 (Money: +0,549)

1. Doppeln, ablehnen: +1,000
2. Doppeln, annehmen: +1,008 (+0,008)
3. Kein Doppeln: +0,815 (–0,185)

▶ Empfohlene Dopplerentscheidung: **Doppeln, ablehnen**

Doppler-Problem 8 – Brettkontrolle pur!

M7: W0 – S1

PC: W97/S99

Soll Schwarz verdoppeln?

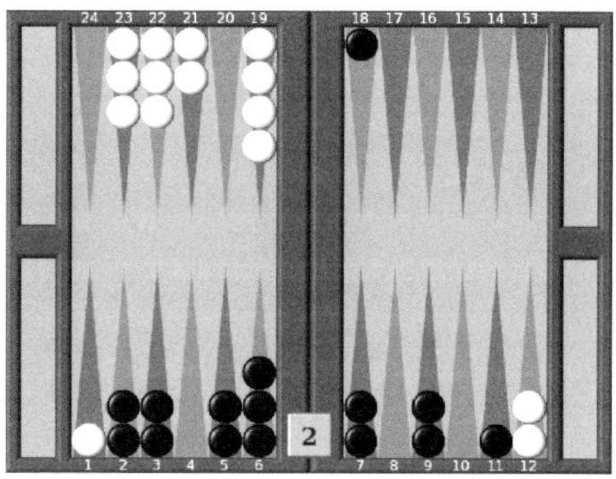

Diesmal steht Schwarz vor keiner schweren Entscheidung. Sein Brett ist stark, vor allem wegen des weißen Steins auf dem 1-Punkt. Da spielt der Pip Count schon gar keine Rolle mehr. Daher einfach doppeln – und der Gegner wird zähneknirschend und unmittelbar ablehnen.

CuEQU: +0,605 (Money: +0,609)

1. Doppeln, ablehnen: +1,000
2. Doppeln, annehmen: +1,027 (+0,027)
3. Kein Doppeln: +0,897 (–0,103)

▶ Empfohlene Dopplerentscheidung: **Redouble, ablehnen**

Doppler-Problem 9 – Auf der Kippe!

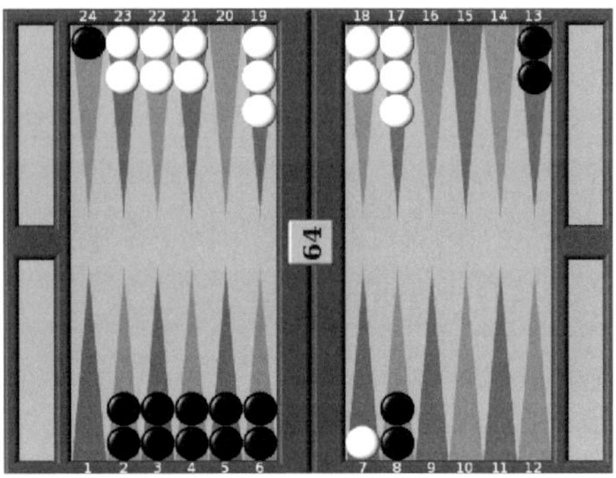

M9: W4 – S3
PC: W92/S106

Soll Schwarz verdoppeln?

Schwarz muss einiges bedenken, etwa ein Redouble, falls er den Blot verfehlt. Dennoch hat er vor diesem Wurf vermutlich die letzte Chance, den Gegner zum Mitgehen zu zwingen und damit den Spielwert zu verdoppeln. Jede 1, jede 6, 22, 33 sowie 24, 42 sind Treffer, also zwei Drittel aller Kombinationen. Gut für eine Verdopplung! Die Position ist aber auch eindeutig ein „take" (also ein Annehmen), wie die Meisterspieler sagen. Spielerfahrung ist hier vonnöten, um alle Implikationen zu erkennen.

CuEQU: +0,284 (Money: +0,277)
1. Doppeln, annehmen: +0,436 (+0,027)
2. Doppeln, ablehnen: +1,000 (+0,564)
3. Kein Doppeln: +0,419 (–0,018)

▶ Empfohlene Dopplerentscheidung: **Doppeln, annehmen**

Doppler-Problem 10 – Gefängnismauern!

M7: W2 – S1
PC: W95/S111

Soll Schwarz verdoppeln?

Bei dieser Stellung befindet sich Schwarz in einer wunderbaren Lage. Er hat gute Chancen, einen weiteren Stein abzukassieren und damit

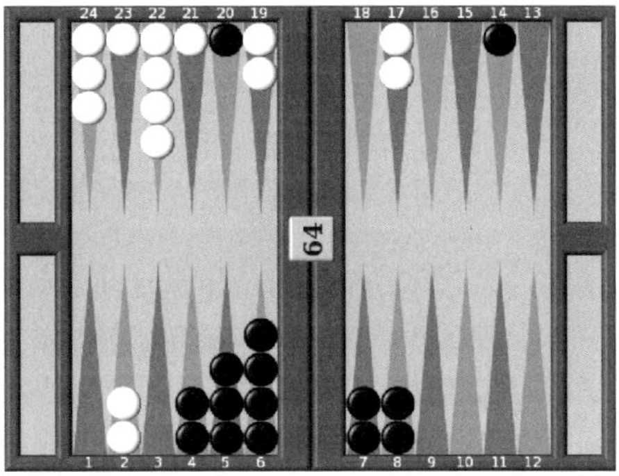

unter Umständen einen Gammonsieg zu landen. Selbst wenn Weiß mit seinen Steinen sicher die Klippen umschifft, kann Schwarz später noch immer doppeln. Die Stellung ist daher im Moment einfach zu gut, um den Weißen so billig davonkommen zu lassen.

CuEQU: +0,852 (Money: +0,841)

1. Kein Doppeln: +1,031
2. Doppeln, annehmen: +1,777 (+0,747)
3. Doppeln, ablehnen: +1,000 (–0,031)

▶ Empfohlene Dopplerentscheidung: **Zu gut für ein Doppeln, ablehnen**

Doppler-Problem 11 – Doppelte Börse?

M7: W0 – S2

PC: W136/S99

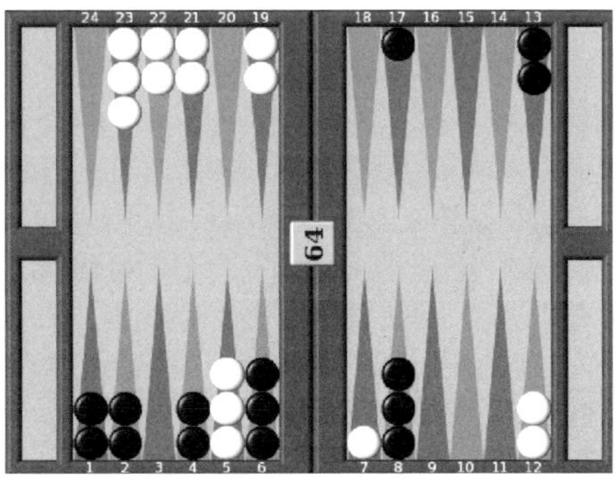

Soll Schwarz verdoppeln?

Schwarz führt deutlich im Rennen. Und daher sollte er doppeln. Weiß wird annehmen, denn vielleicht trifft Schwarz ja nicht, oder Weiß kann einen Gegenschlag anbringen, was beim starken weißen Heimfeld einige Möglichkeiten offen lässt. Ohne diese Rückversicherung müsste Weiß das Angebot vermutlich sofort ausschlagen.

CuEQU: +0,601 (Money: +0,610)

1. Doppeln, annehmen: +0,972
2. Doppeln, ablehnen: +1,000 (+0,028)
3. Kein Doppeln: +0,803 (–0,169)

▶ Empfohlene Dopplerentscheidung: **Doppeln, annehmen**

Doppler-Problem 12 – Gefängnismauern!

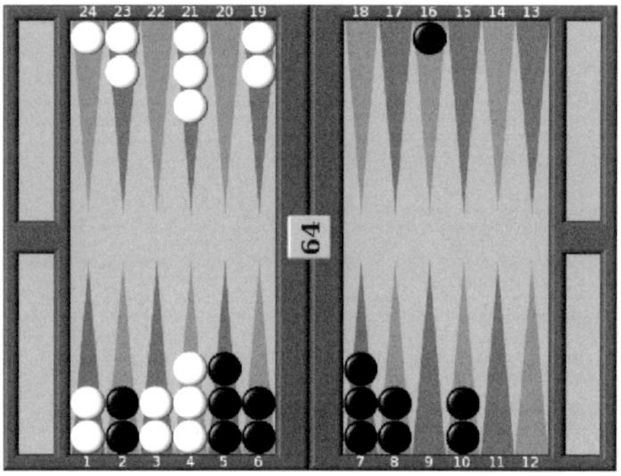

M9: W0 – S0

PC: W184 / S104

Soll Schwarz verdoppeln?

Weiß hat eine starke Back-Game-Stellung aufgebaut. Doch das weiße Heimfeld ist schwach, da er leider sein Timing nicht gefunden hat. Dadurch muss Weiß seinen 6er-Punkt vielleicht schon im nächsten Wurf auflösen. Schwarz sollte also doppeln, und Weiß wird wohl oder übel sofort passen müssen. So grausam kann Backgammon sein.

CuEQU: +0,749 (Money: +0,742)

1. Doppeln, ablehnen: +1,000
2. Doppeln, annehmen: +1,241 (+0,241)
3. Kein Doppeln: +0,981 (–0,019)

▶ Empfohlene Dopplerentscheidung: **Doppeln, ablehnen**

Varianten & Informationen

Varianten*

Backgammonvarianten sind schon historisch bedingt Legion (siehe Kapitel „Geschichte des Spiels"). Hier möchte ich Ihnen einige spannende Spielformen wie auch Varianten für drei und mehr Spieler vorstellen.

Acey-Ducey

Diese Spielweise war bei der US-Navy während des Zweiten Weltkriegs sehr beliebt. Nach einem 21-Wurf darf der betreffende Spieler eine beliebige Dublette wählen und diese auch ziehen. Der strategische Charakter des Spiels geht bei dieser Spielform allerdings stark verloren. Dafür dominiert der Glücksfaktor. Acey-Ducey ist daher für ernsthafte Spieler nicht wirklich zu empfehlen.

Backgammon Extras

Automatische Verdopplung:

Wird im Eröffnungswurf eine Dublette geworfen, verdoppelt sich automatisch der Spielwert. Der Cube wird auf „2" gesetzt, bleibt aber auf der Bar liegen. Theoretisch kann der Spielwert durch wiederholtes Werfen von Dubletten enorm ansteigen. Im praktischen Spiel wird allerdings meist nur eine automatische Verdopplung zugelassen. Jedenfalls wird mit dieser Spielweise der Glücksspielcharakter verstärkt.

Beaver:

Um die sehr aggressiven Spieler ein wenig einzuschränken, wird oft die Beaver-Regel vereinbart. Sie besagt Folgendes: Wird eine Verdopplung angeboten, darf der annehmende Spieler sofort (vor dem nächsten Wurf) seinerseits verdoppeln, ohne jedoch den Cube abgeben zu müssen. Eine wirklich starke Drohung! Bei der Chouette (↑ Chouette) wird der Beaver genauso individuell gehandhabt wie alle anderen Spieloptionen.

Handicap-Spiele:

Eine spezielle Form der Varianten stellt das Handicap-Spiel dar, das besonders im Familienkreis zu empfehlen ist, wenn die Spielstärke der beiden Gegner stark divergiert. Hier gibt es ganz unterschiedliche Ansätze.

- **Erster Wurf:** Der schwächere Spieler macht immer den ersten Zug, unabhängig vom Wurfergebnis.
- **Festgelegter Eröffnungswurf:** Der schwächere Spieler darf mit 42, 61, 31 oder 11 beginnen. Der Vorteil dieser Wurfkombinationen ist aufsteigend, da mit der Dublette sowohl der Bar-Punkt als auch der Goldene Punkt gemacht werden können.
- **Verdopplungswürfel:** Der schwächere Spieler bekommt zu Beginn des Spiels den Verdopplungswürfel.
- **Rollovers:** Diese Vorgabe ist sehr flexibel – und damit wirklich empfehlenswert. Der schwächere Spieler bekommt einen, zwei, drei oder noch mehr Rollover-Optionen (↑ Rollover).

Jacoby-Regel:

Diese wurde schon in der Einführung erwähnt, da sie bei Money Games absolut üblich ist. Ein Gammon zählt dabei nur, falls der Verdopplungswürfel mindestens einmal während der Partie gedreht wurde. Dies wäre nicht der Fall, wenn das Spiel mit einer automatischen Verdopplung begonnen hätte, denn dabei stände der Verdopplungswürfel ja beiden Spielern zur Verfügung. Der Grund für diese Regel liegt in der Absicht, die Spieldauer bei hoffnungslosen Positionen abzukürzen. Wird der Cube gedreht, steigt die hinten liegende Partei sofort aus. Daher muss bei Money Games eher etwas früher gedoppelt werden als beim Match Play.

Backgammon Backwards

Diese junge Variante von David Pilz und Lutz Wening (1999) erlaubt als einzige Abweichung vom Standardspiel ein Rückwärtsschlagen. Dadurch wird das Spiel, so behaupten einige Kenner, noch ein wenig taktischer. Variante René Schwab: Rückwärtsschlagen ist nur mit der niedrigeren der beiden Augenzahlen erlaubt. (Verhindert langwierige Blockaden.)

Chouette

Zunächst wird durch Würfelwurf eine Reihenfolge der Spieler festgelegt: **Man in the Box (kurz: Box), Kapitän, Erster Berater, Zweiter Berater** etc., je nachdem, wie viele Spieler teilnehmen. Die Box spielt zunächst gegen den Kapitän und sein Team, das heißt gegen alle anderen. Die Partner dürfen sich beraten, der Kapitän trifft im Zweifelsfall die Entscheidung. Es gibt zwei Möglichkeiten für den Spielausgang: (1) Die Box gewinnt und behält damit ihre Position; der Erste Berater wird neuer Kapitän; alle anderen rücken um einen Rang vor; der Kapitän kommt dagegen auf den letzten Platz. (2) Der Kapitän gewinnt und wird neuer Mann in der Box; alle anderen rücken vor, die bisherige Box reiht sich hinten an. Für den Verdopplungswürfel gibt es unterschiedliche Regelungen: Entweder wird mit nur einem Verdopplungswürfel (*Single cube chouette*) oder mir einem Verdopplungswürfel für jedes Teammitglied (*Multi cube chouette*) gespielt. Dann darf (beginnend mit dem Kapitän) jeder individuell entscheiden, ob er ein Verdopplungsangebot der Box annehmen oder ablehnen möchte. Dies ist der einzige Fall, bei dem sich die Spieler nicht beraten dürfen. Die Box streicht sofort die Einsätze der ablehnenden Spieler ein und setzt das Spiel gegen die übrigen fort. Steigt der Kapitän aus dem laufenden Spiel aus, rückt der nächste Spieler nach. Üblicherweise darf die Box bei automatischer Verdopplung entscheiden, ob sie diese annehmen möchte. Empfehlenswert ist auch die Jacoby-Regel, da dadurch das Spiel beschleunigt wird: Ein Gammon darf dabei nur nach vorhergehender Verdopplung gewertet werden (↑ Jacoby-Regel).

Freeze-Out Match

Ein *Freeze-Out Match* (üblicherweise in Turnierform ausgetragen) funktioniert ähnlich wie ein Pokerspiel. Jeder Teilnehmer beginnt mit der gleichen Anzahl von Chips, etwa 12. Man spielt so lange mit, bis man alle seine Chips verloren hat. In jedem Spiel zahlt der Verlierer dem Gewinner einen Chip (Grundeinsatz), multipliziert mit dem Würfelwert sowie mit dem Spielergebnis (Gammon/Backgammon). Allerdings wird nie mehr ausbezahlt, als der jeweilige Spieler noch an Chips vor sich liegen hat. Regelspezialitäten wie Automatisches Verdoppeln, Beaver, Jacoby-Regel oder Crawford-Spiel sind nicht erlaubt. Um das Spiel zu beschleunigen, kann vorweg vereinbart werden, dass nach jeweils vier Partien der Grundeinsatz verdoppelt wird, ähnlich wie beim Poker die *Blinds*.

Hyper-Backgammon

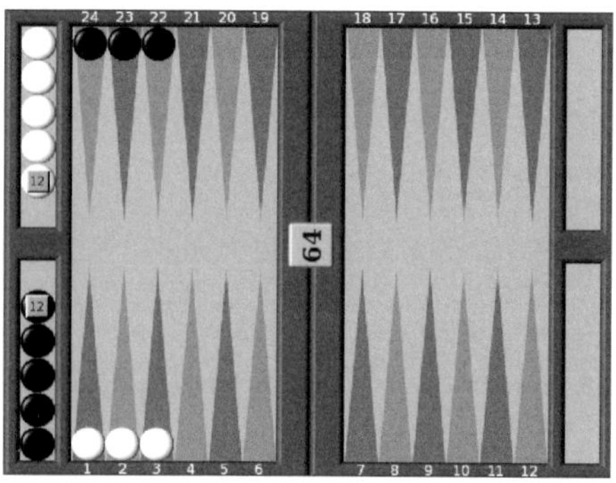

Jede Seite beginnt mit nur drei Steinen auf den Punkten 1, 2 und 3. Gespielt wird mit der Jacoby-Forderung (↑ Glossar), sonst gelten alle üblichen Backgammon-Regeln, wobei Schwarz im Uhrzeigersinn, Weiß gegen den Uhrzeigersinn zieht. Diese Spielform ist inzwischen mit Computern auf allen 32 Millionen möglichen Stellungen voll ausanalysiert.

Nackgammon

Diese von Nack Ballard erfundene Variante hat eine leicht geänderte Ausgangsstellung, folgt jedoch sonst uneingeschränkt den Standardregeln des Spiels. Die Punkte 12/13 bzw. 6/19 werden mit nur vier

Steinen besetzt, die frei werdenden Steine kommen in die jeweiligen Heimfelder auf die Punkte 2/23. Nackgammon dauert länger als Backgammon, ist jedoch taktisch noch anspruchsvoller, behaupten einige Experten.

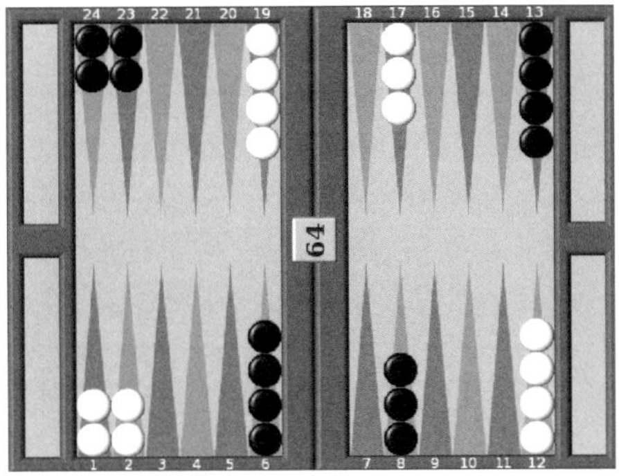

Rollover

Diese Spielvariante kann Backgammon nachhaltig beeinflussen. Manche Profispieler haben sogar die Worte „genial" oder „hervorragend" dafür gefunden. Nun sehen Sie selbst und probieren Sie den Rollover unbedingt aus. Jeder Spieler darf einmal im Spiel/Match (dies ist vorweg zu vereinbaren) einen eigenen Wurf wiederholen oder einen gegnerischen Wurf annullieren. Was bringt diese Idee im praktischen Spiel? Ganz einfach: Wer sein Privileg aufgespart hat, kann unter Umständen in gleichwertigen Stellungen verdoppeln und damit den Gegner zur Aufgabe zwingen. Oder umgekehrt kann eine Verdopplung, die normalerweise abgelehnt werden müsste, mit der Rollover-Option doch noch angenommen werden. Tipp: Um nicht ständig ein bereits verwendetes Rollover-Recht in Erinnerung halten zu müssen, sollte jeder Spieler einen Extraspielmarker haben, der nach Verwendung abzugeben ist.

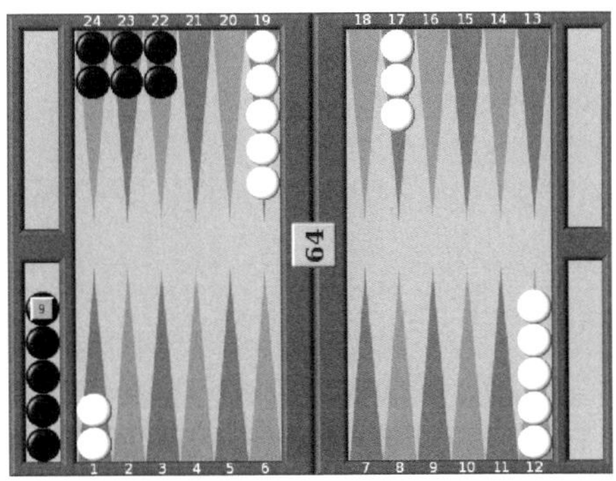

Snake

Eine interessante, weil unterschiedliche Ausgangsstellung der beiden Spieler zeichnet diese Variante aus. Weiß spielt in der üblichen Grundformation, Schwarz hat zunächst nur sechs Steine in

Paaren auf den ersten drei Punkten. Diese Anordnung der Steine erfordert eine völlig ungewohnte Strategie. Gespielt wird nach normalen Backgammon-Regeln.

Tavli/Griechisches Backgammon

Tavli bedeutet so viel wie „Brett“. Und in Griechenland meint man damit eigentlich drei unterschiedliche Varianten, die jedoch oft in einem Match (auf 3, 5 oder 7 Punkte) abwechselnd gespielt werden: Portes – Plakoto – Fevga.

Portes:

Dieses Spiel ist fast identisch mit Backgammon:

- Nur ein Würfelpaar wird verwendet.
- Nach dem ersten Wurf um die höhere Augenzahl wirft der Gewinner nochmals beide Würfel für den ersten Zug. Damit kann auch mit Dubletten gestartet werden.
- Der Gewinner des letzten Spiels beginnt das jeweils nächste.
- Es gibt keine Spielwertung „Backgammon“. Daher geht es immer nur um einen oder zwei Punkte.
- Es gibt keinen Verdopplungswürfel.
- Etikette: Es wird schnell gespielt, wobei durchaus die Würfel bereits aufgenommen werden, während der Gegner noch seinen Zug macht. Allerdings erfolgt der eigentliche Wurf erst nach Vollendung des gegnerischen Zugs.

Plakoto:

Die Regeln für Portes unterscheiden sich deutlich von denen des regulären Backgammons.

- Alle 15 Steine starten vom 1-Punkt aus.
- Gegnerische Steine werden nicht geschlagen, sondern bei Besetzen eines Blots „festgehalten“ (fixiert).
- Erst wenn der eigene Stein wieder gezogen wird, ist der gegnerische befreit.

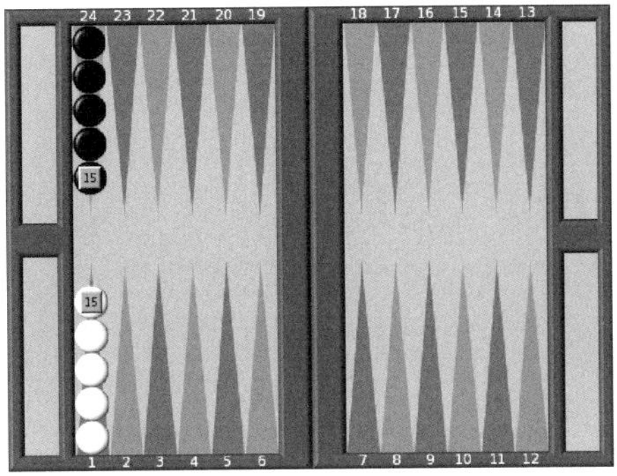

- Ein gegnerischer Stein darf weder auf einem Block noch auf einem fixierten Punkt landen.
- Eine besondere Funktion hat der letzte Startstein, die „Mutter“. Wird dieser Stein fixiert, geht das Spiel unmittelbar mit 2 Punkten verloren, mit einer Ausnahme: Auch der Gegner hat sein Startfeld noch nicht geräumt.
- Werden beide „Mütter“ fixiert, ist das Spiel unentschieden.

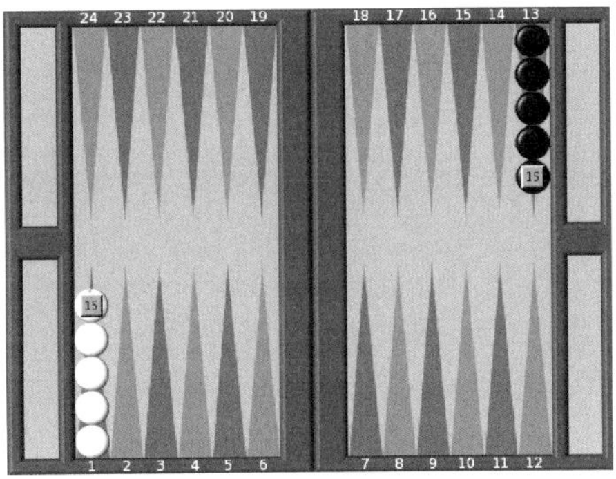

Fevga:

Wieder gibt es einige interessante und reizvolle Unterschiede zum regulären Backgammon.

- Alle 15 Steine werden auf den diametral entgegengesetzt liegenden Punkten aufgesetzt.
- Beide Spieler ziehen in die gleiche Richtung, gegen den Uhrzeigersinn.
- Nach einem Umlauf werden die Steine abgetragen.
- Der erste Stein muss den gegnerischen Startpunkt überschritten haben, bevor ein weiterer Stein gezogen werden darf.
- Es wird nicht gesschlagen. Dafür blockiert bereits ein einziger Stein einen Punkt.
- Im Startfeld darf niemals eine volle 6er-Prime aufgebaut werden.
- Gelingt es einem Spieler, alle seine Steine hinter einer Prime auf einem Punkt zu versammeln, muss die Prime im nächsten Wurf aufgelöst werden.

Turnierspiel

Hier gilt es, die magische Zahl X zu erreichen, je nachdem, auf wie viel Punkte gespielt wird. Automatische Verdopplung, Beaver, Raccoon (↑ Glossar) und Gammonbeschränkungen sind im Turnierspiel nicht erlaubt. Einzige Ausnahme: die Crawford-Regel. (Auch diese wurde bereits in der Einführung beschrieben). Der Sinn liegt darin, ein sofortiges Verdoppeln des hinten liegenden Spielers ein Spiel lang zu unterbinden. Er hätte ja dabei nichts zu verlieren.

Backgammon am Computer**

Analyse

Welche Informationen zu Partien und Matches können moderne Programme wie *GnuBackgammon* oder *Snowie* liefern? Die Antwort lautet: fast alles, was Sie sich wünschen können. Die Fehlerrate der gesamten Partie, die Fehlerrate pro Zug (in Zahlen ausgedrückt), eine verbale Einschätzung der Partie (Weltklasse, Freizeitspieler, Amateur, ...), die Anzahl der guten/schlechten Züge, diverse Auswertungen der Dopplerentscheidungen – die Analyse der modernen Programme ist präzise und unmittelbar. Noch dazu können Sie entscheiden, mit welcher Rechentiefe der Computer arbeitet, das heißt, wie viele vorausberechnete Züge er analysiert (von 0-Ply bis 4-Ply, abhängig vom Programm).

BEISPIEL:

Rank Type	Win	Wg	Wbg	Lose	Lg	Lbg	Equity	Diff.	Move
1 Cubeful 0-ply	50,6 %	11,0 %	0,2 %	49,4 %	16,4 %	0,2 %	0,131		8/5* 6/5
2 Cubeful 0-ply	36,8 %	6,0 %	0,1 %	63,2 %	23,9 %	0,4 %	−0,322	−0,453	20/16*
3 Cubeful 0-ply	34,6 %	5,7 %	0,1 %	65,4 %	28,5 %	0,5 %	−0,424	−0,555	13/9*

Rank: Bester, zweitbester … Zug
Type: Mit Dopplerwürfel, 0-ply
Win: Gewinn/**Wg:** Gewinn Gammon/**Wbg:** Gewinn Backgammon in %
Lose: Verlust/**Lg:** Verlust Gammon/**Lbg:** Verlust Backgammon in %
Equity: (+ oder –)
Diff.: Differenz (zum besten Zug)
Move: Zug

Hinweise

Eine ungemein hilfreiche Einrichtung sind die Tipps (eng. hints), die Sie sich bei jedem Zug holen können. *GnuBackgammon* oder *Snowie* listen sämtliche möglichen Züge nach Equity (Erwartungswert) auf, wobei Ihr Vorschlag farblich markiert wird. Dadurch sehen Sie sofort, wie weit Sie vom bestmöglichen Spiel entfernt sind. Mit diesen Tipps können Sie sich sehr schnell und direkt „Erfahrungswerte“ aneignen. Früher war dazu jahrelanges Spielen erforderlich.

Rollouts

Da moderne Programme durch das Prinzip der „neuronalen Netze“ aus den eigenen Fehlern lernen, haben sie inzwischen eine immense Spielstärke erreicht. Der entscheidende Vorteil des Computers gegenüber dem Menschen liegt aber darin, dass komplexe Positionen, die mathematisch nur schwer analysiert werden können, mithilfe sogenannter *Rollouts* auf Gewinnwahrscheinlichkeiten hin geprüft werden können. Die zu bewertende Position wird tausende Male durchgespielt. Und dadurch werden die einfachen Gewinnchancen sowie die Wahrscheinlichkeit für *Gammon* oder *Backgammon* (Equity) verlässlich berechnet. Auch der richtige Zeitpunkt einer Verdopplungs-Entscheidung wird auf diese Weise quasi vollautomatisch gefunden. Zumindest zu Trainingszwecken ist der Computer daher unentbehrlich.

Spielstärke

Heutzutage muss die Frage gestellt werden, ob man sich zu einem guten Backgammon-Spieler entwickeln kann, ohne Software zum Studium des Spiels zu nutzen? Vermutlich schon, wie ja in der Vergangenheit zahlreiche Weltklassespieler bewiesen. Allerdings erreicht man dieses Ziel nur mit wesentlich größerem Zeitaufwand. Ohne Spielanalysen und Rollouts ist es nicht einfach, schnelle Fortschritte zu machen. Zudem ist auch die Spielstärke des Computers steuerbar, kann also exakt auf die individuellen Bedürfnisse abgestimmt werden. Sie müssen sich daher auch keine Sorgen machen, jede Partie zu verlieren und damit Motivationsverluste zu erleiden. Passen Sie das Gerät einfach Ihren Möglichkeiten an.

Stellungen

Praktisch jede Stellung lässt sich in Sekundenschnelle auf den Bildschirm zaubern. Und in Sekundenschnelle kommt auch jede erwünschte Form der Analyse. Damit können Sie jederzeit eigene Partien nachträglich auf Fehler hin untersuchen. Backgammon ist auch online gespielt pure Faszination!

Offizielle Regeln**

Soweit der Begriff „offiziell" im Backgammon gilt.
Die offiziellen **Spielregeln** der **Swiss Backgammon Association** (SBA) lauten folgendermaßen:

Grundsätzliches

1. Das Spiel wird von zwei Personen gespielt.
2. Vor dem ersten Spiel kann jeder der beiden Spieler verlangen, um die Plätze, die Steine und die Würfel zu würfeln. Besteht dieser Wunsch nicht, setzen sich beide Spieler einfach hin, stellen die Steine auf und beginnen zu spielen. Zu Beginn eines weiteren Spiels kann

jeder der Spieler verlangen, dass die Würfel gemischt, oder, falls beide Spieler eigene Würfel haben, getauscht werden. In diesem Fall gibt der Spieler, der dies wünscht, alle vier Würfel zusammen in einen Würfelbecher und wirft sie aus. Dann nimmt sich zuerst der Gegner einen Würfel, anschließend der Spieler, der sie geworfen hat, dann wieder der Gegner und den letzten bekommt der Würfler. [Gerechter wäre, wenn nach der Aufnahme des ersten Würfels der Partner zweimal an der Reihe wäre; Anm. d. Verf.]

3. Das Setzen der Steine richtet sich nach zwei aus dem Würfelbecher geworfenen Würfeln. Vor dem Wurf muss der Würfelbecher deutlich geschüttelt, nicht bloß geschwenkt werden. Die Würfelbecher müssen sich während der ganzen Dauer eines Spiels bzw. eines Matches oberhalb der Tischfläche befinden.

Würfe

4. Zur Eröffnung wirft jeder Spieler einen einzigen Würfel. Bei gleicher Augenzahl ist ein weiterer Eröffnungswurf notwendig. Wer die höhere Augenzahl wirft, gewinnt die Eröffnung und setzt bei seiner ersten Spielrunde die Augen, die auf den beiden Würfeln angezeigt sind. Danach würfeln die Spieler abwechselnd mit zwei Würfeln.

5. Die beiden Würfel müssen zusammen geworfen werden und flach – nicht gekippt – auf der Spielbretthälfte – nicht auf einem Spielstein – zur Rechten des Spielers liegen bleiben; andernfalls müssen beide Würfel erneut geworfen werden. Falls ein Würfel deutlich sichtbar vor dem anderen aus dem Becher fällt, müssen beide Würfel neu geworfen werden.

6. Berührt der am Zug befindliche Spieler einen Würfel, bevor beide Würfel vollständig zur Ruhe gekommen sind, so kann sein Gegner bestimmen, ob beide Würfel oder nur einer noch einmal gewürfelt werden muss. Kein Spieler darf würfeln, bevor sein Gegner die Würfel vom Brett gehoben hat. Ein Spieler, der zu früh würfelt, kann von seinem Gegner aufgefordert werden, den Wurf zu wiederholen; er darf nicht selber entscheiden, ob er noch einmal würfelt.

7. Ein Zug gilt als beendet, wenn der Spieler seine Steine gezogen hat und seine Würfel vom Brett hebt. Nimmt er sie auf, bevor er alle Augen, die er zu spielen berechtigt ist, gesetzt hat, dann hat der Gegner das Recht, ihn die restlichen Augen ausführen zu lassen oder sie ihm zu verweigern.

8. Sobald ein Spieler gewürfelt hat, gilt der vorangegangene Zug seines Gegners als endgültig. Dies gilt auch, wenn der Spieler seinen Zug nicht komplett oder nicht korrekt ausgeführt hat.

Ziehen

9. Das Ziehen der Steine besteht in einer (gegebenenfalls wiederholten) oder mehreren der folgenden Handlungen:

a) Ein Stein wird genau den beiden gewürfelten Augenzahlen entsprechend vorgerückt.

b) Ein Stein wird im Heimfeld des Gegners auf einen Punkt gesetzt, der einer der gewürfelten Augenzahlen entspricht.

c) Ein Stein wird aus dem Heimfeld abgetragen, wenn kein anderer Stein mehr außerhalb des Heimfelds oder auf der Bar steht; das Abtragen der Steine erfolgt gemäß Regel 17.

10. Die Züge müssen mit einer Hand ausgeführt werden.

11. Solange die Würfel nicht vom Brett genommen werden, dürfen Züge rückgängig gemacht werden. Beim Ausprobieren von Zügen dürfen nicht mehr Augen gezogen werden, als gewürfelt worden sind.

12. Bei Dubletten muss die auf den Würfeln angezeigte Augenzahl viermal gesetzt werden.

13. Es müssen die Augenzahlen beider Würfel gesetzt werden, sofern dies möglich ist. Welche Zahl zuerst gespielt wird, ist gleichgültig. Wenn entweder die eine oder die andere Zahl gezogen werden kann, aber nicht beide zugleich, dann muss die höhere der gewürfelten Zahlen gezogen werden.

14. Ein Stein (oder mehrere) kann nicht gesetzt werden, wenn er bei diesem Zug auf einen Punkt zu stehen käme, der bereits von zwei oder mehr gegnerischen Steinen besetzt ist.

15. Landet ein Stein (oder mehrere) auf einem Punkt, auf dem ein einzelner Stein des Gegners steht, dann wird dieser gegnerische Stein geschlagen und auf die Bar gestellt; er muss dann gemäß Regel 9b eingesetzt werden.
16. Ein Spieler, der einen Stein auf der Bar stehen hat, darf mit keinem anderen Stein ziehen, solange der auf der Bar stehende Stein nicht wieder eingesetzt ist.
17. In der Phase des Abtragens kann ein Stein entweder von einem Punkt abgetragen werden, der genau der gewürfelten Augenzahl entspricht, oder vom höchsten noch belegten Punkt, der kleiner ist als die angezeigte Augenzahl. Wird die Zahl eines freien Punktes geworfen, darf von einem niedrigeren Punkt kein Stein abgetragen werden, solange noch ein Stein auf einem höheren Punkt steht. Ein Spieler ist nicht gezwungen, einen Stein abzutragen, wenn er stattdessen auch im Heimfeld vorrücken kann. Grundsätzlich gelten die oben beschriebenen Zugregeln.

Fehler
18. Ein Fehler in der Aufstellung der Steine muss korrigiert werden, wenn einer der Spieler ihn bemerkt, bevor die zweite Runde des Spiels abgeschlossen ist. Es liegt in der Verantwortung beider Spieler, sich darum zu kümmern, dass der Verdopplungswürfel zu Beginn des Spiels in der Mitte liegt. Im Falle eines Streits betreffend der Lage oder des Standes des Verdopplungswürfels wird zu jeder Zeit die Position, in der er liegt, als richtig anerkannt. Augenscheinliche Unstimmigkeiten (z. B. wenn der Würfel mit der Augenzahl 8 in der Mitte liegt) werden von der Turnierleitung berichtigt.
19. Wenn ein Fehler beim Ziehen unterlaufen ist, kann jeder der beiden Spieler verlangen, dass er korrigiert wird, aber nur bevor der nächste Wurf ausgeführt ist, nicht mehr danach.
20. Wird während eines Spiels ein Stein außerhalb des Brettes gefunden, so hat der Gegner die Möglichkeit, den Stein auf die Bar zu legen, oder er kann vom betroffenen Spieler verlangen, dass dieser mit

14 Steinen weiterspielt. Ein Spieler kann auch dann Gammon oder Backgammon verlieren, wenn er bloß mit 14 Steinen spielt.

Spielgewinn

21. Der Spieler, der zuerst alle seine Steine abgetragen hat, hat das Spiel gewonnen. Ein Gammon (zweifacher Sieg) ist dann errungen, wenn der Gegner noch keinen einzigen Stein abgetragen hat. Das Spiel zählt dann doppelt. Ein Backgammon (dreifacher Sieg) ist dann errungen, wenn der Gegner noch keinen Stein abtragen konnte und noch mindestens einen Stein im Heimfeld des Siegers oder auf der Bar stehen hat. Das Spiel zählt dann dreifach.

Verdoppeln

22. So erhöht sich der Spielwert: Jeder Spieler hat das Recht, als erster eine Verdoppelung des Spielwerts anzubieten. Danach wechselt das Recht des erneuten Verdoppelns und liegt immer bei dem Spieler, der die vorhergehende Verdoppelung akzeptiert hat. Ein Spieler kann nur verdoppeln bzw. erneut verdoppeln, wenn er mit dem Spielen an der Reihe ist und bevor er gewürfelt hat. Die Würfel gelten auch dann als geworfen, wenn sie unkorrekt zu liegen kommen und noch einmal geworfen werden müssen, um als korrekter Wurf zu gelten (siehe Regel 5). Das Angebot einer Verdoppelung kann angenommen oder abgelehnt werden. Bei Ablehnung ist das Spiel beendet und der ablehnende Spieler verliert mit der Punktzahl, die vor dem Verdoppelungsangebot aufgelegt war. Der Spieler, der eine Verdoppelung anbieten will, legt den Verdoppelungswürfel (mit der entsprechenden Zahl nach oben) auf die gegnerische Spielhälfte. Entschließt sich der Spieler, der ein Verdoppelungsangebot erhält, die Verdoppelung zu akzeptieren, so nimmt er den Verdoppelungswürfel auf und platziert ihn in dem dafür vorgesehenen Fach auf seiner Seite.

23. Bei einem Gammon zählt die zuletzt aufgelegte Punktzahl doppelt, bei einem Backgammon dreifach.

[Anmerkung: Im Zweifelsfall gelten obige Regeln.]

FAQ** – Häufig gestellte Fragen

Weitere Detailinformationen können Sie Hardy Hübeners Internetseite entnehmen: *http://www.hardyhuebener.de/index.html*

BOARD: Was ist die Standardgröße für ein Turnierbrett?
Meist gibt es keine festen Vorgaben. Den typischen Turnier-Sets liegen Steine mit einem Radius von 44 mm bei. Der dänische Backgammon-Verband dagegen macht für seine Turniere direkte, verbindliche Vorgaben: Brettgröße zwischen 44 x 55 cm und 66 x 88 cm (Breite x Länge).

BOARD: Worauf sollte man beim Kauf eines Backgammon-Boards achten?
(1) Wenn Holz-Bretter auch sehr schön aussehen, so stört doch bald das laute Klappern der Würfel. Besser sind jedenfalls Boards mit einer Filz- oder Lederoberfläche. Die Würfel rollen darauf angenehm gedämpft. (2) Die Spitzen sollten in die Spielfläche eingelassen und nicht aufgenäht sein. Denn bei letzterer Ausfertigung bleiben die Spielsteine beim Ziehen hängen. (3) Ist das Board zu klein, beeinträchtigt dies die Übersicht. (4) Gute Bretter gibt es ab etwa 150 €. Der Spielkomfort lohnt jedenfalls allemal diese Ausgaben.

BÜCHER: Welches Buch wird gerne als die „Bibel" des Backgammons bezeichnet?
Diesen Ehrentitel trägt Paul Magriels 1978 erschienenes, inzwischen neu aufgelegtes Monumentalwerk „Backgammon".

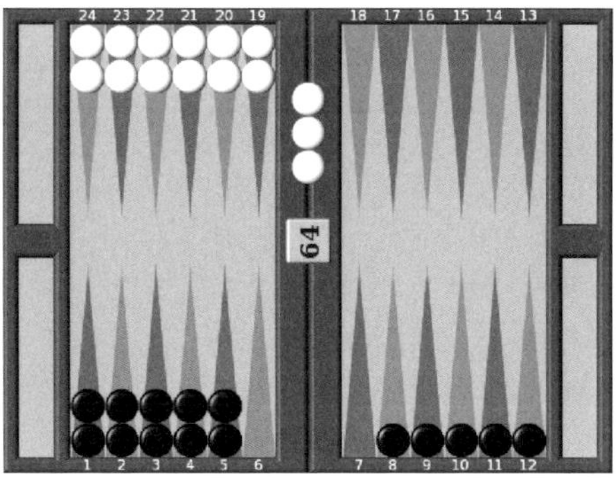

EQUITY: Wie hoch ist die maximale Chancenverbesserung (Equity) mit einem einzigen Zug (Verdopplungswürfel nicht gerechnet)?

Kit Woolsey hat in oben stehender Position für den weißen Spieler am Zug eine Equity von −1,4825 errechnet, nach dem Wurf einer 6er-Dublette dagegen eine Equity von +2,0225. Das ergibt einen sagenhaften Swing von +3,505 (cubeless) mit einem einzigen Wurf.

KÜRZEL: Was bedeuten Abkürzungen wie „nr“ und „vnr“?
„nr“ steht für *nice roll* (netter Wurf), „vnr“ entsprechend für *very nice roll* (sehr netter Wurf). Gemeint ist damit, dass man selbst einen sehr glücklichen Wurf hatte (und der Gegner somit Pech). Da umgekehrt Glückswürfe des Gegners nicht kommentiert werden, steckt in diesen Bemerkungen ein Schuss Ironie – nicht wirklich der Etikette des Spiels entsprechend.

KÜRZEL: Welche Kürzel für die Kommunikation beim Spiel im Internet sollte man kennen?
Häufig werden die folgenden verwendet:

brb	be right back (bin gleich wieder zurück)
btw	by the way (übrigens)
cu	see you (Auf Wiedersehen)
gl	good luck (Viel Glück)
gn	good night (Gute Nacht)
lol	laughing out loud (laut lachend)
np	no problem (kein Problem)
nr	nice roll (netter Wurf)
rofl	rolling on the floor laughing (herzlich lachend)
thx	thanks (danke)
ty	thank you (danke)
vnr	very nice roll (sehr netter Wurf)

NOTATION: Werden Backgammon-Partien mitgeschrieben?
Nein, denn dadurch würde der Spielfluss beeinträchtigt. In Turnieren ist die Notation durch die Spieler sogar ausdrücklich verboten. Allenfalls ein unbeteiligter Dritter darf Aufzeichnungen machen. Anmer-

kung: Turnierpartien werden mit Zeitvorgaben gespielt, ähnlich wie beim Schach.

NOTATION: Wie können Partiepositionen ohne moderne Programme dargestellt werden?
Die folgende Form der Darstellung mit X und O wird auch heute noch dort verwendet, wo man auf Graphiken verzichten muss, z. B. in diversen Newsgroups (etwa rec.games.backgammon).

```
+ 24 - 23 - 22 - 21 - 20 - 19 - + - - - + 18 - 17 - 16 - 15 - 14 - 13 - +
| X                          O  |       |       O                X      |
| X                          O  |       |       O                X      |
|                            O  |       |       O                X      |
|                            O  |       |                        X      |
|                            O  |       |                        X      |
|                               |       |                               |
|                               |       |                               |
|                            X  |       |                        O      |
|                            X  |       |                        O      |
|                            X  |       |       X                O      |
| O                          X  |       |       X                O      |
| O                          X  |       |       X                O      |
+ 1 -- 2 -- 3 -- 4 -- 5 -- 6 - + - - - + 7 -- 8 -- 9 - 10 - 11 - 12 - +
```

NOTATION: Wie funktioniert das 24-Punkte-Notationssystem?
Das Brett wird immer aus der Sicht des Spielers am Zug von 1 bis 24 durchnummeriert. Genau genommen haben wir also zwei parallel laufende Notationen. Am Computer ist diese Einstellung optional.

PROGRAMME: Können GNU Backgammon oder SNOWIE auch einen Weltklassespieler schlagen?

Kein Zweifel – ja! Selbst Topspieler geben zu, dass sie in einem langen Match gegen Spitzenprogramme auf verlorenem Posten ständen.
I have no doubt that GNU Backgammon 2-ply would show a positive result if given enough time vs. any human player in match play. (*Neil Kazaross*) [*Ich habe keinen Zweifel, dass GNU Backgammon bei einer 2-Züge-Rechentiefe in einem längeren Match gegen jeden menschlichen Spieler ein positives Ergebnis erreichen würde.*]

REGELN: Wird Backgammon weltweit nach den gleichen Regeln gespielt?

Die Frage ist eindeutig mit „nein" zu beantworten. In manchen Spielarten fehlt der Verdopplungswürfel, in anderen die Verdreifachung des Spielwerts, also das „Backgammon". Zudem richten verschiedene Organisationen ihre Turniere nach leicht veränderten, eigenen Regelfassungen aus.

STEINE: Dürfen beliebig viele Steine auf einem Punkt stehen?

Ja, hier gibt es nach oben kein Limit. Beim *Mexikanischen Backgammon* oder dem alten *Englischen Backgammon* dagegen sind Fünf-Steine-Grenzen vorgeschrieben. Moderne Programme bieten dies optional an.

TURNIER: Wann war die Geburtsstunde der modernen Backgammon-Turniere?

1964 veranstaltete Prinz Alexis Obolensky ein erstes Turnier auf den Bahamas, an dem 32 Spieler teilnahmen. (Siehe Chronologie)

TURNIER: Muss man bei einem Live Turnier ein eigenes Brett mitbringen?

Das hängt von der Ausschreibung ab. Manchmal werden Bretter zur Verfügung gestellt, dann wieder sind die Spieler aufgefordert, eigenes Material mitzubringen. [BYOB = Bring Your Own Board]

WELTMEISTERSCHAFT: Seit wann werden Weltmeisterschaften ausgetragen?
Seit 1967 alljährlich (mit Unterbrechung 1969 und 1970), zunächst in Las Vegas, dann auf den Bahamas und seit 1979 in Monte Carlo. Zwischen 1976 und 1978 wurden zwei Weltmeister konkurrierender Organisationen geführt.

WELTMEISTERSCHAFT: Gibt es im Backgammon Mehrfachweltmeister?
Ja, der erste Champion Tim Holland aus den USA war dreimal in Folge Backgammon-Weltmeister (1967, 1968 und 1971). Drei weitere Spieler konnten den Titel zweimal gewinnen: Bill Robertie, USA (1983 und 1987), Michael Meyburg, Deutschland (1991 und 1998) und Jørgen Granstedt, Schweden (1999 und 2001).

WELTMEISTERSCHAFT: Gewann schon einmal eine Frau die Backgammon-Weltmeisterschaft?
Ja, es gab sogar schon drei Titelgewinnerinnen: Carol Crawford (1973), Lee Genud (1981) und Katie Scalamandre (2000), alle aus den USA. Beim Backgammon ist, was die Spielstärke anbelangt, kaum ein Unterschied zwischen Frauen und Männern festzustellen, ganz anders als etwa beim Schach.

WURF: Ist ein Wurf gültig, wenn der andere Spieler seinen Zug noch nicht abgeschlossen hat (eng. premature roll)?
Dazu gibt es sehr unterschiedliche Regelinterpretationen: (1) Der vorzeitige Wurf ist grundsätzlich ungültig und muss wiederholt werden. (2) Der Spieler, der seinen Zug noch nicht vollendet hat, kann darauf bestehen, dass dieser Wurf liegen bleibt. Er darf seinen Zug in Kenntnis des Wurfs seines Gegners abschließen. (3) Gemäß der Regelung des Dänischen Backgammon-Verbandes darf der Spieler, der seinen Zug noch nicht abgeschlossen hat, entscheiden, ob der verfrühte Wurf des Gegners wiederholt werden soll oder liegen bleibt.

ZÜGE: Gilt im Backgammon die Regel „berührt-geführt“?
Nein, solange die Würfel nicht aufgenommen werden, darf ein Spieler seine Züge jederzeit zurücknehmen. Dies sollte allerdings nicht im Bruch mit der allgemeinen Spieletikette geschehen. Das heißt, absichtliches Hin- und Hergeschiebe der Spielsteine ist zu unterlassen.

ZÜGE: Wann ist ein Zug abgeschlossen?
Sobald die Würfel aufgenommen werden, bzw. in Turnieren sobald die Uhr abgestellt wird. Danach dürfen keine Korrekturen mehr vorgenommen werden. Sind die Würfel beim Ziehen der Steine im Weg, dürfen sie nur über das Brett geschoben, keinesfalls jedoch aufgenommen werden.

ZÜGE: Muss im Falle nur eines möglichen Zugs die höhere Augenzahl gezogen werden?
Ja, dies ist eindeutig in der Regel festgelegt.

ZÜGE: Müssen – wenn möglich – beide Würfe gezogen werden?
Ja, auch dies ist klar festgelegt. Es ist nicht gestattet, den ersten Wurf so zu ziehen, dass der zweite unmöglich gemacht wird.

ZÜGE: Was ist die Mindestzahl von Zügen für ein Spiel (ohne Einsatz des Verdopplungswürfels)?
Ein Blick auf die Startaufstellung zeigt, dass exakt 34 Crossovers notwendig sind, also 34 Wechsel von einem Quadranten in den nächsten. Dabei werden 19 Crossovers für die Bewegung ins Heimfeld verwendet, die abschließenden 15 für das Abtragen der Steine. Wenn alle Würfe Dubletten sind, reichen 9 Würfe des anziehenden Spielers, dazu die 8 des Gegners. Insgesamt ist jedoch selbst in diesem hochtheoretischen Fall ein Minimum von 17 Würfen notwendig.
Ein praktisches Beispiel mit optimaler Zugverteilung wurde im Januar 1996 von Kit Woolsey in der Newsgroup rec.games.backgammon geliefert:

Schwarz	Weiß
1) 43: 13/9 13/10	55: 13/8 13/8 8/3 8/3
2) 55: 13/8 10/5 8/3 8/3	55: 13/8 13/8 13/8 8/3
3) 66: 24/18 24/18 13/7 13/7	33: 24/21 24/21 8/5 8/5
4) 66: 18/12 18/12 12/6 9/3	66: 21/15 21/15 15/9 15/9
5) 66: 12/6 8/2 8/2 7/1	66: 9/3 9/3 8/2 8/2
6) 66: 7/1 6/off 6/off 6/off	66: 8/2 6/off 6/off 6/off
7) 66: 6/off 6/off 6/off 6/off	66: 6/off 6/off 5/off 5/off
8) 66: 5/off 3/off 3/off 3/off	66: 3/off 3/off 3/off 3/off
9) 22: 2/off 2/off 1/off 1/off	

Weiß gewinnt 1 Punkt

Falschspiel mit Würfeln**

Wenn auch für den Leser dieses Buches nur von theoretischem Interesse, möchte ich Ihnen dennoch ein Kapitel über die wahrlich dunkle Seite des Würfelns präsentieren: das Falschspiel! Wer die handelsüblichen Kuben in Händen hält, wird es kaum für möglich halten, dass damit betrogen werden kann, noch dazu, wenn mit einem Becher gespielt wird. Nun, wie in allen anderen Branchen, in denen es um den schnöden Mammon geht, ist auch die Welt des Würfelspiels nicht frei von Menschen, die auf die Leichtgläubigkeit und Unvoreingenommenheit der Spielpartner bauen. Und Möglichkeiten, mit gezinkten Würfeln zu „arbeiten", sind leider Legion – und waren es wohl zu allen Zeiten. Warum sollte also Backgammon eine Ausnahme darstellen?
So wurden etwa speziell für das Falschspiel angefertigte Würfel nicht nur in den Gräbern des alten Ägyptens gefunden sondern auch an den Bestattungsplätzen Mittel- und Südamerikas. Fast epidemisch war die Würfelsucht unter den Römern und entsprechend verbreitet auch der Versuch, dem Glück des Augenblicks nachzuhelfen. Sallust etwa berichtet von einem Betrugsversuch mit Wachs, das bei Erhitzen – dem Betrogenen waren Zweifel gekommen – aus den Ritzen der Seitenverklebung austrat. Die drakonische Strafe folgte auf dem Fuß: Die Hände

des Betrügers wurden in flüssiges Wachs getaucht. Noch drastischer ging man nach einschlägigen Berichten in Buda (Ungarn) vor, wo die Handflächen eines Falschspielers mit Eisenstangen mit quadratischem Querschnitt durchbohrt wurden. All diese Strafen, grausam, wie sie dem heutigen Menschen auch erscheinen mögen, brachten dennoch immer nur kurzfristigen Erfolg. Der Grund: Wo Menschen würfelten, wollten sie dem Glück wohl immer schon ein klein wenig nachhelfen. Leonardo da Vinci hat mit seiner Zeichnung eines Mogelwürfels (im „Codex Atlanticus“ zu finden) eine für damalige Zeiten ungemein technische, höchste Präzision fordernde Lösung erdacht/angedeutet. Allein, umgesetzt wurde dieses Konstrukt mit einer Hohlkugel mit exzentrischem Schwerpunkt im Inneren nie. Was bleibt, ist die Erkenntnis, dass selbst die größten Künstler dem Würfel ihre Gedanken schenkten.

Unregelmäßige Würfel

Die gängigste und am leichtesten herzustellende Form des manipulierten Spielgeräts scheint der unregelmäßige Würfel. Was heißt dies aber konkret? Wird nicht jedes Material durch Gebrauch abgenutzt und verliert damit an Genauigkeit? Selbstverständlich. Beim Spiel im Familienkreis wirkt sich dieser Mangel an Exaktheit jedoch praktisch nicht aus. Anders dagegen sieht die Sache aus, wenn große Geldbeträge auf dem Tisch liegen. Daher sind etablierte Casinos – ausgehend von den amerikanischen – weltweit dazu übergegangen, in ihren Salons ausschließlich sogenannte Präzisionswürfel (eng. *Perfect dice*) zu verwenden.

Diese Präzisionswürfel aus durchsichtigem Material (Zelluloid) haben in der Norm Seitenlängen von einem dreiviertel Inch (ein Inch bzw. Zoll entspricht 2,54 cm) und völlig scharfe Kanten (eng. *Razor edges*). Die Augen werden in die Würfelmasse bis zu einer Tiefe von 17/1000 eines Inch eingebohrt und mit Farbmaterial, das exakt dem spezifischen Gewicht des Würfels entspricht, aufgefüllt. Danach wird die Oberfläche völlig glatt poliert, sodass kein Verspringen denkbar ist. Zudem tragen alle offiziell zum Einsatz kommenden Würfel einen nummerierten Prägestempel des jeweiligen Casinos (meist auf der „1" oder der „2") sowie eine Prüfnummer (oft auf der „6"). Außerdem werden diese Würfel in Sets (aus fünf Stück bestehend) ausgeliefert, sodass zusätzlich der völlig gleiche Ausgangsprozess höchstmögliche Qualität garantiert. Ja, zuletzt werden diese Casinowürfel auch noch in vergitterten oder verglasten, schwenkbaren Behältern (*Bird cages*) „geworfen". Vielleicht hat Sie diese Beschreibung nun erst einmal beruhigt. Das darf sie auch, denn diese Casinospiele scheinen nach menschlichem Ermessen hundertprozentig fair abzulaufen. Allerdings sind Präzisionswürfel nicht nur teurer, sondern werden zudem in privaten Spielspelunken gerade wegen ihrer Exaktheit gemieden. Daher müssen Sie schon überlegen, wo Sie Ihre Ersparnisse riskieren wollen.

Nun gut, hier geht es aber um „Unregelmäßige Würfel". Gemeint sind damit vor allem die im Englischen als *Shapes* („Formen") bezeichneten Spielgeräte, deren Ecken und Kanten in irgendeiner Art und Weise manipuliert wurden. Beim gängigen Casinospiel *Craps* zum Beispiel spielt die Sieben eine entscheidende Rolle. Sie bringt fast schicksalhaft Gewinn oder Verlust. Wenn nun zwei Würfel einfach an den Sechser-Einser Augenseiten angefeilt werden, fallen diese eben im statistischen Schnitt häufiger oder weniger häufig. Und darauf lässt sich „in the long run" bequem wetten. Da die Sieben auch durch andere Kombinationen erreicht werden kann, fällt bei vorsichtiger Bearbeitung der Würfel diese unebene Häufigkeitsverteilung kaum auf, zumindest nicht dem Uneingeweihten.

Auch die durch Schmirgelpapier um Tausendstelmillimeter abgerundeten Würfelseiten produzieren solche *Shapes*. Beim Spiel kommen diese Würfel dann mit etwas größerer Wahrscheinlichkeit auf den flachen Seiten zu liegen. Und schon wird die Wurfprognose fast zum

Kinderspiel. Dies gilt dann für fast alle Würfelspiele, wobei gerade beim Backgammon ein gewisser Schutz bleibt, da ja bestimmte Wurfergebnisse nicht in allen Spielsituationen von gleichem Wert sind.

Eine letzte simple Form der mechanischen Würfelmanipulation sind die abgeschmirgelten Ecken. Statt überall exakt den gleichen Rundungsgrad aufzuweisen, entstehen bei solcherart Bearbeitung der Ecken mathematisch völlig unexakte „Vielecke“, die dann auch ein unerwartetes Wurfverhalten zeigen. Unerwartet zumindest für denjenigen, der im Spiel zum Opfer degradiert wird. Also Vorsicht, wenn Sie mit normalen Punkt- oder Augenwürfeln um Geldeinsätze spielen!

Geladene Würfel

Aus Filmen und Romanen sind manchem Leser vielleicht auch die sogenannten *Loaded Dice* (dt. „geladene“ Würfel; Schwerpunktwürfel) ein Begriff. Hier werden die Kuben von innen her manipuliert, indem gewisse Stellen des Würfels beschwert werden. Leicht zu durchschauen, werden Sie sagen. Mitnichten, denn gut präparierte „Loads“ zeigen keinesfalls bei jedem Wurf die gewünschte Augenzahl. Es geht dem Betrüger ja nur um eine kleine Prozentmarge, die bei lang anhaltendem Spiel große Summen garantiert. Und wie kann man diese Schwerpunktwürfel herstellen, werden Sie fragen? Ganz einfach, die Augen werden um Bruchteile eines Millimeters tiefer gebohrt und mit einer im spezifischen Gewicht schwereren Masse gefüllt, etwa mit Gold, Platin oder Wolfram. Durch die Würfelaugen sind diese Ladungen selbst bei durchsichtigen Kuben für den uneingeweihten Benützer nicht zu entdecken. Selbst wenn derart manipulierte Spielgeräte gegen eine Wand geworfen werden, wie bei *Craps* etwa, fallen sie auf Dauer mit mathematischer Sicherheit auf die gewünschten Seiten. Wenn die Betrüger noch professioneller vorgehen wollen, bohren sie gleich alle Augen tiefer, verwenden jedoch gewichtsmäßig ungleiches Füllmaterial. Schon sind die Kuben für das praktische Spiel präpariert!

Glauben Sie nun nicht, dass dieses Problem durch die Verwendung eines Würfelbechers, wie er im professionellen Backgammon ja Vorschrift ist, in den Griff zu bekommen ist. Gerade das Gegenteil ist der Fall. Sie als Gelegenheitsspieler werden diese Schwerpunktwürfel im Becher tatsächlich so durcheinanderwirbeln, dass Zufallsergebnisse auf den Tisch rollen. Der Falschspieler dagegen schüttelt den Becher mit einer geradezu unnachahmlichen Sicherheit derart, dass alle Schwerpunktflächen ausgerichtet sind. Eine abschließende, parallel zum Tisch ausgeführte Hand- und Becherbewegung, und schon gleiten immer wieder dieselben Seiten auf die Spielfläche. Um Sie vollends zu täuschen, werden jedoch ausgefuchste Trickspieler sogar ab und zu „schlampige" Zufallswürfe in Kauf nehmen. Sozusagen ein kleiner Köder für den unerfahrenen Spieler. Hauptsache, Sie bleiben am Spieltisch kleben – als williges Schlachtopfer oder Melkkuh, nennen Sie es, wie Sie wollen.

Falls Sie nun völlig entsetzt daran denken, Ihre Würfelleidenschaft für immer begraben zu müssen, darf ich doch vorweg noch den einen oder anderen Tipp geben, wie Sie Schwerpunktwürfel von unbearbeiteten unterscheiden können. Eine einfache Methode ist es, den verdächtigen Würfel nacheinander mit allen Seiten in ein Glas Wasser gleiten zu lassen. Dreht sich der Würfel bei der Wasserprobe dabei immer wieder auf zwei oder drei Seiten, liegt der Verdacht nahe, dass es sich um einen Schwerpunktwürfel handelt. Falls Sie die „trockene" Fingerprobe bevorzugen, halten Sie den Würfel einfach sanft an einer Diagonale zwischen den Fingerspitzen, mit so wenig Druck wie möglich. Diese Übung wird mit allen vier Diagonalen gemacht. Ist der Würfel „geladen", wird er sich bei dieser Testtechnik mit den beschwerten Seiten nach unten drehen. Zuletzt können Sie auch versuchen, den Würfel auf die Ecken zu stellen und zu drehen. Bewegt er sich beim Kreiseltest gleichmäßig und fast auf der Stelle, sollte er in Ordnung sein. Allerdings ist letztere Kontrolle wegen der Oberflächenabhängigkeit nicht absolut verlässlich.

Formvollendete Würfel

Kann man auch mit unmanipulierten Würfeln betrügen? Diese Frage stellt sich, seitdem es Würfel gibt. Und die Antwort lautet eindeutig und zweifelsfrei: Ja, allerdings nur auf bestimmtem Oberflächenmaterial. Ist dieses griffig und weich, bleiben die Würfel gleichsam „kleben" und sind daher bei entsprechender Wurftechnik mit bestimmter Wahrscheinlichkeit kontrollierbar. Wie sehen diese Techniken nun aus? Ich möchte Ihnen nur zwei gängige „Cheats" (betrügerische Manipulationen) kurz beschreiben.

Zunächst wird häufig der sogenannte Drehwurf (eng. *Spin shot*) angewendet. Mit den gewünschten Seiten nach oben werden die Würfel in der Hand geschüttelt, am besten gegen einen Ring am Finger, um die passenden Klappergeräusche zu erzeugen, und dann peitschenartig mit rotierender Bewegung auf den Tisch geschleudert. Die mitgegebene Drehbewegung hält die Würfel in der Flugebene ausgerichtet und damit die Augenseiten exakt dort, wo sie der Betrüger haben möchte. Klar, dass man mit Geduld Stunde um Stunde in diese Wurftechnik investieren muss. Glauben Sie aber nicht, dass diese Vorarbeit den Würfelbetrüger auch nur im Leisesten abschreckt. Um diesen Drehwurf zu unterbinden, müssen daher bei Casinospielen wie etwa *Craps* die Würfel zunächst von einer Bande abprallen.

Der Rollwurf (eng. *Blanket roll*) funktioniert am besten auf einer weichen Tuchfläche. Wieder werden die Würfel mit Klappergeräusch zunächst geschüttelt, allerdings mit den zwei unerwünschten Seiten „face to face", also aneinanderliegend. Sobald die Würfel dann mehr gerollt als geworfen auf den Tisch gebracht werden, machen diese eine Vorwärtsbewegung (wie eine Scheibtruhe), und die unerwünschten Augenzahlen bleiben auf den „Schattenseiten" der Wurfgeräte.

Dieses Thema ist keineswegs erschöpft behandelt, das ist schon klar. Ich möchte Sie aber nicht zu Falschspielern ausbilden, sondern nur vor der Leichtgläubigkeit warnen, dass unmanipulierte Würfel eine absolute Sicherheit geben. Was bleibt, ist immer noch die Hand des Betrügers. Hierauf gilt es volles Augenmerk zu legen.

Als letzte Feinheit muss ich Sie nun auch noch auf eine weitere primitive, doch sehr wirksame Betrugstechnik mit unverformten, „ungeladenen" Würfeln hinweisen. Hier geht es vor allem um die Täuschung mit dem, was Sie mit Ihren Augen wahrnehmen. Da bei einem Kubus maximal drei Seiten gleichzeitig sichtbar sind, genügt es, wenn ein Falschspieler Spielgeräte in Umlauf setzt, bei denen eine Augenzahl doppelt vorkommt, die andere dafür vollkommen fehlt. Schon sind die statistischen Wurfergebnisse völlig unterschiedlich von der mathematischen Erwartung. Durch simple Palmierung (ein zweiter Würfel wird versteckt hinter den gekrümmten Fingern gehalten) werden die Würfel in kritischen Momenten ausgetauscht und die mechanisch exakten, jedoch falsch beschrifteten Zufallsgeneratoren ins Spiel gebracht.

Schutzmöglichkeiten

Beim Würfelspiel gibt es keine Hundertprozentgarantie gegen Betrug. So viel muss man objektiv festhalten. Wenn Ihnen allerdings oben beschriebene Tricks bekannt sind, können Sie sich gegen allzu einfache Betrügereien leichter wappnen. Jedenfalls sollten Sie überhaupt nur mit Präzisionswürfeln um Geld spielen. Dieser Ratschlag kann nicht stark genug betont werden. Ich empfehle Ihnen, ein Sieben-Schritte-Kontrollprogramm im Hinterkopf zu behalten: (1) Die verwendeten Würfel müssen auf gegenüberliegenden Seiten die Augenzahlen mit dem Wert 7 zeigen. (2) Alle Seiten müssen eben und gleichmäßig poliert sein. (3) Die Ecken sollten am besten möglichst wenig gerundet sein. Bei billigen Würfeln ist jedenfalls darauf zu achten, dass die Rundungen gleichmäßig sind. (4) Bei durchsichtigen Würfeln – und nur diese sind als Präzisionswürfel zu akzeptieren – müssen die Augen gleich tief liegen. (5) Die Oberfläche des Wurftisches sollte nicht zu weich sein. (6) Achten Sie darauf, dass alle Spieler die gleichen Würfel verwenden. Allerdings ist dieser Punkt bei Backgammon nur dann erfüllbar, wenn die Würfel nach jeder Partie getauscht werden. (7) Machen Sie gegen die Gefahr der Verwendung von Schwerpunktwürfeln im leisesten Verdachtsfall den oben beschriebenen Fingertest oder eine der anderen Proben.

Trotz aller Vorkehrungen, werden Sie der Fingerfertigkeit eines Betrügers wenig entgegenzusetzen haben. Daher scheint es nur eine einzige wirkliche Garantie zu geben: Leben Sie Ihre Würfelleidenschaft entweder im Familienkreis aus, wo um geringe oder überhaupt keine Geldbeträge gespielt wird, oder suchen Sie staatlich kontrollierte Casinos auf, wo mit an Sicherheit grenzender Wahrscheinlichkeit alle Manipulationsversuche mit Vehemenz bekämpft werden, sei es auch aus purem Eigennutz. Denn ein Casino kann durch Falschspieler nur geschädigt werden, da ja ohnehin bei jedem Spiel ein Schnitt (die Bankmarge) garantiert ist. Und auf Dauer ist auch in staatlich kontrollierten Spieletablissements der Umsatz durch das Massenpublikum nur durch Verlässlichkeit und Fairplay gewährleistet. Und allein diese beiden Worte sollen und wollen wir mit unserem Spielgerät assoziieren.

Der Würfel mag nun weiter rollen und Ihnen ein ehrlich erspieltes *Gammon* oder gar ein *Backgammon* bescheren.

Literatur & Internet

Bücher:

Anderheiden, Horst-Dieter: **Backgammon.** München 1991

Bagai, Jeremy Paul: **Classic Backgammon Revisited.** Portland, Oregon, 2001

Bray, Chris: **An Independent View.** Cheddar 1998

Bray, Chris: **Backgammon to win.** London 2007

Bray, Chris: **Second Wind.** London 2007

Bray, Chris: **What Colour is the Wind?** London 2002
Goren, Charles Henry: **Backgammon.** München 1983
Heyken, Hanno/Fischer, Martin: **Das Backgammon Handbuch.** Niedernhausen 1989
Holland, Tim: **Backgammon.** München 1982
Jacoby, Oswald/Crawford, John: **The Backgammon Book.** New York 1970
Kansil, Joli: **The Backgammon Quiz Book.** New York 1978
Lamford, Paul: **100 Backgammon Puzzles.** Guilford 1999
Lamford, Paul: **Starting out in Backgammon.** Guilford 2001
Lamford, Paul: **Improve your Backgammon.** Guilford 2002
Magriel, Paul: **Backgammon.** New York 1976
Ortega, Antonio/Kleinman, Danny: **Cubes and Gammons Near the End of the Match.** San José 1997
Prince Joli Kansil: **The Backgammon Quiz Book.** 1978
Robertie, Bill: **501 Essential Backgammon Problems.** New York 2000
Robertie, Bill: **Backgammon for serious players.** New York 1997
Robertie, Bill: **Backgammon for winners.** New York 1993
Schädler, Ulrich (Hg.): **Spiele der Menschheit.** S. 31–41. Genf–Darmstadt 2007
Trice, Walter: **Backgammon Boot Camp.** San Francisco 2004
Woolsey,Kit/Heinrich, Hal: **The Backgammon Encyclopedia.** Vol 1. Arlington 2002

Die meisten dieser Bücher dürften vergriffen, zumindest aber in deutschsprachigen Ländern kaum zu beschaffen sein.

Internet:
INFO-Sites
www.hardyhuebener.de – Exzellente Site von Hardy Hübener
www.bkgm.com – Tom Keith: Bibliographien, Artikel, Varianten
www.gammonlife.com – Hervorragende Backgammonsite (englisch)
www.gammonline.com – Kit Woolsey: Top-Forum, Artikel

www.back-gammon.info – Art Grater: Info-Portal
www.chicagopoint.com/abt.html – Amerikanische Topsite (englisch)
www.backgammon-info.de – Infos zu Backgammon
www.play65.de/index.html – Weltweit größter Backgammonraum, Money Games
www.gammoned.com – Exzellente Infos, Artikel (englisch)
www.bg-info.com – Infosite, Biografien/free site

FOREN
www.blotblog.com – Jens Göring: Probleme, GNU-Rollouts
http://graswurzelbackgammon.wordpress.com – Thomas Koch: spannende Blitzlichter
www.backgammon4fun.wordpress.com – Deutsches Forum
www.fibsboard.com – Diskussionsforum
www.bgonline.org/forums – Qualitätsvolles Forum

SERVER
www.fibs.com – Server für Spiele, free site
http://fibsleagammon.free.fr – Ranking für fibs-Spieler
www.gamesgrid.com/backgammon/main.do – spielstarke Gegner, pay site
www.truemoneygames.com – Money Games, free site
www.netgammon.com/index.asp – Wettspielserver, pay site
www.dailygammon.com – Online- und Offline-Spiele

SOFTWARE
www.gnubg.org – Weltklasse-Software, free site
www.gammoned.com/snowie.html – Weltklasse-Software
www.fibs.com/~blowfish – Analysierprogramm, free site
www.bgsnowie.com – Trial-Version von Snowie
www.jellyfish-backgammon.com – leicht veraltet, free site
http://games.yahoo.com/board-games – Online-Game, free site
www.gamercafe.com – Online-Games, free site

VERSCHIEDENES
www.faqs.org/faqs/games/backgammon-faq – Mark Damish: FAQ
www.chicagopoint.com/links.html – Mel Leifer: Links
www.schachundspiele.at – reichhaltiges Angebot an Backgammon-Materialien

Glossar

Da sich sowohl die Backgammon-Literatur als auch die Online-Szene vorwiegend der englischen Sprache bedient, werden in diesem Glossar die englischen und die entsprechenden deutschen Begriffe erläutert. Ich hoffe, der Leserin und dem Leser damit die Orientierung ein wenig zu erleichtern. Jedenfalls sollten Sie mithilfe dieses Glossars sämtlich verfügbare Literatur ohne Probleme lesen und in der vollen Tiefe verstehen können.

A

Ablehnen (Pass): Das Ablehnen eines angebotenen Verdoppelns. Das Spiel ist beendet, und der Spieler, der gedoppelt hat, gewinnt das Spiel zum derzeitigen Wert des Verdopplungswürfels.

Abtragen (Bear Off): Das Abräumen des Heimfeldes in der Endphase des Spiels. Abtragen kann man erst, wenn sich alle Steine im eigenen Heimfeld befinden.

Accept/Take (Annehmen): Einwilligen, um den doppelten Wert des derzeitigen Einsatzes zu spielen, wenn der Gegenspieler die Verdopplung anbietet.

Ace Point: Der 1-Punkt.

Acey Deucey: Eine Spielvariante von Backgammon (siehe Varianten)

Active Builder (Aktiver Baustein, Aktiver Helfer): siehe Baustein.

Advanced Anchor (Hoher Anker): Ein Anker auf dem 4-Punkt oder 5-Punkt im gegnerischen Heimfeld.

Aktiver Helfer (Active Builder): Stein, der bis zu 6 Augen von einem bestimmten Punkt, den man besetzen möchte, entfernt steht und daher zum Besetzen dieses Punktes verwendet werden kann.

Anchor (Anker): Siehe Anker.

Angriffsspiel (Attacking Game): Spielweise mit dem Ziel, den Gegner durch häufiges Schlagen der Steine und Schließen des eigenen Heimfelds zu besiegen. Diese Spielweise ist auch als „Blitz" bekannt.

Anker (Anchor): Ein mit zwei oder mehr Steinen besetzter Punkt im gegnerischen Heimfeld.

Annehmen (Take): Akzeptieren eines Verdopplungsangebots. Wenn der Spieler ein Verdoppeln annimmt, legt er den Verdopplungswürfel auf seiner Seite außerhalb des Spielfeldes ab und sagt: „Ich nehme an." Nur dieser Spieler hat nun das Recht, erneut zu verdoppeln.

Around the Corner (um die Ecke): Ziehen eines Steins von einem Mittelpunkt zum anderen.

Attacking Game (Blitz, Wipeout): Siehe Blitz.

Augen (Pips): Die Punkte auf den sechs Würfelflächen.

Augen zählen (Pip Count): Die Gesamtzahl der Augen, die mindestens gewürfelt werden müssen, um alle Steine abzutragen (Entfernung eines Punkts vom Ziel multipliziert mit der Zahl der Steine auf diesem Punkt). Zu Beginn des Spiels beträgt dieser Wert 167.

Außenfeld (Outer Board): Die Punkte 7-12 sowie die Punkte 13-18 werden als Außenfelder bezeichnet.

Ausspielen (Bearoff): Siehe Abtragen.

Automatisches Doppel (Automatic Doubles): Nach Vereinbarung kann der Spieleinsatz verdoppelt werden, wenn beide Spieler in der Eröffnungsausscheidung die gleiche Augenzahl würfeln.

Away (weg): In einem Match die Angabe der Anzahl von Punkten, die ein Spieler noch vom Gewinn entfernt ist. Beispiel: 2-away, 4-away.

Awkward Number (Unangenehme Wurfzahl): Gewürfelte Augenzahl, die nicht konstruktiv gespielt werden kann und eine Spielposition verschlechtert.

B

Backgammon: Spielausgang mit 3-fachem Wert. Dazu muss der Gegner noch mindestens einen Stein auf der Bar haben, oder es muss noch zumindest ein Stein im Heimfeld des Gewinners stehen.

Backgammon Server: Ein von einer Person oder einem Unternehmen erstelltes Computernetzwerk für Backgammon, wo Personen via Internet surfen können. Die Spieler loggen sich per Username und Passwort in das Netzwerk ein. Der Server liefert durch herunterladbare Software oder eine Onlineanwendung mit graphischen Elementen das benötigte Interface. Auf dem Server werden auch Gewinn- und Verluststatistiken, Ranglisten der Spieler usw. gespeichert.

Back Game: Das ist eine Spielweise mit zurückhängenden Ankerpunkten im Heimfeld des Gegners. Ziel ist es, Blots beim Abtragen zu schlagen. Voraussetzung ist ein starkes eigenes Heimfeld.

Back Man (Runner, hinterer Stein): Spielstein, die sich in der Startaufstellung im gegnerischen Heimfeld befindet.

Back Position: Defensive Position (Punkte) in der gegnerischen Spielhälfte des Spielbretts.

Bar (Mittelsteg): Mittelstreifen auf dem Backgammon-Spielfeld, der die Heimfelder und die Außenfelder trennt.

Barabino: (benannt nach dem Spieler Rick Barabino) Würfelergebnis von 54, bei dem von der Bar aus der gegnerische 5-Punkt besetzt wird.

Bar-Punkt (Barpoint): Punkt 7 im eigenen Außenfeld des Spielbretts, direkt neben der Bar.

Baustein (Builder): Steine, die als Vorbereitung für die Besetzung wichtiger Punkte dienen. (Siehe Aktiver Helfer.)

Bear In (Hereinwürfeln): Spielsteine in das eigene Heimfeld bringen, um mit dem Herauswürfeln beginnen zu können.

Bear Off (Abtragen, Herauswürfel): Einen Spielstein vom Heimfeld entsprechend der gewürfelten Augenzahl entfernen.

Bearoff (Abtragen): Phase am Ende des Spiels, in der die Spieler Spielsteine abtragen.

Beaver: Eine mögliche zusätzliche Regel für den Einsatz des Verdopplungswürfels, die nur bei Money Games angewandt wird. Ein gerade gedoppelter Spieler darf sofort gegendoppeln, ohne dass der betreffende Spieler den Verdopplungswürfel verliert. (Siehe Varianten.)

Bertha: Wenn ein Spieler unabsichtlich den Wurf 65 vom 24-Punkt zum 13-Punkt zieht, ohne dabei zu beachten, dass der gegnerische Spieler die Punkte 6 und 7 besetzt hält. Dieser Zug ist der Regel nach illegal.

Besetzter Punkt (Block): Ein Punkt, auf dem zwei oder mehr Steine eines Gegners stehen. Der Gegner kann diesen Punkt nicht besetzen.

Black (Schwarz): Der Spieler mit den dunklen/schwarzen Steinen.

Blitz: Angriffsspiel, bei dem das eigene Innenfeld früh besetzt wird. (Siehe Knockout Game.)

Block: Das Besetzen von Punkten vor den gegnerischen Spielsteinen, um das Weiterkommen dieser Spielsteine zu verhindern.

Blockade (Prime): Siehe Prime.

Blocking Game: Ein strategisch anspruchsvolles Positionsspiel (siehe dort), bei dem die gegnerischen Steine in ihrer Entfaltung behindert werden.

Blocking Point: Siehe Block.

Blot: Ein einzelner Stein auf einem Punkt, der von einem gegnerischen Stein geschlagen (abgeschossen) werden kann.

Blunder (Fehler): Grobe Fehlentscheidung bzw. Fehleinschätzung eines Spielers.

Board (Spielbrett/Feld): Die gesamte Spielfläche bzw. einer der vier Quadranten des Spielbretts.

Box (Man in the Box): In der Chouette der Spieler, der gegen alle anderen spielt.

Boxcars (Boxes): Ein 6er-Pasch.

Boys: Umgangssprachlich für den 6er-Pasch.

Break a Point (einen Punkt aufgeben): Einen bereits besetzten Punkt aufgeben.

Break Contact (den Kontakt brechen): Das Überspringen der letzten gegnerischen Spielsteine, sodass kein Kontakt mehr besteht. Das Spiel wird dadurch in ein pures Rennen verwandelt.

Break the Board: Punkte im Heimfeld aufgeben.

Broken Prime (unterbrochene Prime): Eine Prime mit einem Loch.

Builder (Baustein): Siehe Baustein.

C

Calcutta Auction (Kalkutta-Auktion): Vor dem Start eines Turniers können Teilnehmer oder Zuschauer oft Wetten darüber abschließen, welcher Spieler das Turnier gewinnen wird.

Candlestick: Umgangssprachlich für zu viele Steine auf einem Punkt; im Bemühen, keinen Blot stehen zu lassen.

Captain: Die Bezeichnung des Spielers, der in einer Chouette die Interessen aller Herausforderer der Box repräsentiert.

Cat's Eyes (Snake Eyes): 1er-Pasch.

Centered Cube (Verdopplungswürfel auf der Bar): Wenn der Verdopplungswürfel noch nicht eingesetzt wurde und in der Mitte des Spielfeldes liegt.

Chat: Kommunikationsmöglichkeit auf Backgammon-Servern.

Checkers (Men, Counters, Stones, Tiles, Spielsteine): Siehe Steine.

Checker-Play: Das Ziehen der Spielsteine am Brett.

Chouette: Eine Spielform, bei der drei oder mehr Spieler zusammen spielen. (Siehe Varianten.)

Clear a Point (einen Punkt aufgeben): Einen bereits besetzten Punkt aufgeben.

Closed Board (Geschlossenes Feld): Spielsituation, in der ein Spieler alle 6 Punkte seines Heimfelds besetzt hat.

Close Out (Shut Out): Ein Spielstein auf der Bar kann nicht ins Spiel zurückkehren, da alle Punkte im gegnerischen Heimfeld besetzt sind.

Cluster Method (Cluster Counting): Schnellmethode für das Pip-Zählen.

Cocked Dice (Brennender Würfel): Ein Würfel, der nicht der Regel entsprechend zum Ruhen kommt.

Combination Shot (Kombinierter Schuss): Siehe indirekter Schuss.

Connectivity (Konnektivität): Spielsteine sind so platziert, dass sie innerhalb von 6 Pips zueinander liegen und somit bessere Möglichkeiten zu einem Gegenschlag bieten.

Contact Game (Kontakt-Spiel): Gegnerische Spielsteine sind noch nicht aneinander vorbeigegangen und können sich daher noch gegenseitig schlagen.

Counting Pips (The Count/Pip Count): Siehe Augen zählen.

Crawford Regel: Benannt nach John R. Crawford. Wenn ein Spieler nur noch einen Punkt zum Gewinn eines Matches benötigt, darf der Gegner nicht verdoppeln. Diese Regel gilt nur für ein Spiel (Crawford-Spiel). Beim nächsten Spiel darf der Verdopplungswürfel wieder verwendet werden (eng.: Post Crawford Game).

Crossover: Das Spielen der Steine von einem Viertel zum nächsten.

Crossover Count: Die Gesamtzahl der Crossovers, die nötig ist, um alle Steine abzutragen. Sobald alle Steine im Heimfeld stehen, beträgt diese Zahl maximal 15.

Crunch: Zusammenbrechen einer Prime.

Crunch-Position: Bei schlechtem Timing droht die Prime eines Spielers zusammenzubrechen. Ein blockierter Spieler muss seine Steine auf die niedrigeren Punkte vorziehen und sein geschlossenes Heimfeld aufgeben.

Cube: Siehe Verdopplungswürfel.

Cube Action: Entscheidung, eine Verdopplung anzubieten, zu akzeptieren oder fallen zu lassen.

Cube Equity: Die Equity (oder Siegwahrscheinlichkeit), die einem Spieler zugerechnet werden kann, wenn er im Besitz des Verdopplungswürfels ist.

Cubeless Equity (Wahrscheinlichkeit ohne Verdopplungswürfel): Erwartungswert für jeden einzelnen Zug, ohne allerdings den Verdopplungswürfel ins Kalkül zu ziehen. (Siehe Equity.)

Cube Ownership (Besitz des Verdopplungswürfels): Wenn ein Spieler im Besitz des Verdopplungswürfels ist (nach dem Akzeptieren einer Verdopplung).

Cup (Würfelbecher): Siehe Würfelbecher.

D

Dance (auf der Bar tanzen): Einen Stein nicht von der Bar ins Spiel bringen können.

Dead Checker (Toter Spielstein): Ein Stein tief im Heimfeld, der nicht mehr aktiv zum Spiel beitragen kann.

Dead Cube: Im Turnierspiel ist der Verdopplungswürfel „tot“, wenn der Spieler im Besitz keinen Grund hat, ihn jemals zu benutzen. (Beispiel: Der Spieler benötigt nur noch zwei Punkte für den Gewinn.)

Deuce Point: 2-Punkt.

Dice (Einzahl: Die): Würfel.

Direkter Schuss (Direct Hit): Möglichkeit zum Schlagen eines Blots, der maximal 6 Augen entfernt steht.

Disengage (Kontakt brechen): In ein freies Rennen überleiten.

Diversifikation (Diversification): Das Verteilen der Steine, um die Anzahl von guten Würfelkombinationen beim nächsten Wurf zu steigern.

DMP – Double Match Point: Spielstand bei einem Match, bei dem auf jeden Fall einer der Spieler das laufende Match gewinnt.

Doppeln (Double): Erhöhen des Spielwertes. Der Spieler am Zug kann, bevor er würfelt, verdoppeln. Der Spieler bietet an, um die doppelte Punktzahl zu spielen. Nimmt der Gegner an, darf nur er zu einem beliebigen Zeitpunkt eine weitere Verdopplung vornehmen.

Dopplerwürfel (Doubling Cube): Würfel mit den Zahlen 2, 4, 8, 16, 32 und 64, der den jeweiligen Spielwert anzeigt.

Double Ducks (Ducks, Quacks): Umgangssprachlich der 2er-Pasch.

Double Hit (Doppelschlag): Zwei gegnerische Blots gleichzeitig schlagen.

Doubling Out („Hinausdoppeln“): Taktisch falscher Zeitpunkt eines Verdopplungsangebots, wenn eine Gammonchance besteht – der Gegner wird zwangsläufig annehmen.

Drop (Passen): Eine Verdopplung ablehnen.

Dublette (auch Pasch): Ein Wurf mit gleicher Augenzahl auf beiden Würfeln, der zu einer doppelten Ausführung eines Zugs berechtigt.

Duplizieren (Duplicate): Taktik, die eigenen Steine so zu ziehen, dass der Gegner möglichst wenige günstige Würfe hat.

Durchmarsch: Siehe Running Game.

E

Edge of a Prime: Offener Punkt direkt vor einer Prime.

Einsatz (Stake): Der Wert, um den bei einem Spiel oder Match gespielt wird. Am Anfang eines Spiels wird ein bestimmter Betrag (eng. initial stake) pro Punkt festgelegt. Der aktuelle Betrag (eng. current stake) ist der ursprüngliche Einsatz multipliziert mit dem Wert des Verdopplungswürfels.

Einspielen/Einsetzen (Bear In): Wiedereinspielen eines geschlagenen Steins von der Bar ins gegnerische Heimfeld.

Elo-Rating: Rating-System, das Arpad Elo ursprünglich für das Schach entwickelte. Dabei werden Spieler nach ihrer Stärke gereiht. In halbjährigem oder jährlichem Rhythmus gibt der internationale Verband neue Ranglisten heraus. Entscheidend ist, dass die mathematischen Berechnungen die Spielstärke der Gegner ins Kalkül ziehen.

Endspiel (Endgame): Zumindest einer der Spieler hat mit dem Abtragen begonnen.

Enter (Zurückkehren): Einen Stein von der Bar ins Spiel bringen.

Entkommen (Escape): Einen eigenen Stein aus dem gegnerischen Heimfeld herausbringen und über den gegnerischen Bar-Punkt ziehen.

EPC (Effective Pip Count): Die durchschnittliche Anzahl an Zügen, die ein Spieler braucht, um alle Steine abzutragen (Wastage mit eingerechnet; siehe dort).

Equity (Wahrscheinlichkeit): Erwartungswert für jeden einzelnen Zug. Eine Wahrscheinlichkeitsstatistik für den Spielgewinn; der Wert einer Stellung.

Eröffnungswurf (Opening Roll): Der erste Wurf im Spiel.

Exposed Man (Ungeschützter Stein): Siehe Blot.

F

Feld (Board): Das Backgammon-Spielbrett ist in vier Rechtecke unterteilt. Jeder Spieler hat ein Heimfeld und ein Außenfeld. [Randbemerkung: Das Außenfeld kann vom Spieler aus gesehen sowohl rechts als auch links liegen.]

Fevga: Griechische Variante des Backgammons. (Siehe Varianten.)

FIBS: Erster Internetserver für Backgammon.

Figur (Man, Men/Checker): Siehe Stein.

Fish (Patzer): Schwacher Spieler, der Partien um Geld spielt.

Flexibilität (Flexibility): Eigenschaft einer Stellung in Bezug auf die Möglichkeit, viele Steine in den Folgewürfen gut zu nutzen.

Forced Move (Zugzwang): Siehe Zugzwang.

Free Drop (freies Passen): Im Matchspiel die Möglichkeit des in Führung liegenden Spielers, bei bestimmten Matchständen (der Gegner benötigt eine gerade Zahl von Punkten) zu passen, ohne seine Chancen zu verringern.

Full Prime: Die größtmögliche Blockade (Prime). Diese kann von dahinterliegenden gegnerischen Steinen nicht mehr übersprungen werden, da sechs aufeinander folgende Punkte besetzt sind.

G

Gammon: Eine Verdopplung des Spielwerts, wenn es einem Spieler gelingt, alle Steine abzutragen, bevor sein Gegner einen einzigen Stein ausspielen kann.

Gammon-Count: Zählmethode zur Einschätzung der Chance auf ein Gammon. Dabei wird die Augenzahl ermittelt, die gewürfelt werden muss, um mit allen Spielsteinen bis zu Punkt 6 des Heimfeldes zu ziehen.

Gammon Go: Spielsituation, die man mit Gammon gewinnen sollte – zum Beispiel Spielstand 2away-1away, Crawford Game.

Gammon-Rate: Der Prozentwert der Spiele, die in einem Gammon oder Backgammon enden.

Gammon Save: Spielsituation, bei der ein Spieler auf jeden Fall eine Gammon-Niederlage vermeiden sollte – zum Beispiel Spielstand 1away-2away, Crawford Game.

Geschlossenes Feld (Closed Board): Besetzung aller 6 Punkte im Heimfeld des Gegners. Damit wird das Einsetzen eines Steines von der Bar verhindert.

Girls: Umgangssprachlich für den 5er-Pasch.

GNU-Backgammon: Kostenloses Programm für Backgammon.

Goldener Anker (Golden Anchor): Anker auf dem gegnerischen 5-Punkt.

Golden Point (Goldener Punkt): Der 5-Punkt in den jeweiligen Heimfeldern. Beide Spieler versuchen oftmals, diesen Punkt zu machen (siehe Goldener Anker).

Guff: Umgangssprachlich für den 1er-Pasch.

H

Half-roll (Halber Wurf): Beim Rauswürfeln um einen Stein vorne liegen.

Haltespiel (Holding Game): Spieltypus, bei dem zumindest einer der Spieler einen vorgeschobenen Anker im gegnerischen Heimfeld machen konnte.

Handicap: Siehe Varianten.

Heavy Point (Überladener Punkt): Ein Punkt mit mehr als drei Steinen.

Heimfeld (Home Board): Die Punkte 1 bis 6 (eigenes Heimfeld) bzw. die Punkte 19 bis 24 (gegnerisches Heimfeld).

Helfer (Baustein, Builder): Ein Stein, der sich in direkter Reichweite eines Punkts befindet, den man besetzen möchte. Ein Stein bzw. Punkt befindet sich in direkter Reichweite, wenn dieser höchstens 6 Punkte entfernt ist.

Hereinwürfeln (Bear In): In das Heimfeld ziehen, um möglichst früh mit dem Abtragen zu beginnen.

Hit (Schlagen): Schlagen eines gegnerischen Blots.

Hit and Split: In einem Wurf die Renner teilen und an anderer Stelle einen Stein schlagen.

Holding Game: Siehe Back Game.

Home Board: Siehe Heimfeld.

I

Illegal Play (Illegaler Zug): Ein nicht erlaubter Spielzug, der jedoch steht, d. h. gilt, wenn ihn keiner der Spieler vor dem nächsten Wurf bemerkt.

Indirekter Schuss (Indirect Shot): Ein Blot, der mehr als 6 Punkte vom schlagenden Stein entfernt ist und daher nur mit einer Kombination beider Würfelzahlen geschlagen werden kann.

Initial Double (erstes Verdoppeln): Verdopplung von der Bar, mit dem bis dahin noch unberührten Cube.

Innenfeld (Inner Board): Siehe Heimfeld.

J

Jacoby-Regel (Jacoby Rule): Diese nach Oswald Jacoby benannte Regel wird im Money Game verwendet, nicht aber bei Turnieren. Sie besagt, dass Gammon und Backgammon erst dann zählen, wenn der Verdopplungswürfel verwendet wurde. Der Grund: Man möchte unnötig langes Auswürfeln bereits entschiedener Stellungen unterbinden. (Siehe Varianten.)

Janowski-Formel: Formel zur ziemlich exakten Abschätzung der Match Equity.

JellyFish: Computerprogramm auf Basis neuronaler Netzwerke.

K

Kapitän (Captain): Bei einer Chouette der Chef des Teams.

Kauder-Paradox: Eine bestimmte Position im Money Game, in dem die Jacoby-Regel gilt. Bei dieser Position ist es korrekt, zu verdoppeln und gleichzeitig korrekt, das Verdoppeln zu beavern, also unmittelbar mit einer eigenen Verdopplung zu antworten. Der Verdopplungswürfel geht beim Beaver nicht an den Gegner.

Kiebitz: Zuschauer beim Backgammon, die den Spielern oft ungefragt Ratschläge erteilen oder durch fortwährende Unterhaltung das Spiel stören.

Killing Numbers: Anordnung von Spielsteinen, die verhindert, dass beim nächsten Zug bestimmte Wurfergebnisse ausgenutzt werden können.

Knockout-Spiel (Wipeout, Attacking Game): Eine aggressive Spielform, bei der durch Schlagen der Renner und gleichzeitiger Besetzung niedriger Heimfeldpunkte eine frühe Entscheidung herbeigeführt werden soll.

Kontakt (Contact): Position, bei der Steine geschlagen werden können. Die beiden Spieler sind mit ihren eigenen Steinen noch nicht komplett an allen gegnerischen Steinen vorbei.

Kontaktloses Spiel (No-Contact-Game): Position, bei der die gegnerischen Steine keinen Kontakt mehr zueinander haben und daher ein Schlagen unmöglich ist. (Siehe Rennspiel.)

L

Lag: Langsame Verbindung zu einem Server; oft aufgrund von Überlastung.

Laufspiel (Running Game): Siehe Rennspiel.

Läufer (Back Man): Steine, die noch weit vom Heimfeld entfernt sind, gleichzeitig aber nicht als Blocker verwendet werden.

Lead (Führung): Der Augenvorsprung in einem Rennen.

Long Shot (Unwahrscheinlicher Wurf): Ein unwahrscheinlicher, gleichzeitig aber mächtiger Wurf. 66 etwa hat eine Chance von 35-1 dagegen, 65 immerhin 17-1, d.h. 17-mal wird diese Kombination nicht fallen, 1-mal schon.

Losing your Market: Eine Augenzahl würfeln, die den Gegner dazu veranlasst, beim nächsten Verdoppeln abzulehnen, obwohl eigentlich eine Annahme erwünscht wäre.

Lover's Leap: Ein Sprung eines Renners von Punkt 1 auf Punkt 12. Wurfvoraussetzung: 65.

M

Match: Eine Reihe von Spielen, mit dem Ziel, einen bestimmten Punktestand als Erster zu erreichen. Dabei ist es gleich, ob man beispielsweise in einem Match auf 9 Punkte 9-5 oder 9-0 gewinnt. Matches werden konventionell auf eine ungerade Zahl von Punkten gespielt.

Match Equity: Die Chancen eines Spielers, ein Match zu gewinnen.

Match Point: In einem Match ist nur noch ein Punkt, also ein einfacher Spielgewinn, notwendig.

Mittelpunkt (Midpoint): Die Punkte 12 und 13.

Money Game: Die ursprüngliche Form des Backgammons. Hier werden im Gegensatz zum Match die einzelnen Spiele unabhängig voneinander gespielt. Dabei setzen beide Spieler einen bestimmten Betrag (Einsatz) ein, der, multipliziert mit dem Spielergebnis, den Gewinn ergibt.

N

Nackgammon (Spiel mit leicht veränderter Ausgangsstellung): Siehe Varianten, Kapitel 4.

Neuronales Netz: Neue Technologie der Informationsverarbeitung.

Non-Contact Position: Siehe Rennen.

O

Obligatorisches Doppeln: Matchsituation, bei der es für einen Spieler schon aufgrund des Punktestandes korrekt ist, zu doppeln.

Off: Notation für das Abtragen von Steinen. (Siehe Notation.)

On Roll: Ein Spieler ist am Zug.

Open Point (Offener Punkt): Ein Punkt, der von niemandem besetzt ist.

Opening Roll (Eröffnungswurf): Siehe Eröffnungswurf.

Outer Board (Außenfeld): Siehe Außenfeld.

Own a Point (einen Punkt besetzt halten): Zwei oder mehr Spielsteine auf einem Punkt haben.

Own the Cube: Den Verdopplungswürfel besitzen.

P

Pasch: Siehe Dublette.

Pass (Passen): Ablehnung einer Verdopplung.

Pick up: Siehe Schlagen.

Pips (Augen, Punkte): Würfelaugen bzw. Bewegungseinheit.

Pip Count: Siehe Augen zählen.

Plakoto: Griechische Variante des Backgammons. Siehe Varianten, Kapitel 4.

Ply: Zahl der Züge, die von moderner Backgammon-Software vorausgerechnet wird.

Points: Siehe Punkte.

Portes: Griechische Form des Backgammons. Siehe Varianten, Kapitel 4.

Positionsspiel (Blocking Game): Defensive Spielweise mit dem Ziel, den Gegner durch besetzte Punkte zu behindern.

Post-Crawford: Alle Spiele nach dem Crawford-Spiel.

Präzisionswürfel (Precision Dice): Exakt gefertigte Würfel, die in Turnieren und im Money Game verwendet werden.

Premature Roll: Vorzeitiger und daher illegaler Wurf. Unterschiedliche Interpretationen siehe FAQ (Wurf).

Prime: Blockade aus sechs Folgepunkten. Damit ist ein dahinterliegender gegnerischer Stein bewegungsunfähig.

Puff: Alte deutsche Spielform des Backgammons.

Punkte (Points): Die Spitzen (Dreieckspunkte) auf dem Spielbrett. Jede Seite hat zwölf Punkte, jeder Quadrant sechs.

Punkte machen/besetzen (Make Points): Wer zwei oder mehr Steine auf einem Punkt (Feld) hat, kontrolliert dieses, da er nicht geschlagen werden darf.

Q

Quadrant (Board): Heim- und Außenfelder, die aus jeweils sechs Punkten bestehen. (Siehe Feld)

Quads: 4er-Dublette.

R

Raccoon: Das Beavern eines Beaver – siehe dort.

Recirculation: Steine durch Schlagen, Einbringen, Schlagen usw. im Spiel halten. Bei Back Games kann dies entscheidend sein.

Re-double: Nach einer Verdopplung neuerlich verdoppeln.

Refuse a Double (Passen): Siehe Passen.

Renner (Runner): Die beiden Steine, die auf den jeweils ersten Feldern stehen und damit den längsten Weg zurückzulegen haben.

Rennspiel (Running Game): Ein offenes Rennen mit wenig bis keinem Kontakt.

Rollout: Mehrmaliges Durchspielen einer Spielsituation, um ein Gefühl für die Möglichkeiten zu bekommen. Heute geschieht dies meist mit Hilfe von Computerprogrammen.

Rollover: Spielvariante, bei der jeder Spieler einmal einen eigenen Wurf wiederholen oder einen gegnerischen annullieren. Siehe Varianten, Kapitel 4.

Runner (Renner): Siehe Renner.

Running Game (Rennspiel): Strategie, bei der versucht wird, alle Steine so schnell wie möglich heimzubringen, ohne den Vormarsch des Gegners zu behindern.

S

Schlüsselpunkt (Key Point): Der Bar-Punkt (7-Punkt) und der Goldene Punkt (5-Punkt) stellen die wirkungsvollsten Blockadepunkte gegen die gegnerischen Renner dar.

Schweizer System (Swiss System): Turniersystem, bei dem die Spieler jeweils Gegner mit (fast) gleichem Punktestand zugelost bekommen. Bei Turnieren mit Schweizer System gibt es kein frühzeitiges Ausscheiden, sondern jeder Teilnehmer spielt die gleiche Anzahl von Partien.

Settlement (Übereinkunft, Vergleich): Ein Spiel abbrechen und entsprechend der Equity (Chancenverteilung) ausbezahlen. Damit möchte man Glückswürfe, die das Spiel unverdienterweise drehen, vermeiden.

17-to-1-Shot: Ein Wurf mit einer 17-1 Chance auf einen Treffer (z.B. 65).

Schuss (Shot): Eine Wurfchance auf einen Blot.

Shut Out (Aussperren): Siehe Close Out.

Slotten (Slotting): Platzierung eines Blots im Heimfeld, mit der Absicht, diesen Punkt mit dem nächsten Wurf zu machen.

Snake Eyes: Umgangssprachlich für den 1er-Pasch.

Snowie: Starkes Backgammon-Programm auf Basis neuronaler Netzwerke.

Spare Checker (Extrastein): Ein Stein, der nicht benötigt wird, um einen bestimmten Punkt zu besetzen.

Split (Trennen): Zwei Steine auf einem Punkt trennen.

Stay Out (Aussetzen): Vergeblicher Versuch, einen Stein von der Bar ins Spiel zu bringen.

Stein/Figur (Man/Checker): Die jeweils 15 Steine stellen das Ausgangsmaterial für das Rennen dar.

Straight Race (Rennen): Siehe Rennen.

Swing: Statistische Änderung der Equity mit einem einzigen Wurf. Siehe FAQ.

Swiss (Schweizer System): Turnierformat, bei dem die Spieler eine bestimmte Zahl von Spielen gegeneinander machen.

T

Take: Siehe Annehmen.

Takepoint: Der Punkt, an dem es für beide Spieler gleich gut ist, ein angebotenes Doppel anzunehmen.

Tanzen (Dance): Ein Fehlversuch beim Einbringen eines Steins von der Bar.

35-to-1-Shot: Ein Wurf mit einer Chance von 35:1- auf einen Treffer (alle Doubles).

Tempo: Zeiteinheit – ein halber Wurf.

Thorp Count: Von Edward Thorpe entwickelte Formel, die in einem Rennen als Entscheidungshilfe für den Verdopplungseinsatz dient.

Threats (Drohungen): Platzieren von Steinen, die einen (womöglich spielentscheidenden) Druck auf bestimmte Punkte ausüben.

Tiefer Punkt (Deep Point): Ein niedriger Punkt des Heimfelds (1er und 2er, eventuell 3er).

Timing: Die Fähigkeit, Schlüsselpunkte zu halten, vor allem, um eine Prime nicht zu früh aufgeben zu müssen. Je weiter ein Spieler im Rennen hinten liegt, desto wichtiger wird das Timing.

Too good (zu gut): Spielsituation, die für das Verdoppeln zu gut ist, da sie eine Gammon-Chance bietet.

Trailer (Nachzügler): Der Spieler, der im Match hinten liegt.

Treffer: Siehe Hit.

Tric Trac: Französische Backgammon-Variante.

Turn (Spielzug): Kann ein Wurf oder eine Verdopplung sein.

Turn the Cube (Doppeln): Siehe Verdoppeln.

Turnierspiel (Tournament Game): Spiel auf mehrere Zählpunkte.

U

Under the Gun: Ein Blot im gegnerischen Heimfeld, der mit einem direkten Wurf von drei oder mehr gegnerischen Steinen getroffen werden kann.

Undoubled Gammon (Nicht verdoppeltes Gammon): Gammon in einem Match Play.

Upside: Lohn für ein erfolgreich eingegangenes Risiko.

V

Verdoppeln (Double): Erhöhung der Spieleinsätze durch Drehen des Verdopplungswürfels.

Verdopplungswürfel (Cube): Der zu Spielbeginn auf der Bar liegende Würfel, dessen Aufnahme (und Annahme) eine Erhöhung des Spielwerts anzeigt.

Vergleich (Settlement): Eine (optionale) Vereinbarung, das Spiel vorzeitig zu beenden, bei der jeder Spieler entsprechend seiner Gewinnchancen (Equity) ausbezahlt wird.

Viertel: Siehe Quadrant.

Volatility (Volatilität): Ein Maß, das die mögliche Änderung der Equity im nächsten Wurf ausdrückt.

Vorgabe (Handicap): Der erfahrene Spieler lässt dem Gegner den Anzugsvorteil oder sogar die freie Wahl des ersten Wurfresultats. (Siehe Varianten.)

W

Wastage (Vergeudung): Die Anzahl der verschwendeten Pips beim Herauswürfeln, da ja hohe Wurfaugen für die tiefen Punkte nur teilweise verwendet werden.

WBA: World Backgammon Association.

Weiß (White): Der Spieler mit den weißen Steinen.

Wiedereinsetzen/Einbringen (Come-in/Re-enter): Ein geschlagener Stein muss von der Bar gesetzt werden. Davor darf kein anderer Stein gezogen werden. Kann aufgrund eines schlechten Wurfs kein anderer Stein eingebracht werden, muss der Spieler aussetzen.

Wipeout: Siehe Knockout.

Wurf (Roll): Jeder Wurf (mit Ausnahme der Eröffnungsentscheidung) wird mit zwei Würfeln gemacht.

Würfelbecher (Cup): Mit Hilfe dieses Spielgeräts müssen korrekte Würfe gemacht werden.

Würfelkombinationen (Combinations of the Dice): Anzahl der möglichen Würfelergebnisse.

X

X-away (X-weg): X steht für die Anzahl von Punkten, die ein Spieler noch vom Matchgewinn entfernt ist.

Y

Yankee Seven: Wurf von 61.

Z

Zugzwang: Es gibt nur eine – noch dazu ungünstige – Möglichkeit, den Wurf auszuführen.